© DISNEY/PIXAR. COURTESY PHOTOFEST

『トイ・ストーリー』（1995年）

世界初の全編３ＤＣＧ長編アニメーション映画は、不確実性の高い賭けだった。いくつかの大手映画製作会社がピクサーと映画を共同製作するチャンスを見送ったあと、ディズニーが賭けに出た。ピクサーのオーナー、スティーヴ・ジョブズは、ディズニーを抱き込んでからもコスト超過に神経をとがらせ、映画公開の前年まで、会社を引き取ってくれる投資家を探し回っていた。

ふたを開けてみれば、『トイ・ストーリー』はその年最高の興行収入を上げた映画となり、評論家の絶賛を浴びた。脚本はおもちゃのスターに人間味を与え、ユーモアから悲哀へそして冒険へと、縦横無尽に展開した。『トイ・ストーリー』は歴史的重要性を認められ、2005年に全米フィルム保存委員会によって、米国議会図書館に永久保存する名作に選ばれている。

© DISNEY/PIXAR. COURTESY PHOTOFEST

『バグズ・ライフ』（1998年）
イソップ物語「アリとキリギリス」にインスピレーションを得たピクサーの第２作は、似通った題材のドリームワークス製作映画『アンツ』に正面から果敢に挑み、興行成績では余裕の勝利を収めた。『バグズ・ライフ』の脚本家たちは、多くの主要キャラクター——主役のアリのフリック、女王アリと姫たち、サーカスの虫たち、悪役ホッパー——の物語を、90分の長編映画という制約の中で伝えるのに腐心した。

© DISNEY/PIXAR. COURTESY PHOTOFEST

『トイ・ストーリー2』（1999年）
続編――もともとはビデオ用作品だった――の制作は、クルーに試練をもたらし、あわや悲劇を招きかけた。こうした経緯があったものの、でき上がった映画は観客の心をしっかりつかんだ。『トイ・ストーリー2』は、オリジナルと同じくらいオリジナルらしいという意味で、世にも稀な続編となった。
作品はウッディの歴史を探ることで、新しい世界を切り拓いた。ウッディは昔とても人気のあったキャラクターで、セット玩具の1体だったのだ。セット玩具という発想は、90年代初めに企画された（お蔵入りになった）ピクサーの特別番組、『ティン・トイ・クリスマス』に端を発する。

© DISNEY/PIXAR. COURTESY PHOTOFEST

© DISNEY/PIXAR. COURTESY PHOTOFEST

『モンスターズ・インク』（2001年）
ピクサーの長編映画第４作で描かれた世界では、モンスターが子どもたちを怖がらせることでエネルギーを集めている。そしてモンスターは、人間界のものはすべて有毒で、何としてもモンスターの世界から閉め出さなければならないと思い込んでいる。ピクサーのＣＧ研究者たちは、サリーのキャラクターのために、毛にセルフ・シャドウ（自分自身の影）を落とすプログラムを開発することで、かつてない（様式的な）リアリズムを実現した。ピクサー自体も、２件の著作権侵害訴訟という、別のモンスターに直面した。そのうちの１件は、漫画家のスタンリー・ミラーが起こした訴訟だった。『モンスターズ・インク』の公開日は前々から決まっていたが、予定通り公開する許可が裁判所から得られるかどうか、公開日の前日まではっきりしなかった。

© DISNEY/PIXAR. COURTESY PHOTOFEST

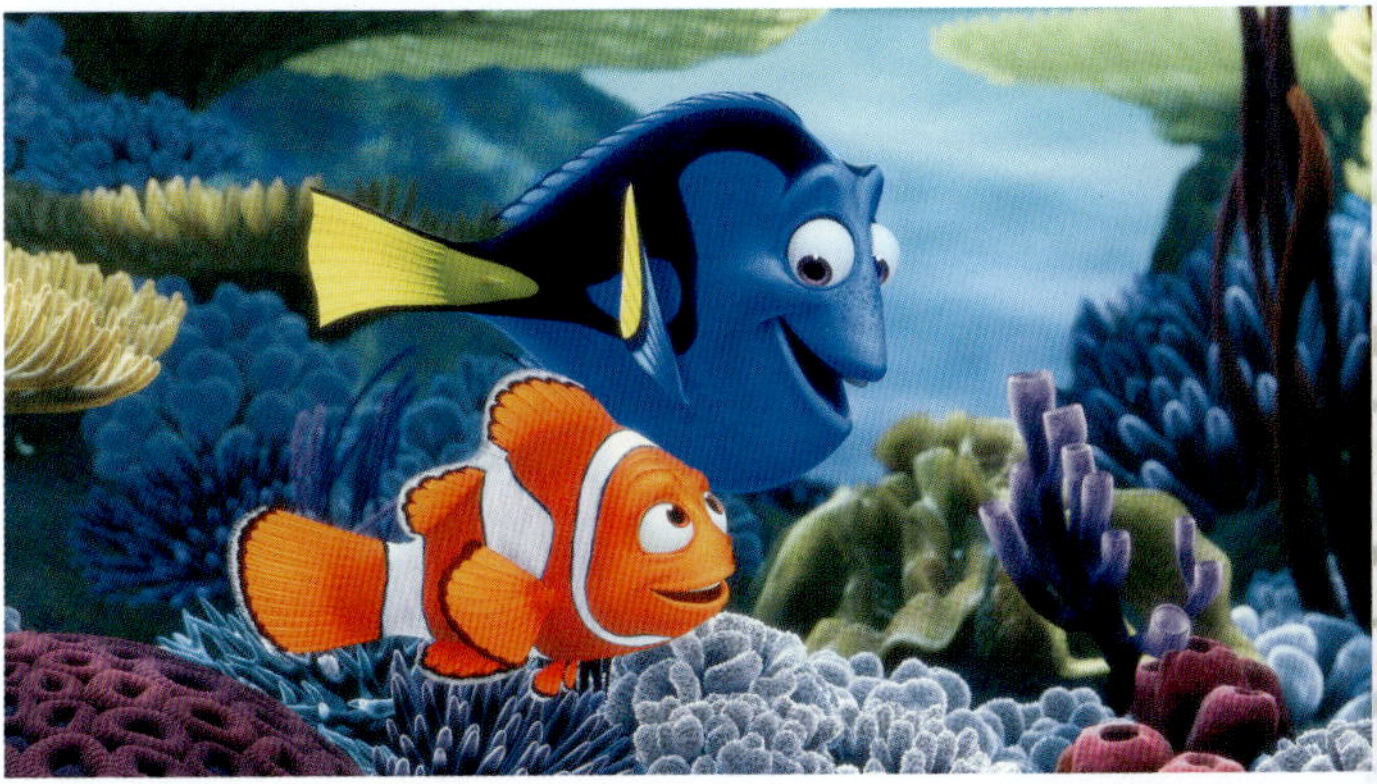

『ファインディング・ニモ』（2003年）
　ピクサーの第5作は、カクレクマノミの父マーリンが、妻と子どもたちを殺され、たった1匹生き残った子どもとも離ればなれになってしまうという、いつになく暗いテーマとは対照的に、この時点までに公開されたピクサー作品の中では最も視覚的に鮮やかだった。映画は子どもに関する親の最大の心配事を呼びさました。ピクサー・ブランドは、こうしたリスクをあえて冒すことができるほど、強力になっていたのだ。
　映画は海の生き物の非常にくわしい研究をもとに作られた。ただし監督のアンドリュー・スタントンが、ストーリーを優先して、若干手直しした部分もある。たとえばカクレクマノミの夫婦は、強い方のメスが死ぬと、残ったオスが性転換してメスになるのだが、マーリンはオスのままだった。

© DISNEY/PIXAR. COURTESY PHOTOFEST

『Mr. インクレディブル』（2004年）
脚本・監督を担当したブラッド・バードが、４人の主要キャラクターの一人ひとりに十分な深みをもたせ、現実的に共感できる存在にしたため、大人から子どもまであらゆる層の映画ファンが、自分のためにつくられたように感じる作品になった。バード監督はスーパーヒーロー映画というジャンルを利用して、アクション映画のスリルはそのままに、家庭生活と中年男性の危機とのジレンマに迫った。バードはこの作品を2000年にピクサーに加わる前に創作しており、２Ｄアニメーションとして構想した。
ちなみにウォルト・ディズニー・カンパニーは『Mr. インクレディブル』が公開された年に、２Ｄセル・アニメーション部門のほとんどを閉鎖している。当時のＣＥＯマイケル・アイズナーが、観客はもう伝統的なアニメーションには関心がないと判断したためである。

© DISNEY/PIXAR. COURTESY PHOTOFEST

『カーズ』（2006年）
『カーズ』は大人の視点からすれば、ピクサー映画の中でおそらく最もインパクトに乏しく、そのため最も酷評されたが、子どもにもわかりやすい筋書きで、高度な技術が散りばめられていた。この年の全米興行成績では、第2位につけた。『トイ・ストーリー』の2作品と同じく、『カーズ』のテーマ――NASCARレースとうらぶれた小さな町――は、監督ジョン・ラセターの個人的な関心から生まれた。
主役の“ライトニング”・マックイーンは、映画の制作が始まる前にガンで亡くなったピクサーのアニメーター、グレン・マックイーンにちなんで名づけられた。

© DISNEY/PIXAR. COURTESY PHOTOFEST

『レミーのおいしいレストラン』（2007年）
　ピクサーの第８作、シェフを夢見るネズミの物語は、当初ピクサーにとって、ディズニーとの配給契約でカバーされない、最初の作品になる予定だった。原案を書き、当初監督を務めていたヤン・ピンカヴァは、2004年10月に監督の任を解かれた。９カ月後、ラセターはブラッド・バードに作品を任せた。バードはほぼ完成したセット、いくつかのキャラクター、そして心をとらえる基本的なアイデアを引き継ぎ、脚本を書き直した。

© DISNEY/PIXAR. COURTESY PHOTOFEST

ハヤカワ文庫NF
〈NF424〉

ピクサー
早すぎた天才たちの大逆転劇

デイヴィッド・A・プライス
櫻井祐子訳

早川書房
7509

THE PIXAR TOUCH
The Making of a Company
by
David A. Price

Translated by
Yuko Sakurai
Published 2015 in Japan by
HAYAKAWA PUBLISHING, INC.
This book is published in Japan by
direct arrangement with
WRITERS' REPRESENTATIVES, LLC.

目次

ピクサー　早すぎた天才たちの大逆転劇

キャラクター・アニメーションは、物体をキャラクターのように見せるとか、顔や手をつけるとか、そういうことじゃない。それは物体がまるで生命を持ち、思考しているかのように動かし、そういう動きのすべてが、物体自身の思考プロセスによって生み出されたかのように見せることだ……。生きているという幻想を与えるのは、思考であり、表情に意味を与えるのは、生命なんだ。サン＝テグジュペリも書いている。「大事なのは目ではなく、まなざしだ——唇ではなく、ほほえみなのだ」ってね。(1)

——ジョン・ラセター、一九九四年

世界の進歩というものは、すべてこの無分別な人間のおかげなのだ。(2)

——ジョージ・バーナード・ショー、一九〇三年

1　アナハイム

ジョン・ラセターが立っていたその場所は、南カリフォルニアの大部分がそうだったように、わずか五〇年前はまだオレンジ畑の一角だった。二〇〇六年三月一〇日の朝、ラセターはウォルト・ディズニー・カンパニーの年次株主総会の会場、アナハイムのアローヘッド・ポンド（現ホンダセンター）の舞台に、退職者から子ども連れの若い親までの、四〇〇〇人ほどの投資家を前にして立っていた。

ここから西に三キロほど行ったところに、やはりオレンジ畑の跡地に建てられたディズニーランドがある。ラセターは大学生の頃、夏休みが来るたびにそこで働いた。最初はトゥモローランドでキャンディの包み紙やポップコーンを掃除する係として、のちにはジャングル・クルーズのスキッパーとして。北に三〇キロあまり行くと、子ども時代を過ごした町ホイッティアがある。彼が五歳にして、プロの芸術家のキャリアの第一歩を踏み出した場所だ。地元の市場のコンテストでクレヨン画が入賞し、一五ドルの賞金を手にした。もう少し先、州間高速道路《インターステイト》五号線を四五分ほど北上したバーバンクには、彼が二二年ほど前ジュニア・アニメーターとして働いていた、ディズニーの由緒あるアニメーション・ビルがある。

ラセターはいつものように、驚くほどカジュアルな出で立ちで現れた。ブルージーンズにテニスシューズ。アロハ風のシャツの襟元から、ワイヤレスマイクがのぞいている。この装いと、ぽっちゃりとした愛らしい顔を見ていると、七四億ドルで買収されたばかりの企業の四九歳の上級役員だということをつい忘れそうになる。

ここ六年ほど、ディズニーの株主総会は、マイケル・D・アイズナー元最高経営責任者（CEO）のもと、寒い季節に寒い場所を選んで開催されていた。二〇〇五年の総会は二月のミネアポリスで行なわれ、いらだちを募らせる株主の出席を阻むためではないかという声が上がったほどだ。だが今年はそんな小細工の必要はなかった。最高執行責任者（COO）だったロバート・アイガーが、物議を醸しがちなアイズナーに代わって二〇〇五年一〇月にCEOに就任したのだ。アイガーは就任早々ピクサー・アニメーション・スタジオの買収を取りまとめるという、大胆な行動に出た。高い買い物だったが、買収は圧倒的支持をもって迎えられた。

この買収は、ビジネス史上まれな運命の大逆転のハイライトだった。ピクサーは二〇年前、ピクサー・アニメーション・スタジオとしてではなく、サンフランシスコ湾岸(ベイエリア)地域に点在する数百のコンピュータ・ハードウェア企業の一社として始まった。ラセターと数人の技術担当者だけのちっぽけなアニメーション・グループは、収益を生まない短いプロモーション映画を制作しており、一度ならず閉鎖の瀬戸際に追い込まれた。ピクサー・イメージ・コンピュータが売れないとわかると、アニメーション用ソフトウェアの販売や、リステリンやライフセイバーズといった商品のアニメーションCMの制作に転じた。だが赤字は何年も続いた。

一九九一年にディズニーがピクサー初の劇場公開用長編映画への出資を決めたとき、契約条件はほとんどディズニーによって決められた。ディズニーが一九九三年末、脚本に問題があるという理由で、ラセターの監督作品『トイ・ストーリー』の制作休止を命じたときには、ピクサーの経営陣以下全員が、うちの長編映画は本当に実現するのだろうかと気を揉んだ。ハリウッドの映画関係者からは、コンピュータ・アニメーションという新しい媒体の映画では、観客が最後まで座っていられるのかさえ疑問だという声が相次いだ。目新しさがなくなればすぐに廃れてしまうのではないかという不安もあった。

だがまもなくピクサーの立場は逆転する。一九九五年に公開した『トイ・ストーリー』に始まり、その後の『バグズ・ライフ』、『トイ・ストーリー2』、『モンスターズ・インク』、『ファインディング・ニモ』、『Mr.インクレディブル』と、観客の心をつかむ大ヒット映画を連発したことで、ピクサーは世界の主要なアニメーション・スタジオにのし上がったのだ。ピクサー映画の配給により、ディズニーは莫大な利益を得た。ピクサーの大株主にしてCEOでもあるスティーヴ・ジョブズは、ディズニーとの配給契約の期限が迫っていた二〇〇四年初めに、契約更改交渉を打ち切った。このとき経済紙が注目したのは、ディズニー側がこの難局をどう乗り切るかだった。この頃には、ディズニーの方がピクサーを必要とするようになっていたようだ。ピクサー映画の配給収入は、ディズニー映画部門の営業利益の四五%をたたき出していたのだ。ディズニーが独自に行なった市場調査は、小さい子どもの母親がディズニーよりピクサーのブランドに信頼を寄せていることを示していた(1)。

この買収によって、ラセターはディズニーとピクサーのアニメーション部門の「クリエイティブ担当CEO」と、「ディズニーの世界中のテーマパークおよびリゾートの「クリエイティブ部門主席アドバイザー」という、新しく設けられた役職をまもなく兼務することになっていた。ピクサー映画の成功によって、彼はハリウッドではますます得がたくなっているものを手に入れた。それは、裏庭に判で押したようにプールがあって、マントルピースにオスカー像が飾られた屋敷でもなければ、田舎の邸宅でも、年代物のジャガーのオープンカーでもなかった——もっとも、ラセターもこうしたすべてを手に入れてはいたのだが。それにラセターには鉄道模型熱を満足させるだけの資力もあり、ソノマヴァレーに建築中の五六〇坪の大邸宅の敷地に、一九〇一年型蒸気機関車の実物大模型を走らせる計画だった（ウォルト・ディズニーでさえ、裏庭に走らせていたのは八分の一模型だった）。

　こういったことはどれ一つとして、ラセターが成功から得た真に重要な成果ではない。彼が成功によって得た一番大切なもの、それは自由だった。ピクサーの仲間と新しいジャンルの映画を生み出したことによって、自分のつくりたい映画をつくれるようになり、しかも望み通りの条件で、ディズニーに戻れることになったのだ。

ラセターがその朝アナハイムに顔を出したのは、買収と、ピクサーの近日公開映画『カーズ』と『レミーのおいしいレストラン』への興味をかき立てるためだった。アイガーはその朝ちょっとしたいたずらで聴衆をからかった。ラセターを紹介すると思いきや、いきなり話題を変えたのだ。ようやく紹介する段になり、音響装置から『トイ・ストーリー』と『トイ・ストーリー2』のテーマソング「君はともだち」のさわりが流れると、観客は熱狂的な拍手と歓声でラセターを迎えた。

　ラセターが壇上から語りかけると、生き生きとした身振りと口調のせいで、場内はラセター一色になる。やや鼻にかかってはいるが、温かく魅力的な声だ。「ディズニーの株主総会でしょう、って妻に言われたんです。ジョン、あなたきちんとした格好をしなきゃだめよって」彼は開口一番言った。「だから今日は黒いテニスシューズを履いてきた」。聴衆は笑い、またパラパラと拍手を浴びせる。

それから彼は高校時代、チャンネル11の『バッグス・バニー・ショー』を見るために、放課後走って帰った話をした。その頃ボブ・トーマスが書いた『アニメーションの芸術』という本に出会い、アニメーションの制作を仕事にしている人が実際にいることに気づいたという。「それが、まさに僕のなりたい職業だった」

続いてジャングル・クルーズで働いていた頃の思い出や、クルーズの船長がショーを盛り上げるために飛ばすダジャレについて話した。この経験のおかげで、自分の殻を破り、人前で話す自信がついたと、ラセターは別の機会に語っている。確かに効果はあったようだ。

「僕のお気に入りのジョークはね、ほら先住民がサイに追われてポールに登るところがあるでしょう? そこでこう言うんだ。『いましたよ、あれが有名なホンタス族。長い間行方がわからなかったんです。わあ、あそこを見て! サイが……ホンタスをついてる《ポカホンタス》!』」

それからカリフォルニア芸術大学を卒業後、ディズニーのアニメーション部門に就職し、そこで初期の3Dコンピュータ・アニメーション作品を見たときのことを語った。「ウォルトが見たら、絶対気に入るはずだと思った」

彼はディズニーに新技術の導入を働きかけて失敗した、若かりし日の挫折には触れず、陽気な雰囲気を保つために、ただこう言った。「そこで夢を追いかけて、今まで出会った一番すごい人と働くことにしたんです。皆さん、エド・キャットムルを紹介します」

客席から見ていた六一歳のピクサー社長エドウィン・キャットムル博士は、図らずもビジネス・リーダーの役割を引き受けることになった、コンピュータ・グラフィックス（CG）の研究者だ。丸い金縁眼鏡をかけたごま塩ひげのキャットムルは、今でも学者の風情だ。休暇先にまで気晴らしの読み物として専門書や論文を持参する、オタクの中のオタクなのだ。キャットムルをよく知る人たちは、口をそろえて彼のことを「才気あふれる人物」と評する。だが彼は会話を独占して知性をアピールするようなタイプではなく、話すより聞き手に回ることの方が多い。口を開けば、温和で奥ゆかしい話しぶりだった。

キャットムルの研究は先人たちの業績を土台としていたが、3Dアニメーションにおける革命は、いろいろな意味で彼自身が起こした革命だった。全編CGの映画をつくるという、若き日の構想をあきらめずに持ち続けたのは、キャットムルだった。ニューヨーク工科大学とジョージ・ルーカスのルーカスフィルムでCG研究所を切り回し、のちにピクサー・アニメーション・スタジオの核になる技術、制作チームを集めたのも、キャットムルだった。

「一九八六年にスティーヴ・ジョブズがぼくたちをルーカスフィルムから買収し、ピクサーを設立しました」ラセターは続けた。「最初の一〇年間は、スティーヴに大損をさせてしまった」

スティーヴ・ジョブズの姿は見えなかったが、彼はまもなくディズニー最大の個人株主

(買収は株式交換で行なわれた）と、ディズニー取締役会の最新メンバーになる予定だっ
た。ラセターの言う通り、ジョブズはルーカスのコンピュータ部門を五〇〇万ドル（たま
に報じられる一〇〇〇万ドルは誤り）に値切って買収したのだが、企業を維持するために、その後の一〇年間でその一〇倍もの金額をつぎ込む羽目になった。ジョブズほど辛抱強い投資家もそういないだろう。

ラセターはディズニーへの愛情を語り、『カーズ』と『レミーのおいしいレストラン』の映像を紹介し、最初の言葉をくり返してスピーチを締めくくった。ディズニーに戻ってこられたことを誇りに思っていると。

ラセターのプレゼンテーションを最初から最後まで聞くと、ピクサー映画と同じ流れが感じ取れる。冒険物語と喜劇にちりばめられた真摯な瞬間が心をつかみ、必ずハッピーエンドで終わる。今にして思えば、ピクサーの成功物語は、起こるべくして起こったように思われる。ピクサーは独立系企業として、ヒット作を時計のように規則正しく生み出し、前例のない六作連続大ヒットを記録した。ディズニー傘下に入っても、連勝記録を伸ばし続けるだろう。

それでも、ピクサーの物語は運命で定められていたわけでは決してない。それは芸術、技術、経営における三重苦の物語であり、また芸術、技術、経営での成功がひどく不確かで状況に大きく左右されることを示す典型例でもある。ピクサーの物語は、専門家として

の名声と社会的地位がいかにして合流するか、小さな組織がこれらを経済的圧力として用いることで、いかに勢力を拡大できるかをよく表している。小さなことをうまくやれば、大きく成功できることを示してもいる。またそれは「数学的概念のバーチャルワールドの中で、物語を語る新しい手法を生み出す」という野心をもってスタートした精鋭たちの物語であり、ビジョンが実現するまでの間、遠回りをしてきた者たちの物語でもあるのだ。

ピクサーの成功が宿命とはとても言えなかったように、その主要人物も誰一人として成功を運命づけられてはいなかった。実際、ピクサーの物語が興味深いのは、どのリーダーも舞台に登場したときには、従来の基準からすれば失敗者だったことだ。ラセターは卒業後、夢にまで見たディズニーでの仕事に就き――そしてクビになったばかりだった。キャットムルはCG専攻の大学院生時代、輝かしい研究成果をあげたが、教員に採用されず、夢も希望もないように感じたソフトウェア開発の仕事に就かざるを得なかった。共同創設者のアルヴィ・レイ・スミスは、学問の世界を離れてゼロックスの有名なパロアルト研究所（PARC）に職を得たが、いきなり仕事にあぶれた。ジョブズは自ら共同創設したアップルコンピュータを追放され、屈辱と心痛をこらえていた。彼は一夜にしてシリコンバレーの寵児から、嘲笑される過去の人になった。彼らの一人ひとりが、失敗したからこそ、新しく大きな野心のはけ口を手に入れることができたのだ。

彼らの、そしてピクサーの長い冒険物語は、成功するイノベーションは「知性の偉業ではなく意志の偉業」だとする、異端の経済学者ヨーゼフ・シュンペーターの主張を思い起こさせる。起業家の心理というテーマがまだ注目を浴びていなかった二〇世紀初めに、彼はこのテーマで著作をものし、「誰もやったことのないことを成し遂げることにつきまとう、抵抗と不確実性」[2]に立ち向かう覚悟のある人は、ほとんどいないと書いている。起業家が失敗のリスクをあえて冒すのは、単に経済的動機からではない。経済以外の動機、とりわけ「何かを生み出し、物事を成し遂げる喜び、または単に自分の力や創意を発揮する喜び」[3]のために行なうのだ。少なくともピクサーに関して言えば、抵抗と不確実性は――そして意志も――あり余るほどあった。

物語はエド・キャットムルという名の、物腰柔らかな堅物の元宣教師が、ユタ大学の大学院に入学した一九七〇年に始まる。当時3Dコンピュータ・アニメーションの分野は、まだオレンジ畑だった。

2 ガレージにて

歴史上、ときとして魔法にかけられたような場所、あらゆる確率法則を無視して才能が一極集中する場所が現れることがある。演劇で言えばエリザベス朝時代のロンドン、哲学なら紀元前三世紀のアテネ、絵画なら一五世紀末から一六世紀初頭のフィレンツェといった具合だ。あまり知られていないが、一九六〇年代と七〇年代初めのソルトレイクシティもそんな場所だった。より正確には、ユタ大学コンピュータ・サイエンス学部におけるコンピュータ・グラフィックス（CG）研究である。エド・キャットムルはこの環境で、研究者としての才能を開花させた。その後の数十年にわたる彼のキャリアには、野心と経営スタイルの両方に、ユタの影響が色濃く表れている。

ユタ大学はカリフォルニア大学バークレー校のコンピュータ・サイエンス学部で教授を務めていた、末日聖徒イエス・キリスト教会の長老デイヴ・エヴァンズを招聘し、一九六五年にコンピュータ・サイエンス学部を開設した。エヴァンズは教授陣に一流研究者を集め、中でも目玉はアイヴァン・サザーランドという三〇歳のハーヴァード大学の終身教授だった。サザーランドはマサチューセッツ工科大学（MIT）で博士論文のために、当時革新的だった「スケッチパッド」というシステムを開発した。[1] ライトペンを使って、コンピュータの画面上に直接白黒の設計図面を描くものだ。サザーランドのシステムは、単にコンピュータを使って絵が描けるというだけではなかった。むろん、これだけでも十分衝撃的ではあったが。コンピュータの貴重な一〇〇〇分の一秒も無駄にすまいと、ユーザがパンチカードのプログラムをカードリーダーに入れるために列をなして並んでいた時代に、スケッチパッドは一人の人間がひと部屋サイズのコンピュータを独占して使うという、正気とは思えない考えを前提としていたのだった。

六〇年代末にCG用機器は市販されていなかったため、エヴァンズとサザーランドは機器の製造、販売を行なう企業を立ち上げた。おかげでユタの研究者はいつでも最新型、最高峰のグラフィックス・ハードウェアを使うことができた。研究資金は、国防総省高等研究計画局（ARPA）から湯水のように流れ込んできた。[2] ARPAとは、スプートニク・ショックを機に国防総省内に創設された組織で、次世代技術の研究に資金を提供していた。

CGは当時まだ小さな世界だったため、めざすべきはユタだという噂は瞬く間に広まった。大学院教育の序列や形式にとらわれないエヴァンズは、独自の研究を進める学生をできるだけ早く集めたかった。研究目的が野心的であればあるほど望ましかった。彼と同僚たちは大学院生に自主性を与え、専門家として尊重し、たまたま博士号だけをもたない第一級の研究者として扱った。

こうした甲斐あって、学生が当たり前のように大きな研究成果を上げる環境ができた。フランスの若者アンリ・グーローもここにやってきて、3D曲面体の陰影を計算し、従来可能だったよりもずっと滑らかな曲面に見せる優れた手法を開発した。ヴェトナム生まれのブイ・トゥオン・フォンは、物体にリアルな輝度とハイライトを付加する手法を初めて考案した(グーロー・シェーディングとフォン・ライティングは、今日のグラフィックス・ソフトウェアにも用いられている)。

当時博士課程に在籍していた学生には、その後のCGの発展に貢献し、パーソナル・コンピュータ(PC)の基盤を築く重要な役割を担った人物が数多くいた。アラン・ケイ(一九六九年博士号取得)は、いまでは当たり前になったオブジェクト指向プログラミング(OOP)とポイント&クリック操作によるグラフィカル・ユーザ・インターフェース(GUI)を開発したことで知られ、また七〇年代初めには、持ち運びのできるノートブック型コンピュータという奇抜な(当時はそう思われた)アイデアを提唱した。ジョン・ワーノック(一九六九年博士号)はデジタル・フォントとデスクトップ・パブリッシング(DTP)の先駆的研究を行ない、のちにアドビシステムズを共同創設した。ジム・クラ

グラナイト・ハイスクール、1962年度討論チーム、エド・キャットムル主将（右端）。キャットムルは討論のほか、数学部、科学部、演劇部でも活躍した。子どもの頃からディズニーのアニメーターを夢見ていたが、高校時代に自分には絵を描く才能がないと考え直した。
（グラナイト・ハイスクール卒業記念アルバムの写真）

ーク（一九七四年博士号）はバーチャル・リアリティ（VR）・ディスプレイに関する論文を書き、高速3Dグラフィックス用のコンピュータを製造する企業、シリコン・グラフィックスを創設し、インターネット時代の黎明期にネットスケープを共同創設している。学部生だったノーラン・ブッシュネル（一九六九年理学士号）はのちにアタリを創設し、ビデオゲームを世に広めた。デイヴ・エヴァンズが招聘した教授陣の一人、トム・ストッカムは画像のデジタル処理とデジタル音声録音の草分け的存在である。

キャットムルがこの中心地に足を踏み入れたのは、半ば成り行きだった。彼は町の向こう側のグラナイト・ハイスクールを出た、地元の少年だった。一九四五年三月三一日にウェスト・ヴァージニア州パーカーズバーグに生まれたキャットムルは、モルモン教一家の五人兄弟の長男として、ソルトレイクシティで育った。一九六三年ユタ大学に学部生として入学し、モルモン教徒の若者の慣例として伝道のため二年間大学生活を中断している。(3) 派遣先は、ニューヨークのコニーアイランドとスカーズデールだった。

この中断は、まさに神の計らいだった。彼がキャンパスに戻ったのは、コンピュータ・サイエンス学部が開設されようとしている頃だった。キャットムルが初めて受けたプログラミング講座を教えていたのは、当時大学院生だったアラン・ケイだ。ケイは、キャットムルがいつも楽しみのために研究課題で要求される以上のことをやっていたと記憶している。「プログラミングが好きで、宿題に添えていろいろな思いつきを提出していた」(4)。ケイは言った。「そういう学生は必ずものになる」

一九六九年にコンピュータ・サイエンスと物理学の学士号を取得して卒業したキャットムルは、ボーイングに就職したが、まもなく数千人規模のレイオフの巻き添えを食ってしまう。(5) そこで彼はある大胆な夢を胸に、大学院生として戻った。子どもの頃、ディズニーのアニメーターになるのが夢だった。幼い頃からウォルト・ディズニーに憧れ、将来アニメーションの仕事に就くと決めて、パラパラ漫画をつくっていた。だが高校に上がると、絵がうまく描けないと泣く泣く断念した。いま彼はこう思っていた。コンピュータを使えば、今度こそアニメーションをつくれるかもしれない。CGでなら、一つひとつの画像だけでなく、アニメーションの長編映画もつくれるんじゃないか？ 過激派みたいなものだった」。

「あの当時コンピュータ・アニメーションを志すなんて、過激派みたいなものだった」。キャットムルの博士課程の同級生で、やはりアニメーションを研究していたフレッド・パークが言う。「当時はようやくコンピュータで静止画像をつくれるようになったところだったから」

最先端のコンピュータ・ハードウェアがこの野心に追いつくのは何年も先だということはわかっていたし、数学やプログラミングで解決しなければならない問題は山のようにあった。それでもキャットムルには、今この場所で計画に取りかかるのが、一番ふさわしいように思えた。

一九七二年に大学院の研究プロジェクトで、短いアニメーション映像を制作した。一番手近なもの、つまり自分の左手をデジタル化してアニメーションにすることに決めた。(6) このフィルムでは、何一つとして一筋縄では行かなかった。最初に自分の手の石膏模型をつくるところから始めたが、型から手を外すとき産毛が抜けて痛かった。この型を起こして手の石膏模型をつくり、約三五〇個の細かい三角形や多角形を表面にインクで描いていった。

これを終えると、多角形の図面が網のように石膏の手全体を覆った。曲線を短い直線の連なりで近似できるのと同じで、曲面体も多角形の網の目（ポリゴンメッシュ）で表すことができる。この多角形をデジタル化したものが、コンピュータ上で手の表面を表す。多角形のすべての頂点の座標を苦心して計測し、テレタイプのキーボードを使ってコンピュータに打ち込んだ。それから自分の開発した3Dアニメーション・プログラムを使って、手の像をコンピュータ画面に再現し、動かした。

画像を目で確認するだけでも一苦労だった。ディスプレイ装置はほんの一瞬でも画像全体を画面に映すことができなかったため――画像を切り替えるのに三〇秒ほどかかった――画像のひとコマを確認するには、画面を長時間露光のポラロイドで撮影したスナップ写真を見るしかなかった。満足のいくものができると、学部がブラウン管画面を撮影できるように改造してつくった三五ミリの映画用カメラを使って、映像を撮影した。

こうしてでき上がった一分間の映画は、観客の度肝を抜いた。手が回転し、開き、閉じた。そして最後にカメラは手を上から見下ろし、それから手の中に入って、周りを見回したのだ。これとほぼ同時期に同級生のパークが、妻の顔のコンピュータ・アニメーションをつくった。二つの映像は、その後もずっとコンピュータ・アニメーションの最先端にあった（今ではほとんど忘れ去られた一九七六年の映画『未来世界』にも、二つの映像の一部が使われている）。

サザーランド教授はウォルト・ディズニー・カンパニーにわたりをつけて、伝統的なアニメーションの制作工程にCGを導入する気があるかどうかを打診した。[7]キャットムルのアニメーションへの強い思い入れを知るサザーランドは、彼をディズニーに連れて行き、役員に引き合わせた。ディズニーの経営陣はCGには関心がなかったが、ディズニーのイマジニアリング・チームの一員として、コンピュータで新しいアトラクションを設計してみないかとキャットムルを誘った。それはフロリダ州オーランドにオープンしたばかりのウォルト・ディズニー・ワールドで計画されていたローラーコースター型のアトラクション、スペースマウンテンだった。だがキャットムルは丁重に断り、二人はソルトレイクシティに帰った。

キャットムルは博士論文で再び3D曲線に取り組んだ。彼の関心はBスプラインにあった。この数学的手法を使えば、多数の辺で構成されるポリゴンメッシュを使うよりも滑らかな曲面を表現できた。キャットムルはBスプラインで作成した物体の、どの部分が観察者に見え、どの部分が（何かの陰に隠れて）見えないかを、コンピュータに判断させる手法を考案した。これはCGの難問の中で、理論上は簡単だが実行がとくに難しいものの一つである。キャットムルは隠面処理の問題を、「Zバッファ」という手法を考案して解決した。Zバッファとは、画素ごとに視点から最も近い面までの距離（Z値）をまとめて保存しておくメモリ領域を指す。

Bスプラインとバッファに関する彼の研究は、それだけで画期的だった。だがこの論文には、もう一つの大きな発見があった。キャットムルは曲面体の数学に取り組むうちに、画像を——どんな画像でも——物体の表面に投影する方法を思いがけず考案したのだ。テクスチャ・マッピングと呼ばれるこの発明によって、CGの物体に大理石や木目のような質感を与えられるようになった。[8]彼が初めて作成したテクスチャ・マップは、ミッキーマウスを波状面に投影したものだった。博士論文では、くまのプーさんとティガーを投影してこの概念を説明している。[9]

キャットムルは、一九七四年に発表した博士論文の三つの業績——Bスプライン、Zバッファ、テクスチャ・マッピング——によって、たとえそれ以外の功績を何も残さなかったとしても、CG分野で不朽の名声を博していただろう。だが彼にとってこうした業績は、コンピュータ・アニメーション長編映画という真の目標への足がかりでしかなかった。[10]

当時は卒業したてのCG専門家に、決まった進路があるわけではなかった。学術界もアメリカの産業界も、もちろんエンターテインメント業界も、キャットムルほどの専門知識をもつ人たちを大量に雇い入れてはいなかった。キャットムルはコンピュータ・アニメーション研究が細々と行なわれていたオハイオ州立大学の教員に応募したが、採用されなかった。[11]そのためサザーランド教授の新しいプロジェクトに望みをつないだ。その頃教授はハリウッドに向かい、彼にとっては二つめの企業になるピクチャー・デザイン・グループというコンピュータ・アニメーション制作企業を興そうとしていた。CMやテレビ番組、映画で使うCG映像を制作するための企業だ。サザーランドたちが投資家を探す間、キャットムルはユタで待っていた。

この頃のキャットムルには、妻のラレインと二歳の息子という養うべき家族がいた。何カ月たってもサザーランドの企業からは声がかからず、しまいにピクチャー・デザイン・グループは完全に活動を停止してしまう。[12] そこで背に腹は代えられず、ボストンのアプリコンという企業でプログラミングの仕事を引き受けた。この企業が開発していたのはコンピュータ支援設計（CAD）用ソフトで、キャットムルの関心とはかけ離れていた。アプリコンのグラフィックス制作は線画を使うもので、キャットムルが魅せられていた3D形状やシェーディングではなかった。当然、キャラクター・アニメーションなどまったくの範疇外だった。二九歳のキャットムルは、進むべき方向を見極められず、退屈で決まり切った仕事をこなし、ただ足踏みをしているだけの自分が歯がゆかった。

こんな状態が数カ月続いたある日、職場に不思議な電話がかかってきた。電話の主は聞いたこともない人物の秘書を名乗り、あなたのニューヨーク行きの航空券を手配するために電話をかけたのだと言った。

「彼女が誰なのか、何のために私をニューヨークに連れて行こうとしているのか、見当もつかなかった」[13] キャットムルは言う。

キャットムルのあずかり知らぬところで、ある変わり者の億万長者が、ソルトレイクシティに現れた。起業家として成功したアレグザンダー・シュアーは、一九五五年にニューヨーク工科大学（ＮＹＩＴ）を創設し、学長に収まった。この頃シュアーは映画製作熱に取り憑かれ、ロングアイランドにある大学のキャンパスの一つにアニメーション・スタジオを開設した。そこでアニメーターの作業を観察するうちに、金のかかる膨大な手作業が必要なことに驚き、ほとんどの要員をコンピュータで置き換えられると確信するようになった。

キャットムルが制作した手のアニメーションと、フレッド・パークによる妻の顔のアニメーションは、デイヴ・エヴァンズとアイヴァン・サザーランドが立ち上げたハードウェア企業、エヴァンズ＆サザーランドの宣伝用リールにも使われていた。[14] 東海岸の大学に売り込みをかけていた同社の精力的な営業マンが、シュアーにフィルムのコピーを渡して金脈を掘り当てた。[15] まもなくシュアーはエヴァンズ教授とサザーランド教授に会いにユタを訪れ、勧められるまま全種類の機器を一台ずつ購入した。

エヴァンズはシュアーの散財につきあいながら、ＣＧ部門は誰に運営させるんですかと尋ねた。「誰にやらせるべきかね」シュアーは問い返した。[16]

「いやぁ、ちょうど適任を逃されましたね」エヴァンズは答えた。「エド・キャットムルという男がせっぱつまって、別の仕事を引き受けてしまいましたよ」

シュアーの秘書が電話をかけてきた理由がわかると、興味が頭をもたげた。そこでキャットムルはニューヨークに飛び、自分の望み通りの機会をシュアーが与えてくれようとしていることを知った。コンピュータ・アニメーション専門の自分の研究所だ。彼はシュアーとの面談で、エヴァンズ&サザーランドから何を購入したのか尋ねた。シュアーはわからないと答えた。彼が知っていたのは、すべての製品を一台ずつ買ったということだけだった。

一九七四年一一月、キャットムルはNYITのCG研究所の所長に就任した。一月にはアプリコンから引き抜いたマルコム・ブランチャードが働き始めた。

NYITは伝統的な大学の学問的野心とは無縁だった。当時三流大学と学位乱発大学のはざまに位置していたこの大学は、二つの集団のニーズを満たすことで成功していた。どの大学にも受け入れられなかった復員軍人と、ヴェトナム戦争の兵役免除を得るための学生資格を求める若者だ。

キャットムルのCG研究所は、大学の他の部分とはほとんど関わりがなかった。(17) ロングアイランドのノースショアという環境は、写真映えのするのどかな土地柄だった。まさにF・スコット・フィッツジェラルドの世界だ。シュアーは広大な私有地をキャンパスに仕立て上げ、邸宅を校舎として使用した。研究所として、邸宅の一つに隣接する車四台分のガレージが改築された。といっても、ガレージには見えない風格のある建物だった。キャットムルはガレージの二階の運転手部屋に作業部屋を、一階にコンピュータ室を設けた。

次の仕事は、3Dグラフィックスの限界を押し広げるチームを集めることだった。彼が

NYITで集めたチームが、後のピクサー・アニメーション・スタジオになる。ピクサーは掛け値なしのガレージ会社だったのだ。

同じ頃、四八〇〇キロほど離れた場所で、別の野心的なコンピュータ・アーティストが冒険物語をくり広げていた。アルヴィ・レイ・スミス[18]はテキサス州最北端のフライパン《パンハン》の取っ手《ドル》と呼ばれる地域に生まれ、ニューメキシコで育ち、幼い頃から絵画に親しんでいた。ニューメキシコ州立大学でコンピュータ・プログラミングを習得した。この大学でコンピュータのクラスを教えていたのは、ホワイトサンズ・ミサイル実験場の職員だった。キャットムルと同じく、スミスも芸で身を立てる自信はなかった。そこで電気工学の博士号を取得することに決め、奨学金を得てスタンフォード大学に進学する。その頃も暇を見つけては絵を描き、大学の一角にあるコーヒーハウスで個展を開いたこともあった。一九六八年に博士号を取得したスミスは、六〇年代末のサンフランシスコ・ベイエリアの政治思想にもどっぷり染まっていた。それからニューヨーク大学で、セルオートマトンと呼ばれるコンピュータ科学の一分野を教えた。博士論文(「自己増殖機械の数学」)で扱った分野である。

もしもあのときスキー帽がずり落ちなければ、スミスはそのまま学問の世界で着実に歩み続けていたかもしれない。一九七三年にニューハンプシャーの斜面を直滑降で下りていたとき、帽子が目にかぶさって、暴走してくるスキーヤーが見えなかった。それからの三カ月、胸からつま先まで全身ギプスで過ごす羽目になった。

「今にして思えば、あれが人生で一番すばらしい時期だった」と彼は語る。

これをきっかけに、彼はすべてを考え直した。そして安楽で恵まれた生活が、誤った方向に向かっていることに気づいた。「芸術の才能を活かしていなかったし、CA（セルオートマトン）の世界で一〇本の指に入る能力を活かし切れていなかった」もう一つ気がかりなことがあった。「コンピュータ・サイエンスを教えることで、支持しない戦争に手を貸していたんだ」彼は言った。「学生たちは卒業すると軍事機構で働いた」

スミスは仕事も計画もなしに、カリフォルニアに戻ることにした。適当な時機が来るまで、貯金で食いつなぐつもりだった。「どういうわけか、あそこを抜け出してカリフォルニアに戻れば、何かいいことが起こるはずだとわかっていた」

彼はバークレーに落ち着き、何かが起こるのを待った。

数カ月後原稿書きのために、六〇キロほど離れたスタンフォードの図書館に行く用事ができた。その夜彼はパロアルトに住む友人、ディック・シャウプの部屋に押しかけた。翌日昼食を食べながら、シャウプは自分の開発したペイントソフトを見にオフィスに来いよと、スミスをしきりに誘った。シャウプはゼロックスのパロアルト研究所、通称ＰＡＲＣ

に勤めていた。PARCではさまざまな分野の博士号研究者が、「未来のオフィス」を構築する技術を開発するために、独自に野心的な研究を進めていた。[19] アラン・ケイが指揮したパーソナル・コンピュータとグラフィカル・インターフェースの先見的な研究によって、PARCは企業研究所として初めてローリングストーン誌にも取り上げられた。企業内コンピュータ・ネットワークに取り組むチームや、世界初のレーザープリンタを開発中のチームもあった。

スミスが芸術家だと知るシャウプは、何年も前から自作のペイントソフト・プロジェクトに彼の興味を引こうとしていた。だがスミスにはコンピュータで絵を描くというシャウプの考えがどうしても理解できず――たわごとのように聞こえた――適当にはぐらかしていた。だがこのときはシャウプの家に世話になったため、誘いを断り切れなかった。

スミスを待っていたのは、世界初のカラー対応ペイントソフトだった。シャウプが「スーパーペイント」と命名したこのソフトは、タブレットとスタイラスペンを使うもので、草分けながらも、現代のペイントソフトにおなじみの多くの機能を搭載していた。[20] シャウプがシステムの性能を説明すると、スミスは口もきけないほど驚いた。彼はこの訪問を日記に記している。「正直気乗りがしなかった……世話になったから出かけたんだが、実に嬉しい驚きだった！　あいつのマシンはとうとう完成した。コンピュータにつながれたカラーテレビの〝絵筆〟だ。なんて魅力的なんだ[21]」

スミスは待ち望んでいた「いいこと」をとうとう見つけて、研究所を後にした。数日後戻ると、時がたつのも忘れて一二時間もマシンをいじり倒した。コンピュータ描画の実験を続けられるよう、何とかしてPARCに入れてもらえないだろうかと、シャウプに頼み込んだ。シャウプはスミスを雇う承認は得られなかったが、社内システムの裏をかき、備品購買の枠を使って——ホッチキスでも購入するように——スミスに給料を支払ってくれた。(22)

スミスは一九七四年の八月に働き始めた。仕事はペイント・システムの性能を見せつけるようなアニメーション・ビデオを制作することだった。抽象的なシークエンスと、アニメーションのハウツー本から取ったよくある歩行アニメーションを組み合わせた映像をつくった。その頃デイヴィッド・ディフランチェスコという別の若い芸術家もPARCにたどり着き、二人は交代でスーパーペイントを使いまくった。

しかし一九七五年一月になると、ゼロックスはモノクロに特化するという決定を下し、彼らの遊び道具を取り上げた。スミスはゼロックスで会う人会う人に言った。ちょっと聞いてくれよ、これからはカラーの時代だぜ、おまけにゼロックスはその技術を独占してるんだ、と。だがこれは最終決定だった——カラーは未来のオフィスにはそぐわない。スミスへの給料支払いは取り消された。

スミスが失った一番大事なものは、報酬でも、ペイント・プログラムですらなかった

（必要なら自作できた）。システムを支えるグラフィックス・ハードウェアだったのだ。それはフレーム・バッファと呼ばれる装置で、画面上で実際に見ることのできるコンピュータのメモリ領域だった。フレーム・バッファはシャウプのペイント・システムのカンバスをなしていた。コンピュータのビデオ・ディスプレイ上の一つひとつの点、つまり一ピクセルが、フレーム・バッファの一つの記憶域に対応する。プログラムがフレーム・バッファのある記憶域に格納されている数字を変更すると、それに対応する画面上の点の色や陰影が瞬時に変わった。スーパーペイントのようなペイント・プログラムでは、アーティストがスタイラスを使って作業し、プログラムはそれに応じてフレーム・バッファのメモリを変更した。線しか描けない初期のグラフィックス・ハードウェアとは違って、フレーム・バッファを使えば、プログラマーは画面上に現れるものを完璧にコントロールできるようになった。

そんなわけで、スミスとディフランチェスコが再びコンピュータで絵を描くためには、別のフレーム・バッファを探し出す必要があった。これは並大抵のことではなかった。フレーム・バッファはいまどきのコンピュータでは珍しくもないが、一九七五年当時はほとんどどこにもなかったため、ゼロックスPARCは自前で設計、製作していた。二人はユタ大学が一台手に入れようとしているという噂を聞きつけ、スミスの白いフォード・トリノでソルトレイクシティへと向かった。

ユタ大学のコンピュータ・サイエンス学部にたどり着いたスミスとディフランチェスコは、この学部や国防総省の出資するプロジェクトでは芸術家などお呼びでないことを賢明にも察し、とにかく「芸術」という言葉を使わないよう努めた。それでも二人が何を求めてやって来たかはバレバレだった。ユタには彼らがほしがるようなものは何もなかった。だがある大学院生が、別の場所を探したらどうかと勧めてくれた。さっきロングアイランドから変わり者の富豪がやってきて、目につくものを一つ残らず注文していったぞ。八万ドルもするフレーム・バッファまで。

スミスとディフランチェスコは、なれなれしいその態度と長髪で、北カリフォルニアのヒッピーの雰囲気をぷんぷん振りまいていた。スミスがこれを聞いて興奮していると、親切心から釘を刺された。ロングアイランドの富豪は研究所の責任者に、うちにいた博士を雇ったんだ、エド・キャットムル。いいやつだが、がちがちのモルモン教徒で、超堅物だ。気をつけろ。

二人はそんなことは意にも介さず、あり金はたいてニューヨーク行きのチケットを手に入れた。飛行機を降りるとディフランチェスコの父親に古いポルシェを借りて吹雪の中を走り、キャットムルの小さな研究所が収まっていた元ガレージにたどり着いた。

キャットムルは二人を温かく迎え、自分の任務について説明した。それは、コンピュータでアニメーション映画を制作するのに必要な環境をすべて整えることだった。シュアーはキャンパスの別の場所に、ハリウッドとニューヨークからアニメーターや背景美術スタッフなどを一〇〇人以上集めて、昔ながらの手描きのアニメーション映画を制作させていた。キャットムルのグループはメンバーがそろい次第、彼らからアニメーションの技術を学ぶ手はずになっていた。

キャットムルとスミスは、見た目は正反対だった。すらりとした背格好の控えめなキャットムルに対して、スミスは社交的でざっくばらんなタイプで、スモーキーベアを思わせる大男だ。(23) それでも二人はすぐに意気投合し、CGとその無限の可能性に対する思い入れを語り合った。キャットムルはスミスの自由奔放な性格にまるで困惑しなかった。ユタの警告は必要なかった。「とにかく包容力があった」スミスは言う。「何も押しつけず、やりたいようにやらせてくれた」

プロジェクトに押しつぶされそうになっていたキャットムルは、来訪者の支援の申し出をありがたく受け入れた。総勢四人の集団――キャットムルと元同僚ブランチャードの3D部隊と、スミスとディフランチェスコの2D部隊――は早速リムジンに乗せられ、隣の敷地の邸宅に連れて行かれた。大邸宅の広い玄関を通って、ダイニングルームに案内された。制服を着た給仕が慌ただしく動き回るなか、奥のテーブルから声が聞こえてきた。

「ようこそ、カリフォルニアの諸君！」アレグザンダー・シュアーが大声で言った。(24)

シュアーはまだその概念すら理解されない頃からコンピュータ・アニメーションに莫大

な金を投じていた、真のビジョナリーだった。キャットムルがすでに知っていたように――スミスもこれから思い知るのだが――シュアーの先見性と表裏一体を成していたのが、その一風変わった話し方だった。流れるような弁舌で、すごいことを言っているように聞こえるが、わずかに意味を成さないことが多かった。ディフランチェスコはのちに「言葉のサラダ」と揶揄したものだ[25]（シュアーの話し方の悪例として、彼は記者にこうぶち上げたことがある。「われわれの構想は時間の進み方を速め、ついには時間を消し去るだろう[26]」）。

「シュアーが話し始めたが、何を言っているのかさっぱりわからなかった」スミスは言う。「普通の会話のやりとりのようなものは、一切なかったね。散文をまき散らしているばかりで、話に割り込むには、同時に喋り始めるしかなかった。しばらくして、彼の口から自分の言った言葉が出てくると、どうやら伝わったようだとわかる」

フレーム・バッファはまだエヴァンズ&サザーランドから出荷されていなかったため、四人はさしあたってすでにあった3D線画作成システムと、研究所のデジタル・イクイップメント（DEC）製ミニコンピュータ、PDP‐11／45の使い方をマスターした。この頃彼らは友人から、AT&Tのベル研究所が発表したばかりのUNIXという最新式のオペレーティングシステム（OS）と、それを開発するためにつくられた「C」というプログラミング言語の話を聞いた。キャットムルもスミスも、当時IBMが推していたプログラミング言語フォートランを好まなかった。フォートランは、退屈な大企業の凡庸さの象徴のように思われた。二人はたちまち論理的で優雅な構造をもつC言語に心酔するようになった。

技術的な環境が整うと、NYITのCG研究所は機会と自由の地となった。コンピュータ・アニメーションというパズルを解いてさえいれば、自分が重要だと思うどんなことも自由にやれた。キャットムルは伝統的な手描きアニメーションの中割り《インビトウィーニング》を自動化する、「トゥイーン（TWEEN）」という2Dプログラムを開発していた。中割りとは、アニメーターが手描きで作画したコマとコマの間のキャラクターの動きを補完して描く作業をいう（ちなみにUNIXが登場するまでの間、キャットムルは最も退屈で面倒でレベルの低いコンピュータ言語、アセンブリ言語でこれをつくっていた。それほどフォートランを嫌っていたのだ）。フレーム・バッファが到着すると、スミスはシュアーのセル・アニメーション・グループの教えを乞いながら、背景を描くプログラムの開発に取り組んだ。ディフランチェスコは画面の映像を撮影するよい方法はないかと、実験をくり返した。システム・プログラミングの達人ブランチャードは、UNIXとCコンパイラのバグを修正した。

キャットムルは少しずつ人員を増やしていった。従業員番号五番、この分野の女性の草分けクリスティーン・バートンは、研究所のコンピュータをつなぐネットワークの構築を

ピクサーがニューヨーク工科大学コンピュータ・グラフィックス研究所としてスタートした、ロングアイランド・ノースショアの元ガレージ兼運転手宿舎。（アルヴィ・レイ・スミス氏提供）

手がけた（ネットワークは一から構築する必要があった。ローカル・ネットワークが出現するのは、何年も先のことだった）。ジム・クラークは、ユタ大学で始めたバーチャル・リアリティ（VR）に関する研究を続けた。彼が開発したのはヘッドセット型ディスプレイ、簡単に言えばユーザの目の近くに二つの小さな画面を取りつけて、3D画像を投影する機器だ。別の一人は撮影した映像をリアルタイムでデジタル変換する手法を開発していた。カメラが回る間に（またはビデオテープの再生中に）、ビデオ信号をコンピュータが扱う二進数のデータ・ストリームに変換する方法である。

ユタ大学の博士課程から夏のインターンとして研究所に来ていたジム・ブリン

は、「バンプマッピング」と呼ばれる効果を開発した。キャットムルのテクスチャ・マッピングは、その名にかかわらず、物体の表面に物理的なテクスチャを与えるものではなく、物体の表面を2D画像でペイントする、または包みこむようなものだった。テクスチャ・マッピングを使って、3D物体をコンクリートの画像で包装紙のように包めば、コンクリートのように見せることはできるが、表面にコンクリートの凹凸の奥行き感を出すことはできない。ブリンは物体の表面に3Dテクスチャを貼りつけることで、この限界を克服しようとしていた。そうすればざらつき、浮き出し、隆起など、必要な質感を与えることができるはずだった。

人員が増えるにつれて、キャットムルの任務の経営管理的な側面も拡大していった。彼は運営スタイルとしてユタ大学の学部の雰囲気を再現しようとしたため、自主性に任されたプロジェクトの緩やかな集まりができた。キャットムルの実践した役割は、部下に権限を委譲することだった。求められれば相談に乗り、大学の介入を阻み、シュアーとの問題を処理した。トップダウンで命令を下すことはほとんどなかった。このスタイルは、研究所の仕事に情熱を燃やす、才能にあふれ自発性に富むスタッフにはもってこいだった。

実際、ほとんどのスタッフが昼夜の別なく働いた。(27) マイホーム主義者のキャットムルは規則正しい勤務時間を守ったが、それ以外のスタッフは体がもつ限り働いた。自分たちが恵まれた――CGにかける全員の情熱をテコにして、大きなことを成し遂げる特権に恵まれた――生活を送っていることを日々かみしめ、一分、一秒も無駄にしたくなかった。取り憑かれたようにとはいかなくても、一心不乱に働いた。

音楽は欠かせなかった。毎日の音楽当番はピンク・フロイドやクリーム、もしくはボブ・ディラン、ときにはソフト・ジャズを流した。時たまだれかが「おーすげー」と口走ると、みんなが走り寄って、どんなことをやってのけたのかとのぞき込んだ。午前三時か四時ごろ部屋に帰って仮眠を取り――シュアーが近くの所有地に宿舎を用意してくれた――それから一緒にオフィスに戻って、また働き始めた。スミスは自分の体内時計が二六時間サイクルだと知った。彼の就業時間はキャットムルの時間と少しずつずれていき、二週間ほどたつとまた一致したという。

「オタクの結社だという雰囲気が、びんびん漂ってた」とカーネギーメロン大学を卒業後入社したラルフ・グッゲンハイムが言った。

シュアーの気前の良さが、研究所のおとぎ話的な雰囲気をさらに高めていた。コンピュータ愛好家にとって、ここはやりたい放題の天国だった。DECが次世代ミニコンピュータのVAXを発売したときも、NYIT・CG研究所は二〇万ドルという価格(今日の価格にして六〇万ドル超)(28)を気にもせず、組立ラインから出たばかりの製品第一号を購入した。(29)スミス曰く、「次は何を買うべきだろうかと、いつもせっついてきた。言えば必ず買ってくれたな」

シュアーの買い物三昧のハイライトは、フレーム・バッファがあと二つあれば助かると研究者たちが漏らしたときだった。シュアーの言葉のサラダ越しに、いま研究所にある一台にもう二台加えれば、三台をつないでピクセルあたりのメモリを三倍に増やし、今よりずっとよい画像を実現できるんですがね、と彼らは訴えた。数週間後、シュアーは二階の作業室を定期訪問した際、何気なく言った。「そうそう、君たちのためにフレーム・バッファをもう五台買っておいたぞ」

馬鹿馬鹿しいほどすばらしかった。シュアーはほんの思いつきの提案に、七〇年代半ばの金額にして三〇万ドルを、ポンと出してくれたのだ。彼が購入したマシンのおかげで、研究所の能力はかつてないほど高まった。そのカラクリは、単純な関係にあった。一ピクセルあたりのメモリが多いほど、画像の各点で選択できる色や階調の数が増えるのだ。フレーム・バッファの一ピクセルあたりのビット数（bpp）が一なら、各ピクセルが取り得る数値は〇か一（つまりオンかオフ）しかない。これがピクセルあたり二ビットになれば、〇〇、〇一、一〇、一一の四つの値（〇、一、二、三を意味する）を取り得るため、四種類の色または階調を扱える。

エヴァンズ＆サザーランドのフレーム・バッファはピクセルあたり八ビットのストレージを提供したため、各ピクセルは二の八乗、つまり二五六色（または二五六の階調）を扱うことができたが、たった二五六色で現実感が出せるはずもなかった。

しかし三台の機器を組み合わせれば、一台のフレーム・バッファが二五六のレベルの赤、もう一台が二五六のレベルの緑、さらにもう一台が二五六のレベルの青を扱えるようになる。つまり最大で二五六の三乗、一六〇〇万以上の色が使えるのだ。これは実際に使う分には、完全な色のスペクトルと言えた。今でこそどんなに安価なデジタルカメラにも備わっているが、当時としてはシュアーが突然授けてくれた、希少な能力だった。研究所は世界に先駆けて、フォトリアリスティックCGを追求できるようになった（少なくとも民間の研究所でこの能力をもつのは、NYIT研究所が初めてだった。軍事、諜報機関が閉じられた扉の向こうで何をしていたかは、誰も知らない）。

この性能がもたらした恩恵は、ほかにもある。コンピュータで描かれた直線や縁は、ギザギザに見えることが多い。滑らかなはずの線に階段現象が生じるのだ。線の不具合は、一般に「ジャギー」（やや改まった言い方ではエイリアシング）と呼ばれ、昔から大きな問題となっている。ジャギーの現象はアニメーションでとくに深刻で、縁に沿ってアリが這っているように見えた。これを軽減する方法の一つに、線の色とその周囲の色をさまざまにブレンドして、滑らかであるような錯覚を与える手法があった。だが二五六色ではそれができない。色の選択肢が十分でないため、線を周りにとけ込ませるようにうまく色をブレンドできないからだ。しかし一六〇〇万色のパレットを使えば、線のように見せることができる。キャットムルは、映画の観客に受け入れられる映像を制作するには、ジャギーを消すことが決定的に重要だと考えていた。シュアーが五台購入してくれたため、機器は合計六台になった。夢のようなフルカラー・ディスプレイ二台分だ。最新機器を利用できることも発奮材料だったが、彼らが長時間労働に耐えたのは、何といっても夢を実現するためだった。いつの日か映画をつくるという夢だ。「彼らは最初からディズニーになることをめざしていた」スタッフの友人で、研究所をしょっちゅう訪れていたテッド・ベアは言う。「口を開けばその話だった」

時折り仕事を抜け出して、マンハッタンまで夜のドライブを楽しんだ時も、映画制作という目標が頭を離れることはなかった。一九七六年の夏に、ウォルト・ディズニー・カンパニーがアニメーションの名作映画を上映したときには、NYIT・CGチーム全員で駆けつけて熱心に鑑賞した。ニュースクール大学の講義に潜りこんで、批評家のレナード・マルティンが映画鑑賞とアニメーションの歴史について長広舌をふるうのを聞いたりもした。毎年夏になるとCG会議のシーグラフ(30)(SIGGRAPH)に遠征して、技術論文や自作のアニメーション・クリップを発表した。

グループはアニメーションの概念を愛していたが、NYITの生身のアニメーターたちとの関係はぎくしゃくしていた。手描きアニメーション・グループは、シュアーの指示で童話「チューバのタビー」を基にした映画を制作していた。CGチームの研究者は、タビー・グループからセル・アニメーション技術の仕組みをくわしく学ぶことができたが、タビー・グループはやがて警戒を強めていった。シュアーはコンピュータがアニメーターを置き換えると言っては、彼らを脅かしていたのだ。キャットムルとスミスが、そんなことはない、コンピュータ・アニメーションにはどうしたってアニメーターが必要なのだと何度説明しても、「アレックスは『君らはいつか仕事を失うぞ。あいつらに取って代わられて』と、アーティストに言い続けた」とキャットムルは言う。(31)「そんなことはあり得ないと、私たちにはわかっていたのに」

『チューバのタビー』は、結局のところ、彼らがキャリアについて考え直すきっかけになった。一九七五年の春に映画が完成すると、シュアーはメトロ・ゴールドウィン・メイヤー(MGM)のマンハッタン・オフィスの試写室を借り切って、内輪の上映会を開いた。(32)映画の題名にもなった主人公チューバの声は、ベテラン名優のディック・ヴァン・ダイクが務めた。しかし監督を担当したのは、初心者のアレグザンダー・シュアー自身だった。

キャットムルたちは、痛ましくて見ていられなかった。失敗する可能性のあるものは、すべて失敗したかのように思われた。コマは埃っぽく、線の下には影ができ、音楽はうっとうしく、ストーリーは癇に障り、作品全体が退屈の極みだった。最前列に陣取っていたスミスは耐えられなくなって目を閉じた。CGチームのプログラマーは眠ってしまった。場内が明るくなると、錯乱状態の若いアニメーターが叫んだ。「人生を二年も無駄にしちまった！」(33)

コンピュータ野郎たちにとって、これは啓示の瞬間だった。エド・キャットムルとアルヴィ・レイ・スミスは高い志をもっていたが、それまで映画制作の技術的な側面にしか目を向けていなかった。「(コンピュータ・ラボの)誰一人として、プロットや筋や物語性という観点から映画を考えていなかった」ベアは言う。「最初はただ『映画をつくりたい』という気もちしかなかった」

『タビー』の惨敗は、彼らに不愉快な現実を突きつけた。ここは優れた映画をつくる環境ではない、ということだ。金さえあればよいわけではないことがわかった。技術の才能を集めても(『タビー』には重大な技術的問題もあったが)、とびきりの機器がそろっていても、それだけではだめなのだ。いつの日か、シーグラフの会議で発表するような研究開発のサンプル映像だけでなく、価値ある映画をつくるには、映画のストーリーづくりを心得たメンバーをぜひとも加える必要があった。シュアーはすばらしい先見の明に恵まれていたが、彼らのウォルト・ディズニーにはなれなかったのだ。

この教訓は、古くはアニメーションの草創期にも学ぶことができる。技術的才能に恵まれたアニメーター、アブ・アイワークスは、一九二〇年代にウォルト・ディズニー・プロダクション(当時の名称)を業界トップの座に押し上げた立役者の一人で、ミッキーマウスの生みの親でもある。アイワークスは動きを音楽に合わせる達人で、革新的なカメラワークに長けていた。だが独立して興した制作会社では、いまや忘れ去られたキャラクター、カエルのフリップやウィリー・ホッパーを主人公にした凡庸なアニメーションをつくるにとどまった。ウォルト・ディズニーのキャラクターや演劇への造詣を借りなければ、アイワークスの機械を駆使する才能自体にはほとんど価値がなかった。[34] これと同じで、NYIT・CGチームの優れた技術も、それ自体では心を動かすような映画を生み出せなかった。だからといって、これから何をすべきか、どこへ行くべきかは、悩ましい問題だった。キャットムルとスミスは、CGグループに関心をもってもらおうと、毎年欠かさずディズニー詣でをしていた。[35] 彼らのような集団を維持する資力のあるアニメーション・スタジオといえば、ディズニーをおいてほかになかったし、何より彼らはディズニーのファンだった。シュアーに訪問を伏せておくために、いつも何らかの口実を設ける必要があった。スミスはフロリダに、キャットムルはサンフランシスコに出張したが、なぜか二人ともバーバンクに行き着いたというような。他の大手スタジオも回ったが、話に乗ってくれるスタジオがあるとすれば、ディズニーしかないと二人は考えていた。

だがキャットムルの大学院生時代と変わらず、ウォルト・ディズニー・カンパニーはCGに関心を示さなかった。ウォルトが一九六六年にガンで亡くなった後、会社を切り回していたのは、暫定社長のエズモンド・カードン・〝カード〟・ウォーカーだった。NYITグループの研究を有望視する技術専門家はディズニーにもいたが、それ以上話は進まなかった。

映画制作のためのコンピュータ・アニメーションの大がかりな研究開発を支援できる財力をもつ組織が、他にあるだろうか？　コンピュータの価格が十分下がって、長編映画の制作が現実のものになるまでには、あと一〇年か、それ以上かかるだろう。残された唯一の選択肢は、ディズニーからの電話を待ちながら、技術的問題において——ＮＹＩＴの金で——前進していくしかないように思われた。

電話はかかってきた。だが予想した相手からではなかった。

一九七九年の初め、ラルフ・グッゲンハイムは研究所でテレビＣＭを担当する四人グループの一人だった。研究所はそろそろ金になるプロジェクトで自分の食いぶちを稼ぎ始めるべきだと、シュアーは考えるようになっていた。グループは前年にシボレーのＣＭ用に視覚効果を制作し、ロイヤル・クラウン・コーラのためにテスト映像をつくり（採用はされなかった）、目下地元の電気店のＣＭを制作中だった。ある夜グッゲンハイムが仕事を終えて自宅でくつろいでいると、電話が鳴った。相手はジョージ・ルーカスの開発責任者だといい、ボブ・ジンディと名乗った。[36]

ルーカスはジンディを探求の旅に遣わした。コンピュータのもつ神秘的な力を理解し、その力を映画制作に利用する方法を知る人物を探し当てよ。探求は困難を極めた。コンピュータ・サイエンスの教授を訪ね歩いたが、助けてくれる人は見つからなかった。最後にカーネギーメロン大学のラージ・レディというコンピュータ・サイエンス学者に行き着き、そこで学部生時代にコンピュータ・アニメーションを研究していたグッゲンハイムを紹介されたという。

ジンディは、ルーカスが映画制作のツールをハイテク化したがっているのだと、グッゲンハイムに説明した。ルーカスの目には、映画制作技術の進歩はある時点で止まっているように見えた。映画編集はまだ手作業でフィルムを切り貼りしていたし、サウンドトラックの制作では何週間もかけて磁気テープを切り貼りし、手動のミキシング・ボードで音を組み合わせていた。二、三人がかりでミキシング・ボードのフェーダーを操作することさえあった。

中でも厄介なのが、特殊効果の映像を組み合わせ、一コマごとにすべてのものを正確に位置づける作業だった。『スター・ウォーズ』のライトセーバーのシーンでは、アニメーターがエアブラシを使う細かい作業によって、俳優がもつ木の杭の動きに合わせて、光るライトセーバーの映像を制作した。それから光学合成と呼ばれるプロセスで映像を合成した。宇宙船のカットの中には、四、五〇層ものフィルムを合成したものもあった。ワンカットを正しく処理するのに数カ月かかることもざらだった。ルーカスは、コンピュータが解決策になるのではないかと考えた。

若きラルフよ、助けてくれ。君だけが頼みの綱なんだ。

「そう言いながら彼は、（ルーカスフィルムがある）マリン郡がいかにすばらしく美しい場所で、いかに不動産価値が高いかを力説してた」グッゲンハイムは言う。グッゲンハイムは、ジンディにルーカスフィルムで何をしているのか尋ねた。「おたくはコンピュータ担当？」

「いやいや、とんでもない」ジンディは答えた。「開発責任者ですよ、不動産開発のね。ジョージのために不動産を購入しているんだ。コンピュータのことは何も知らないし、ルーカスフィルムでは誰もコンピュータのことなどわかっちゃいないよ。だからこそ、このグループを立ち上げようとしている」

事情を知らない人は、ルーカスフィルムはコンピュータだらけだと思ったことだろう。だが実のところ、ルーカスの特殊効果チームがコンピュータを使ったのは、宇宙船の模型の動きを制御するためだけだった。ルーク・スカイウォーカーが指令会議室で見た、デス・スターの攻撃計画の映像の制作には、社外のCGアーティスト、ラリー・キューバが雇われた。その他のコンピュータ生成映像（CGI）のように見えるシーン、たとえばコンピュータ計器やデス・スターのカウントダウンなどは、実はすべてアナログのビデオ機器や昔ながらのアニメーション技法を使ってつくられていたのだ。

ルーカスフィルムの新しいコンピュータ研究所の責任者をやる気はないかと、グッゲンハイムは打診された。研究所はルーカスが関心をもっているフィルム編集、音響、合成の三つのプロジェクトに取り組むことになる。また会社には優れた財務会計システムが必要だった。『スター・ウォーズ』の公開から一年半がたった今、ルーカスは会社の財務会計にそろそろコンピュータを導入すべきだと考えていた。

「ラージ・レディから話を聞いた限りでは、君こそ適任だ」と彼は言った。

一九七九年当時、ルーカスフィルムほどの名声を博していた企業はほとんどなく、そのコンピュータ研究部門の責任者は夢のような地位だった。だがグッゲンハイムはすぐに自分を選択肢から外した。修士課程を出て一年と経っていない自分では経験が足りない。ルーカスが本当に必要としているのは、エド・キャットムルだと彼は悟った。

「いやぁ、本当に光栄です」彼はジンディに伝えた。「でも僕は今、この世界の天才たちと働いてるんですよ。しかも僕よりずっと経験を積んでいる。何人かに内密に話をさせてもらえないかな。あなたが必要としている人に心当たりがあるから」

そうしてくれたらありがたい、とジンディは言い、一つだけ聞きたいことがあるとつけ加えた。「何より知りたいのはこれなんだ。こういったことをやっている人に大勢会ったが、誰一人として、この一つの質問に満足のいく答えを返してくれた人はいなかった」

その質問は何かとグッゲンハイムは尋ねた。

「宇宙船を画面いっぱいに飛び回らせることはできるかい？」

グッゲンハイムは胸をなで下ろした。「そんなことなら毎日やってますよ」。たまたまその週に似たようなテスト映像をつくっていたのだった。

翌朝、彼は早速キャットムルとスミスに、ジョージ・ルーカスから電話があったことを伝えようとした。「ドアを閉めんか！」スミスがさえぎった。

グッゲンハイムが電話の内容を伝えると、キャットムルは腰を抜かさんばかりだった。研究所の全員が『スター・ウォーズ』に心酔していた。一九七七年夏のある週末、グループはマンハッタンに遠出したついでに、この映画のマチネを見た。あまりに感激して、同じ日にもう一度見たほどだった。ルーカスフィルムからの電話など、夢でもなければかかって来ないとみんな思っていた。

「君は知ってるかどうか知らないけど」キャットムルは言った。「アルヴィと私は、毎年夏になるとロスの大手映画スタジオを回って、まさにそういうことをやらせようと説得を続けていたのだよ」

細心の注意を払って行動する必要があった。以前シュアーはジム・クラークが転職先を探していることを知って、その場でクビにしたことがあった。そもそもシュアーがどうやって知ったのかも謎だった。彼はクラークの電子メールのコピーを振りかざしていたのだ。キャットムルは、誰かが研究所のクラークの電子メールに不正侵入して密告したに違いないと思ったが、犯人はわからずじまいだった。

そんなわけでキャットムルは、このニュースをひた隠しにした。キャットムルとスミスは電子メール漏洩の危険を二度と冒すまいと、レンタルした手動タイプライターを使ってジョージ・ルーカス宛の手紙を何度も書き直した。

ほどなくしてボブ・ジンディが、ルーカスの特殊効果部門、インダストリアル・ライト&マジック（ILM）のリチャード・エドランドを伴って、NYITを訪れた。[37] 訪問はお忍びで、キャットムル、スミス、グッゲンハイムのほか一、二名のチームを除く研究所の約三〇名は、彼らがどこの誰なのかを知らされなかった。チームは訪問客のためにデモを用意していた。凝ったアレンジを施した、宇宙船のアニメーションだ。キャットムルとスミスはその後密かに二度、ルーカスフィルムのチャーリー・ウェバー社長と幹部に会いに行った。二度めの訪問では、ルーカスが『スター・ウォーズ／帝国の逆襲』の特殊効果撮影の準備ができるまでの間、一〇分だけ時間を割いてキャットムルと話をした。[38]

キャットムルはルーカスのお眼鏡に適い、ルーカスフィルムの新しいコンピュータ部門の責任者を引き受けた。だがNYITのグループを一度に引き抜くわけにはいかなかった。ルーカスは彼のポストしか用意していなかったのだ。キャットムルは就任したら計画的に増員を訴える必要があった。

キャットムルがやめる前、事情を知る者たちだけで何時間も戦略を練った。NYIT内でパニックを防ぎ、残留組がとばっちりを受けないようにするにはどうすればいいだろう。日頃からラケットボールに勤しんでいたキャットムルとグッゲンハイムは、研究所とは違ってプライバシーが確保されたコートで、今後の動きを話し合った。二人は符牒を使った。ルーカスフィルムの話をしたくなると、どちらかが試合をやろうと言い出した。

こうしてシュアーにたくらみを気づかれず、訴訟を起こされないようにするための計画が立てられた。NYITからルーカスフィルムへの移籍は、段階的、間接的に行なうことになった。ルーカスフィルムへの移籍希望者は、しばらくの間別の会社で働く。グループではこれを「ロンダリング」と呼んだ。そして機会が来れば、キャットムルが彼らを迎え入れるという算段だった。

計画はつつがなく進行した。キャットムルは退職を申し出、七月からルーカスフィルムで働き始めた。スミスとディフランチェスコはパサディナのジェット推進研究所（JPL）で働き、カール・セーガンのミニ・シリーズ『コスモス』のグラフィックスを手がけていたジム・ブリンを数カ月間手伝った。グッゲンハイムは一九八〇年五月までNYITに残り、雇用契約で定められた一年の拘束期間が終了すると、ピッツバーグの企業で数カ月働いた。そんなこんなで一年少しかけて、NYITチームの六人がキャットムルのもとに再び集結した。

シュアーは集団脱出に困惑し、傷ついた。「彼は裏切られたと感じていた。利用されたようだと」キャットムルの元級友で、数年後に研究所の所長に就任したフレッド・パークは言う。

キャットムルとしては、五年ものキャリアを捧げ、研究所を世界のグラフィックス研究の中心地に育て上げたという自負があった。そして今や彼には新しいパトロンが――当時世界で最も高名な映画監督が――ついていた。実のところ、ルーカスも会社の重役たちも、コンピュータ部門が映画を制作するなどとは一言も言わなかった。だが詳細はあとで詰めればいいと、キャットムルは考えていた。

3　ルーカスフィルム

一九七九年の秋頃には、エド・キャットムルはマリン郡の趣のある町サン・アンセルモで、ルーカスが所有する二階建ての小さなビルにオフィスを構えていた。一階は貸しに出され、アンティーク店になっていた。キャットムルは、監督の妻で映像編集者のマーシャと共同で上階を使った。二人が隣り合わせたのは偶然だったが、至極当然でもあった。マーシャ・ルーカスは、七・六平方キロメートルもの大農場に、『スター・ウォーズ』で得た資金で建設中の広大な映画制作センターの設計業務を監督していた。その名もスカイウォーカー・ランチ(農場)で、映画制作の刷新を目的とした、ルーカスフィルムの野心的で金のかかる長期プロジェクトの一つだった。もう一つが、キャットムルのコンピュータ部門だった。

キャットムルは、3DCGの数学と技術を駆使する能力にかけては、NYITでもずば抜けていたが、ルーカスフィルムではそれほど有利な位置につけていなかった。実のところ、彼はルーカスに取り組んでほしいと言われた分野を、それほど深く理解していたわけではなかった。そのすべてを把握している人など、この世にいるはずがなかった。ルーカスが探し求めていた技術——デジタル・フィルム合成、デジタル・オーディオ・ミキシング、デジタル・フィルム編集は、ルーカスの豊かな想像力の中にしか存在しなかったのだ。キャットムルはとにかく飛び込んで、何とかしのぐしかなかった。

アルヴィ・レイ・スミスはNYITで2Dペイント・プログラムを開発した人物として、デジタル合成プロジェクトの責任者に適任だった。彼はディフランチェスコとともに八〇年代初めにJPLで「ロンダリング」を終えると、責任者に就任した。当初スミスとディフランチェスコの二人だったこのグループの前途には、見渡す限り難問が山積していた。映画フィルムを一コマごと、少しの狂いもなく正確に高い解像度でスキャンする機器をどうやって構築するか、コンピュータに入っている「青い画面」上の映像をどのように組み合わせて自然に見える効果を生み出すか、そしておそらく一番難しかったのは、映画品質の映像をどうやってコンピュータから映画フィルムに移すかといった問題があった。デジタル映像にどれだけの解像度があれば観客を満足させられるかさえ、誰にもわからなかった。CRT画面を撮影するという、コンピュータ画像をフィルムに移すための常套手段で事足りるかもしれないし、足りないかもしれなかった。

よいこともあった。キャットムルはルーカスフィルムの名声の力を目の当たりにしていた。もちろん、彼のキャリアでは今後もそういう状態が続くのだが、クールでステータスの高い組織で働くチャンスには、一流の人材を惹きつけるうえで金と同じかそれより大きな力があることにキャットムルは気づいた。彼が接触した相手は一人残らず、是が非でもルーカスフィルムに加わりたがった。あるときなど、デジタル音声の世界的権威がスタンフォード大学のアンディ・ムーラー教授だと突きとめた彼とスミスは、大学をやめて音声編集プロジェクトを担当してくれるかどうかを打診するために、車でパロアルトを訪ねた。二人がオフィスに入り自己紹介するかしないかのうちに、教授は椅子から立ち上がってこう言った。「もし君たちが私の思うような理由でここに来たんなら、答えはイエスだ」[1]

何とかして彼らに取り入ろうとする志願者も多かった。キャットムルとスミスのオフィスには、履歴書が殺到した。カリフォルニア芸術大学を出たてのブラッド・バードという若いアニメーターは、コンピュータ・アニメーションのプロジェクトを売り込もうとつきまとっていた。

「この世で一番おかしなやつだった」スミスは言う。「バードとはしょっちゅう会って話し、夢を語り合った。あいつはアニメーション映画の構想を山ほどもっていたが、技術的な骨格が欠けていたし、初期のしょぼい技術に耐える辛抱強さというものをまるで持ち合わせていなかった」

バードは二〇年後に戻ってくることになる。

シアトルでは、ボーイング社で一三年のキャリアを積んだベテラン・プログラマー、ローレン・カーペンターが、ルーカスフィルムの新しいコンピュータ部門の噂を聞きつけ、どうすれば入れてもらえるだろうと思案していた。[2] 履歴書を送りつけたところで、埒はあかないだろう。「あそこには、燃せばビルごと暖められるほどの履歴書が集まっていたからね」[3]

カーペンターはCG分野の仕事に就くことを長年夢見て、ボーイングでは航空機や航空機部品の設計・レンダリング用のソフトウェアを開発する、CAD（コンピュータ支援設計）グループにすでに入り込んでいた。「ボーイングでは、あれがCGに一番近い仕事だった」[4]

カーペンターは、ルーカスフィルムの注目を引こうと画策を始めた。ボーイングの上司に掛け合って、短編アニメーション映画を制作するために、夜間と週末に会社のコンピュータを使わせてもらった。フラクタルを使った映像を、四カ月後の一九八〇年八月に開催されるシーグラフで発表するつもりだった。フラクタルとは、フランス生まれの数学者ブノワ・B・マンデルブロを一躍有名にした、数学の一部門である。自然に見られる多くのパターンを再現するフラクタルを使えば、山の尾根や岩山を表現するのに、これまでにないほど現実感を高められることにカーペンターは気づいた。こうして、まるで小型飛行機から見ているかのように、フラクタルの山脈の上空や周辺を空から眺めた映像が完成した。『ヴォル・リーブル』、自由飛行というタイトルがつけられた。

映画がシーグラフで上映されると、技術者や研究者の観客は畏敬の念に打たれた。最前列に座っていたキャットムルとスミスは、その場で彼をスカウトした。

秋頃にはアンティーク店の上階が手狭になったため、チームは一ブロック離れた、コインランドリーを改築した建物に引っ越した。プロジェクトはまだ計画段階で、研究者たちは報告書や設計書を起草していた。おかしな話だが、ルーカスフィルムのコンピュータ部門にはまだ一台のコンピュータも、ワープロさえなかった。たった一台あったタイプライターは、キャットムルの秘書（で将来の妻でもある）スーザン・アンダーソンのデスクにあり、キーボードを使って文章を書きたければ、彼女が昼食で席を外すまで待たなければならなかった。映画制作のコンピュータ革命を先導するグループとはとても思えなかった。

ルーカスがオフィスにやって来たときには、暗黙のルールがあった。ボスの顔を見つめてはいけない。「自分も仲間の一人だと感じたかったのさ」ラルフ・グッゲンハイムは説明する。「ちやほやされたり、自分のせいで大騒ぎになるのを好まなかった」

この頃までにキャットムルは、ルーカスの特命プロジェクトに必要なリーダーを配していた。スミスが合成プロジェクトを任され、彼の下でディフランチェスコがレーザー技術を駆使して、デジタル・フィルム・スキャナとデジタル・フィルム・プリンタを構築する方法を開発していた。アンディ・ムーラーは音声を担当し、グッゲンハイムが編集プロジェクトを進めるために呼び寄せられた。キャットムルは財務会計システムの責任者を採用し、自分が関与せずにすむように、責任者がルーカスフィルムの財務責任者に直接報告する体制を整えた。

だがこれでやるべきことがすべて片づいたわけではない(5)。キャットムルとスミスにしてみれば、これはあくまでルーカスが設定した目標であり、そのほかにめざすべきなのにめざしていない、コンピュータ・アニメーションという自分たちの目標があった。二人にとって何とももどかしいことに、ルーカスは今や3Dアニメーションの世界有数の技術者を抱えながら、グループに映画制作を求めなかった。ILMの特殊効果グループも、CGには使い道がないと考えていた。実際、ルーカスの『スター・ウォーズ』第二弾『帝国の逆襲』(一九八〇年)は、CG的には一歩後退した。CG映像が一切使われなかったのだ。「かなり早い段階でわかった」とスミスは回想する(6)。「ルーカスフィルムは、思ったほどCGに熱心じゃなかったのさ」

突破口が開けたのは一九八一年の秋、ILMが『スタートレックII/カーンの逆襲』のシーンの制作をパラマウント映画から委託されたときだ。キャットムルのグループはILMの注目を引くために、宇宙船エンタープライズ号がクリンゴンの艦船を追跡するシーンのショート・フィルムをすでに八月に制作していた。

作戦は奏功した。この映画の視覚効果監督を務めていたILMのジム・ヴェイルが、話し合いたいと言ってきた。ヴェイルは重要なシークエンスで協力してほしいとスミスに頼んだ。それはカーク提督（船長から昇進した）とミスター・スポック、それにドクター・マッコイが、「ジェネシス装置」――無生物状態の月や惑星の表面に打ち込み、緑あふれる生命をもたらす試験的装置――のシミュレーションを見るシーンだった。[7]

スミスはぜひやらせてくれと言ったが、ヴェイルに一つだけ釘を刺した。「映画解像度の映像はまだ無理だ。ビデオ解像度しかできないよ」

それで問題ない、とヴェイルは言った。この映像はエンタープライズ号のビデオモニターに映し出されることになっている。ビデオ解像度で十分だ。

ヴェイルは、水族館にあるような水槽に岩を浮かべてはどうかと提案した。ジェネシス装置が起動して、岩に植物を生い茂らせる。だがスミスにしてみれば、そんな目標では低すぎた。

「コンピュータに何ができて、何ができないか、おたくらほんとにわかってる？」つまり、わかっていないと言いたかったのだ。「ショットのパラメータはわかった」と彼は続けた。「一晩考えさせてくれ。明日また話そう」

会合を終えたスミスは意気揚々としていた。これが待ち望んだ好機だということがわかっていた。「ほとんど小躍りしながら出て来たよ」

その夜、彼は以前JPLのジム・ブリンとつくった、惑星の接近飛行のショットについて考えた。それからジョージ・ルーカスが、いつもどんな様子で映画を鑑賞しているかを考えた。ルーカスは普通の映画ファンとは違って、カメラの動きと、映画監督がカメラについて下したあらゆる決定に細心の注意を払っていることを、スミスは知っていた。彼は夜を徹して絵コンテを何度も描き直した。

翌日スミスは、架空の宇宙船の視点で死の惑星に近づき、飛び去るという構想をもっていった。ジェネシス装置を搭載した精子型のミサイルが惑星表面に衝突し、惑星全体の地表面に暴力的で混沌としたプロセスを引き起こす。カーペンターのフラクタル技術を使って、火山が爆発し山が隆起するさまを見せつける。その後カメラは遠ざかり、ジェネシス効果で地球のようになった惑星を見せる、というものだ。

紆余曲折はあったが、スミスはILMとパラマウントにこの計画を売り込むことに成功した。そこでチームを集め、宣言した。契約を勝ち取ったぞ、映画業界に足を踏み入れたんだ。そしてこのプロジェクトが「ジョージ・ルーカス宛ての六〇秒CM」になるのだと、チームに言い含めた。もちろんこのシーンはパラマウントの求めているものだ。派手だが、とってつけたようなものではなく、ストーリー的にも筋が通っている。だがこのシーンを制作する本当の意図は、自分たちにはこんなことができるという無言のメッセージを、ルーカスに送ることにあったのだ。

納期の一九八二年三月一九日までにやらなければならないことは山ほどあった。カーペンターは、フラクタルの山をアニメーション化して、カメラのねじれた複雑な飛行経路をマッピングした。チームのうち一九八〇年末と八一年に採用されたトム・ダフとトム・ポーター、新入りのロブ・クックが、死の惑星の表面のクレーターの多い質感を表現するためのソフトウェアを開発し、ILMの特撮美術アーティストはそれを使って最後に地球のようになった惑星を描画することができた。グラフィックス・チームはこの時すでに広いオフィスに移り、VAXコンピュータを二台備えていた。二台はやがてフル稼働でシーンの処理を実行することになる。

カーペンターはもう少し真実味を加えたいと提案し、受け入れられた。星らしきものをつくるだけでは手ぬるいと思ったのだ。そこでこの架空の惑星を、生物が存在する可能性があると考えられている実在の惑星、インディアン座イプシロン星を回る軌道上に置くことにした。イプシロン星は地球から約一一・三光年の距離にある。九万一〇〇〇個の星の位置と大きさに関する情報を掲載した図鑑「イェール輝星目録」のデータを使って、インディアン座イプシロン星から実際に見えるであろう星に合わせて、シーンの星野《せいや》を設計した。

惑星上に生じるカオスを表現するのは実に厄介な作業だった。別のプロジェクトにいた、トロント大学で博士号を取得したビル・リーヴズが、余暇時間に開発した革命的なレンダリング技術を披露して、みんなを驚かせた。彼が開発した「パーティクル・システム」は、数千の粒子を用いて雲を表現する技術で、これを使うことで火事や煙、水、ホコリといった現象のリアルなアニメーションを作成することが初めて可能になった。粒子の一つひとつは、いつ誕生するか、生きている間にどのように動き変化するか、いつ死ぬかが法則によって決まっている、有機体のようだった。粒子をランダムに動かせば、より自然に見える効果を生み出すことができた。

リーヴズは実演のために、火のアニメーションをいくつかつくった。カーペンターのつくった山のように、かつてないほど印象的でリアルな映像ができた。スミスとカーペンターはカオスの問題を解決するためのアイデアを出し合い、火山を爆発させる代わりに、パーティクル・システムでつくった炎の輪を、惑星全体に走らせることにした。

ただでさえ過酷だった制作スケジュールは、このさなかにナヴァトの工業団地から、サン・ラファエルのカーナー大通りにあるルーカスフィルムの総合施設に引っ越したために、厳しさを増した。それでも「六〇秒CM」は期限内に完成した。『スタートレックII』の初の社内試写会の翌日、ジョージ・ルーカスがスミスのオフィスの戸口にやって来て、声をかけた。「すばらしいカメラショットだったよ！」そして彼は来たときと同じように突然立ち去った。[8]

『スタートレックII』が六月四日に公開されると、ジェネシスのシークエンスは観客の度肝を抜いた。もちろんコンピュータ・アニメーションが長編映画に採用されたのは、これが初めてではない。『未来世界』（一九七六年）にはCGシーン（キャットムルとフレッド・パークの学生時代のプロジェクトを含む）があったし、『スター・ウォーズ』にもラリー・キューバによるCG映像が使われ、『エイリアン』（一九七九年）にはCGでつくったディスプレイが、[9]『ルッカー』（一九八一年）[10]には女優スーザン・デイのCGシミュレーションが使われた。だが当時までの長編映画で使われたすべてのコンピュータ・アニメーションの中で、最も劇的な視覚効果を実現したのが、このシーンだったのはまちがいない。その後の数作のスタートレック映画にもシーンの一部が使われている。それは不朽の名シーンだった。

ジェネシスのシークエンスに、専門家だけでなく、スクリーン上で誰の目にもわかるように組み込まれていたのは、コンピュータ・アニメーションに対するキャットムルの考え方だった。キャットムルは技術的な観点から、コンピュータ・アニメーションは、人々が日常生活に対する感覚をもとにもっている期待に沿わなくてはならないと固く信じていた。写実的なリアリズムを実現すべきだという意味ではないが、観客の拒否反応を引き起こす興ざめするような効果は——何が悪かったのかを当の観客が説明できないほどとらえにくいものであっても——断じて避けなくてはならない。

そういった効果の一つが、モーション・ブラー（動いている物体をカメラで撮影するときに生じるぶれ）のない動きだった。物体の静止画をつなげる昔ながらのストップ・モーション（コマ撮り）効果では、映像にモーション・ブラーがないせいで、ストロボ撮影のような断続的な感じがして本当らしく見えない。ＩＬＭは『スター・ウォーズ』でのモーション・ブラーの問題を解決するために、宇宙船の模型をコンピュータ制御して、映像が撮影された通りに動かすことによって、モーション・ブラーをかけた(11)。

コンピュータ・アニメーションも、ストップ・モーションと同じ問題に悩まされた。グループはフィルムにリアルなモーション・ブラーを残すアルゴリズムを探すことによって、この問題を解決しなければならないとキャットムルは考えた。そうしなければコンピュータ・アニメーションは観客に受け入れられるはずがない。一九八二年になっても、グループはまだモーション・ブラー問題への一般解を見つけていなかったが、ジェネシスのシークエンスのあちこち（星野《せいや》とリーヴズの作成した火）に多少のぶれを組み入れていた(12)。

キャットムルが気にしていたもう一つの現象は、ジャギーだった。彼のグループがＮＹＩＴ時代から排除しようと苦心していた、ギザギザの不具合だ。ジャギーには「アンチエイリアシング」とまとめて呼ばれる、よく知られた数学的な解決法がある。だが困ったことにＣＧの世界には、面倒がってアンチエイリアシングをかけなかったり、後から手直しすればいいと考える人が多かった。ルーカスフィルムでは、グループがつくるソフトウェアはすべて、最初からジャギーに対処しなければならないと、キャットムルは申し渡した。

「従わないやつはタマをちょんぎってやる」[13]

当時長編映画の世界でのキャットムルの主なライバル、ジョン・ホイットニー・ジュニアとゲリー・デモスのチームは、違う方針をとった。二つのチームはよそ目には、能力的にほぼ互角のように思われた。ホイットニーとデモスのチームも、キャットムルたちと同じくらい有名な映画に映像を提供していた。[14]『ルッカー』では女優スーザン・デイの、『未来世界』ではピーター・フォンダの頭部のCGモデルを制作したほか、『スタートレックII』の一カ月後に公開されたSF映画『トロン』にもコンピュータ映像を提供している。彼らもキャットムルとスミスのように、技術が成熟しコストが十分下がればコンピュータ・アニメーションの長編映画をつくりたいと思っていた。だがことジャギーの問題に関して言えば、二つのグループは対照的な手法をとった。ホイットニーとデモスのチームは、小難しいアンチエイリアシングのアルゴリズムではなく、解像度を高めることによって問題を解決すべきだと考えた。彼らがインフォメーション・インターナショナル社《インク》（通称トリプルI）と、のちに二人で立ち上げたデジタル・プロダクションズで用いた手法は、最高性能のハードウェアを使って、数千本の解像度の映像を生成することだった。理論上は映像の解像度を高めれば、ジャギーは小さくなり、問題も解決するはずだった。

これは巧妙な理論だった——巧妙で、もっともらしく、そしてできすぎた話だった。結果的に、解像度を高めてもジャギーは気に障った。キャットムルは正しかった。高価なハードウェアを投入するだけでは問題を解決できない。根本に対処しなくてはならないのだ。

実はILMは、一九七八年にNYITグループに接触する前に、ホイットニーとデモスとも話をしていた。あとになってILMのリチャード・エドランドは、ホイットニーとデモスがルーカスフィルム帝国への入場証を勝ち取ろうとしてつくったXウィング戦闘機の映像を、キャットムルとスミスに見せてくれた[15]。解像度は非常に高く、美しくつくり上げられていたが、ILMを納得させることはできなかった。この映像には、いまいましいジャギーがあったのだ。

ルーカスのコンピュータ・プロジェクトでの作業が進む間にも、キャットムルとスミスはグラフィックス・グループが制作作業を請け負える新しい機会を探し回った。『スタートレックII』のシーンで成功を収めたにもかかわらず、この頃グループが手がけていた映画の仕事は『スター・ウォーズ』の続編『ジェダイの復讐』(一九八三年)だけだった。ビル・リーヴズとトム・ダフが司令室のシーンのために、エンドアの月(熊のぬいぐるみに似たイウォーク族の生息地)と、その近くに建造中の第二デス・スターのホログラムをつくった。

またグループは実物に近いイメージを生成する能力を試すためのデモ映像を制作した。一九八三年に完成したこのイメージは、近くの州立公園の名と彼らの開発したレンダリング・プログラムの名をかけて、『ポイント・レイズへの道』と名づけられた(レイズ[R

EYES」という名称は、「見たもの何でもレンダリング」［Renders Everything You Ever Saw］の略語でもある)。前景は二車線の田舎道で、舗装をテクスチャ・マッピングしたのはロブ・クックだった。道端にはリーヴズのパーティクル・システムでつくった草と、スミスのデザインした花が生え、遠方にはカーペンターのフラクタルで作成した湖と山が見えた。その他のメンバーも貢献した。グループではこの映像を「ひとコマ映画」と呼んでいた。これはクレジットの長い映画を茶化す言い回しであり、またグループが本物の映画をいまだ手がけられないという事実の受けとめでもあった。

これとほぼ同じ頃、ディズニーの二六歳のアニメーターが、グループに林の3Dイメージがつくれるかどうかを知るために、キャットムルに接触してきた。このアニメーターは、ファンタジイ&SF誌に発表されたばかりのトーマス・ディッシュの物語、「いさましいちびのトースター」の映画化の企画を練っていた。(16) 伝統的な2Dアニメーションで描いたキャラクターと、CGで作成した背景を組み合わせるつもりだった。アニメーターは、ルーカスフィルムにキャットムルとスミスを訪ね、プロジェクトについて説明した。しばらくすると今度はキャットムルたちがバーバンクのディズニー・アニメーションに彼を訪ねた。仕事が引けると、彼はスミスを地下の記録保管所に連れて行き、『ダンボ』が酔っぱらうシーンと、プレストン・ブレアがアニメーションを手がけた『ファンタジア』のカバとワニのダンスシーンの原画スケッチを引っ張り出してきて、スミスを感激させた。

キャットムルとスミスは男を気に入り、彼がCGに関心をもっていることにも感銘を受けた。プロのアニメーターには珍しいことだった。だがプロジェクトが実現することはなかった（ディズニーは一九八七年に、伝統的手法でアニメーション化した『いさましいちびのトースター』を公開した）。

映画制作の仕事を手に入れられなかったキャットムルとスミスは、自分たちの手で何とかすることにした。七月にシーグラフの年次総会に出た二人は、翌年のショーでは一旗揚げるぞと心に誓いながら帰ってきた。多くの論文と、グッゲンハイムの映像編集システムの試作品、そして自主制作の短編映画を発表するつもりだった。短編映画のプロジェクトは、表向きはグループの開発した新しいレンダリング・アルゴリズムを検証するため、ということになっていた。アルゴリズムの一つは、モーション・ブラー問題への解決策になるかもしれなかった。だが本音では、このプロジェクトのおかげでやりたかった映画制作の仕事がやれるし、うまくいけば、優れた映画を制作する能力がグループにあることを、ジョージ・ルーカスにわかってもらえるかもしれないという思惑もあった。

シーグラフでの上映作品は、テレビCMのデジタル特殊効果の映像や、ロゴの3Dアニメーション（制作会社がプロモーションのために制作する作品）、研究者による新しいレンダリング・アルゴリズムの実演などに大きく偏っていた。新興のコンピュータ・アーティストの集団が、技術系の観客には複雑で不愉快なだけの前衛芸術映画で日程を締めくくることが多かった。スミスは、キャラクターを軸に据えることで、この手の作品とは一線を画すものをつくりたかった。そこでアンドレという名の棒人間型のアンドロイドのキャラクターが、森の中で目覚めるシーンの絵コンテを描いた。タイトルは、チームにファンの多かったルイ・マル監督の作品『アンドレとの夕食』をもじって『アンドレとの朝食』にした。[17]

一一月にクイーン・メアリー号の船上で行なわれたCGの会議で、キャットムルは講演を行なった（この退役した外航船は、ロングビーチに永久繫留されている）。この会議で例のディズニーのアニメーターに再会したキャットムルは、『いさましいちびのトースター』がどうなったか尋ねた。

「棚上げされちゃったんだ」ジョン・ラセターは浮かない顔で答えた。[18]

今何をしているんだい、とキャットムルは聞いた。プロジェクトの端境期で、スタジオから一時解雇されているのだとラセターは答えた。キャットムルは事情を察した。ILMでもほとんどのスタッフが「ショー期間中」形態で雇用されていた。制作が完了すると、次の映画の制作が開始するまでの間解雇されるが、たいていは時をおかずに次の制作が始まる。よくある話だった。

ラセターはキャットムルに、本当のことを話す気になれなかった。彼はディズニーで次の制作に取り組む予定はなかった。その次も。クビになったのだ。

キャットムルはその日遅く、仕事の件でスミスに電話をかけた。話が一段落すると、キャットムルは何気なく言った。「ジョン・ラセターにばったり会ってね。もうディズニーでは働いていないそうだよ」[19]

スミスは、すぐ電話を置いてラセターを今この場で雇え、と迫った。ラセターがふと気がつくと、奥の柱の陰から声がした。キャットムルの声だった。「ジョン、ジョン」声をひそめて言った。「こっち来て、こっち……」[20]

ジョン・ラセターは一九五七年一月一二日カリフォルニア州ハリウッドでポールとジュウェル・ラセター夫妻の子として生まれ、ホイッティアで育った[21]。彼が育った時代、アニメーションと言えば子ども向けで、青年になればそうした幼稚な番組への興味は薄れると考えられていた。だがラセターはそうならなかった。「アニメーションがクールじゃなかった高校時代にも見ていた」彼は回想する。「学校が終わるとアニメーションを見るために――KTTVチャンネル11の『バッグス・バニー・ショー』を見るために――一目散に家に帰った」

彼は兄のジムと双子の姉ジョアナと一緒に、ホイッティア・ハイスクールに通った。一年生の頃、学校の図書館で本を物色していて、ボブ・トーマスの『アニメーションの芸術』という本に出会った。この本のおかげで、ディズニー・アニメーションの舞台裏の日常世界を覗くことができた。背景画家、レイアウトマン、絵コンテを掲げる脚本家、インク&ペイント部門の女性たち、監督、そして何よりアニメーター。「アニメーション芸術のキーマンは、アニメーターである」と本は宣言した。「これからもずっとそうだろう」(22)

この本でラセターは新しい事実を知った。アニメーションの制作を仕事にしている人たちがいるんだ。

ほどなくして、彼は地元の劇場(現ホイッティア・ヴィレッジ・シネマズ)に足を運び、四九セント出してディズニー映画『王様の剣』を見た。ディズニー・アニメーションを見に行ったことが級友にばれて馬鹿にされるのを怖れて、母にこっそり劇場まで車で連れて行ってもらった。あとで母が迎えに行くと、彼は宣言した。ディズニーで働きたいんだ。

別の高校で美術教師をしていた母親は、立派な目標ね、と言った。

ラセターはディズニーのスタジオに手紙やデッサンを送り、励ましの返事をもらうようになった。高校三年生のとき、カリフォルニア芸術大学(カルアーツの略称で知られる)から、新設のキャラクター・アニメーション課程に出願しませんかという誘いの手紙が来た。まさに彼にあつらえ向きの機会だった。ラセターは一九七五年の夏をプログラム責任者のジャック・ハンナの助手としてコピー取りなどをして過ごし、秋に入学した。

カルアーツはウォルト・ディズニーが創設した大学だ。ウォルトは一九五〇年代末に大学の計画を立て始め、遺言で潤沢な資金を遺した。ウォルトは兄のロイとともに、経営難に陥っていた二つの教育機関、ロサンゼルス音楽院とシュイナード美術大学を統合して、一九六一年に大学を創設した。ヴァレンシアの新しいキャンパスが開校したのは、ウォルトの没後五年の一九七一年のことだった（ちなみに大学の初代理事長H・R・″ボブ″・ハルデマンは、ウォルト・ディズニー・プロダクション社長の最有力候補だったが、ニクソン政権で不運な要職に就くため一九六九年に退社した〔大統領首席補佐官としてウォーターゲート事件に関与したとして、のちに服役している〕）。

大学はラセターが入学する前、一時廃校寸前に追い込まれた。ヴァレンシアのキャンパスが開校した時期は、ヒッピーの全盛期に近かった。ディズニー一族はいろいろな意味で先進的な考えをもっていたが、大学にいつしか広がった抗議運動やヒッピー文化を苦々しく思っていた。彼らの堪忍袋の緒が切れたのは、キャンパス問題委員会の会合に、プールでの裸泳禁止令に抗議した写真学部の教員が全裸で現れたときだ。(23) 事件が外に知れると、一族と理事会はもはやこれまでと見切りをつけた。当時の理事長ハリソン・プライスが、南カリフォルニア大学（USC）の理事長ジャスティン・ダートに大学の一切合切と一八〇〇万ドルの基金をそっくり提供すると申し出た。ところがやり手の交渉人ダートは、反射的に二四〇〇万ドルを要求した。ディズニー一族は、ヒッピーよりダートに激しい怒りを覚え、交渉を打ち切って再び大学経営に打ち込むようになったのである。

ラセターが入学した頃には、六〇年代の嵐はおおかた収まっていた。カルアーツで彼は

高校３年生のジョン・ラセター。何年も前から、ディズニーで仕事をすることを心に決めていた。３年生による投票で、「最優秀アーティスト」に選ばれた。
（ホイッティア・ハイスクール卒業アルバムより）

解放感を味わった。ここではアニメーションへの情熱を隠さなくてもいい。全米から集まった二〇人の級友も、彼と同じアニメオタクだった。全員が彼と同じようにディズニー・スタジオと文通していて、中には短編映画を自主制作した強者もいた。級友の多くが卒業後、ディズニーなどで大きな功績を残している。未来のスター、ジョン・マスカー（『アラジン』、『ヘラクレス』、『リトル・マーメイド』の共同監督）とブラッド・バードもいた。
一年生の授業はA113号室で行なわれた。ここは白い壁、床、天井に囲まれた窓のない部屋で、耳障りな音を立てる蛍光灯がついていた。だがこの環境を補ってあまりある講師がそろっていた。ほとんどがアニメーションで燦然たる実績を誇る、ディズニーのベテラン・アーティストだった。『白雪姫』のケンダル・オコナーがレイアウトを教え、『ダンボ』のキャラクター・デザイナーのエルマー・プラマーが人体デッサンを、『ピノキオ』のシークエンス・ディレクター、T・ヒーがカリカチュアを教えた。講義は厳しく、長時間におよんだ。キャンパスが辺鄙な場所にあったため、学業に集中しやすかった。次の年に同課程に入学したティム・バートンは、経験をこう語っている。

まるで軍隊にいるみたいだった。いや、僕は軍隊にいたことはないけど、ディズニーのプログラムは、僕が経験した中で一番それに近いものだったね。ディズニーの社員に教わり、ディズニーの哲学を叩き込まれた。ちょっとおかしな雰囲気だったけど、自分と同じような興味をもつ集団と一緒になったのは初めてだった。(24)

大学の図書館は、ディズニーの六作品の一六ミリフィルムのプリントを所蔵していた。学生は映画をくり返し鑑賞し、フィルムを止めたり速度を落としたりして興味のある動きを研究し、巨匠たちの仕事を理解しようとした。

「プリントがすり切れるまで分析した」ラセターは回想する。(25)「いつも一〇人ぐらいでつるんでいたな。夕食を食べに出かけ、それから戻って一晩かけて映画を分析した」

クラスからは、多くの学生が大学の内外に流出した。ラセターのクラスに三人いた女学生の一人ナンシー・ベイマンによれば、一九七八年までにクラスの三分の一がやめたとい

ジョン・ラセター（最後列、鉛筆を口にくわえている）とカリフォルニア芸術大学キャラクター・アニメーション・プログラム入学時のクラス。1976年3月、第1学年春学期。級友たち、後列（左から右へ）：ジョー・ランジセロ、ダレル・ヴァン・シッターズ、ブレット・トンプソン、レスリー・マーゴリン、マイク・セデーノ、ポール・ノワック、ナンシー・ベイマン。壇上：ジェリー・リーズ、ブルース・M・モーリス、エルマー・プラマー（人体デッサン講師、ひげの人物）、ブラッド・バード、ダグ・レフラー。最前列：ハリー・サビン、ジョン・マスカー。写真にいない同級生ティム・バーカー。ティム・バートンは翌年入学。（ハリー・サビン氏提供）

う。もっと自由度の高い「実験的な」アニメーション・プログラムに移った者もいれば、完全に大学をやめてしまう者もいた。もう三分の一は、卒業前にディズニーに職を得た。スタジオに需要があり、学生がとくに有望であれば、在学中にスタジオに引き抜かれた。バートンはその一人で、[26]三年生のときに制作した『セロリ怪獣の彷徨』という短編映画を買われて、ディズニー入りを果たした。マスカーもそうだった。ラセターも二年めにディズニーから職を打診されたが、学位を取るために残ることに決め、一九七九年に美術学士号を取得した。彼が在学中に制作した二つの作品『貴婦人とランプ』と『悪夢』は、それぞれ一九七九年と一九八〇年に、学生アカデミー賞アニメーション賞を連続受賞している。[27] その後ラセターはディズニーのジュニア・アニメーターになり、夢を果たした。だがスタジオは彼をどう使うべきか、決めあぐねていた。表向きは、ラセターは希望の星として扱われた。ラセターの入社後まもなく、スタジオは若々しい企業というイメージを打ち出すために、彼をキャンパスめぐりやテレビ出演に駆り出した。はきはきした親しみやすいふるまいは、この役目にうってつけだった。だが年輩のアニメーターは、ラセターやカルアーツ出身の新入社員が過剰な野心を抱いていると感じ、苦々しく思っていた。のちにオスカーを受賞するほどの力量のラセターにさえ、何年もの見習い期間が必要だと、彼らは考えた。ディズニー・アニメーションで名を成したいのなら、順番を待たなければならない。

「ジョンにはキャラクターと動きに関する直観的なセンスがあり、うちで花開く可能性がとても高い」ベテランのメル・ショーは、ラセターの入社一年めにロサンゼルス・タイムズ紙に語っている。ラセターはすばらしい貢献をするだろうとショーは言ったが、「その時が来ればな」と辛辣に指摘することを忘れなかった。[28]

「いまどきの若者は、わしらが若かった頃に比べると、今すぐ出世して成功したいという気もちが強すぎるようだ」と語るのは、ラセターと宣伝ツアーに出た『ジャングル・ブック』監督のウルフガング・〝ウーリー〟・ライザーマンだ。「今すぐ、すべてを手に入れたいと思っとる。まぁ無理もないが、辛抱強さも学ばんとな。学校を出て数年足らずで、いきなり監督にはなれないものだ[29]」

ラセターはたとえスタジオの全盛期にあっても、出る杭として打たれながら適応していっただろう。だが七〇年代後半と八〇年代初頭は、ディズニー最良の時代ではなかった。ラセターがすぐに気づいたように、ディズニーのアニメーション、そして会社そのものが休眠状態に陥っていた。ウォルト・ディズニーの肖像画は廊下や事務所、ホールのあちこちに掲げられてはいたが、その精神が失われていたのは明らかだった[30]。偉大なるウォルト・ディズニーは、物語を伝えることへの飽くなき情熱と、それに最新技術を活用する才能とを併せもっていた。トーキーのアニメーション映画を初めて撮り、フルカラー・アニメーションでも先陣を切った。大恐慌のさなかに一四〇万ドル以上（現在の金額にして一九〇〇万ドル程度）もの大金を投じて、アメリカ初の長編アニメーション映画『白雪姫』を製作した[31]。そのうえ低俗と見なされていた遊園地を、物語を伝えるための媒体としてとらえ直した。

ウォルトの残した会社を取り仕切っていたのは、彼の模範に従っているつもりでいながら、そうした模範が大胆な行動によって成り立っていたことを理解していない上層部だった。ウォルト・ディズニーの没後一三年経っていたのに、何かにつけて出てくる言葉は「ウォルトによれば……」だった。

ディズニーが独自に行なった市場調査は、聞く耳をもつすべての人に問題を告げていた。[32]調査が行なわれたきっかけは、『ディズニーのすばらしき世界』の視聴率が低迷したことだった。このテレビ番組はかつて高視聴率を誇っていたが、今や主に再放送や保管庫の映像を使い回すようになっていた。調査部門は厳しい結果を持ち帰った。番組の人気低下は、さらなる凋落を警告しているように思われた。消費者の見るところ、ディズニーの魔法はあらゆる面で衰えていた。

ディズニー敷地内のミッキー・アヴェニューとドーピー・ドライヴに面したアニメーションビルは、騒動とは無縁の場所に思われた。だが若いアーティストの多くが、スタジオの安っぽさと芸術面での臆病さに、深い挫折感を抱いていた。その一人で、スタジオを復活へと導く頼みの綱と目されていたドン・ブルースを中心とする派閥ができた。ブルースはラセターの入社直前にやめ、一二人のスタッフが彼を追って出て行った。スタジオのトップで、のちに会社の社長に就任したロン・ミラーは、社員会議をこう始めた。「ガンが摘出された今……」[33]

しかし会社の真の病である眠り病は、その後も甚大な被害をもたらし続けた。ラセターは息苦しさを感じていた。彼が取り組んでいた『きつねと猟犬』と短編の『ミッキーのクリスマス・キャロル』は、二流でとるに足りないもののように思えたが、何とか頑張り通した。「心が引き裂かれたような思いだった」と彼は回想する。「あれは僕がいつも思い描いてきたディズニーじゃなかった」(34)

その後ラセターは、ロンドンのリチャード・ウィリアムズ・アニメーション・スタジオで働くため、ディズニーをやめた(ウィリアムズの作品として当時最もよく知られていたのは、『ピンク・パンサー』二作品のアニメタイトルとクレジット、そしてアカデミー賞短編アニメーション賞を受賞した『ア・クリスマス・キャロル』である)。ラセターはここでも満足できず、一年後ディズニーに戻った。

『ミッキーのクリスマス・キャロル』に取り組んでいた一九八一年に、友人のジェリー・リーズとビル・クロイヤーが『トロン』の初期の映像を一部見せてくれた。カルアーツ時代の同級生リーズは、クロイヤーとともにこの映画のコンピュータ・アニメーション部分を指揮していた。『トロン』は主にコンピュータ・ゲームの中で起こる出来事を描いたディズニーの特撮映画で、当時までの長編映画では群を抜いて長い、一五分ものCG映像が組み込まれた。あまりにも大変な作業で、CG制作会社が四社も雇われていた(35)。

ディズニー構内のトレーラーハウスで、ラセターはリーズとクロイヤーと身を寄せ合って、最初に登場するCG映像を見た。ライトサイクルと呼ばれる仮想のバイクのチェイス・シーンだ。このシーンにはキャラクター・アニメーションは使われず、グラフィックスも初歩的だったが、ラセターはまるで雷に打たれたようにひらめいた。これほどの広がりや奥行き感を、彼は見たことがなかった。この技術をディズニーのアニメーションと融合できれば、革命を起こせる。当時まで、アニメーションに3D効果を導入するには、多段層の「マルチプレーン」カメラを使う、厄介で金のかかるセッションが必要だった。そのため、こうした効果は数少ない重要なシークエンスにしか使えなかった。だがコンピュータを使えば、ステディカムのように観客の視点をシーンのあちこちに動かすことだってできる。可能性は無限に広がるように思われた。

「自分の目が信じられなかった」と彼はのちに語っている。「ウォルト・ディズニーは、キャリアを、生涯を通じて、アニメーションに空間的広がりを導入しようと奮闘した……僕はそこに突っ立って、映像を見ながら言ったんだ。『ウォルトが待っていたのは、まさにこれだぜ』」(36)

しかし彼はアニメーション部門の上層部の関心を引くことはできなかった。アニメーション制作の効率化やコスト削減に役立つというのでもなければ、彼らは新しい技術の話に耳を貸そうともしなかった。だが社交的なラセターは、スタジオ中の人たちとすぐに知り合い、ディズニーで実写映画の製作を統括していたトム・ウィルハイトにもわたりをつけた。「ジョンはやり手だった――いい意味でね」とウィルハイトは言う(37)。

ラセターは以前ウィルハイトを、『コルドロン』のキャラクター・デザインを担当していたティム・バートンに紹介していた。バートンのディズニーらしくないデザインはボツになることが多かったが、ディズニーの幹部には珍しく進取的だったウィルハイトは彼の作品を気に入り、六万ドルの予算を与えてストップモーション短編映画『ヴィンセント』を制作させた[38]。ラセターの企画がアニメーション・スタジオで八方ふさがりになると、ウィルハイトはラセターの三〇秒テストフィルムの企画に資金を出そうと言ってくれた。こうして生まれた作品は、モーリス・センダックの『かいじゅうたちのいるところ』をもとに、CGでつくった背景（ライトサイクルのシーンを手がけた、ニューヨーク州エルムズフォードのMAGIが制作した）と、グレン・キーンによる手描きのキャラクター・アニメーションを組み合わせたもので、少年が追いかける子犬が家中を走り回る様子をカメラが追うという、手の込んだ移動《トラッキング》撮影《ショット》だった。

　またウィルハイトは、ラセターがもう一歩踏み出せるよう後押しした。『いさましいちびのトースター』のオプション契約を取得して、アニメーション部門の上役に売り込んでくれたのだ。だが指揮系統を迂回しようとするラセターの策は反感を買い、企画はロン・ミラーににべもなく却下された。売り込み会議が不発に終わると、ラセターは上司から電話で荷物をまとめるよう言われた。「ディズニーでの君のプロジェクトは終了し、今後制作されることはない」そう告げられた。「君のディズニーでの職務は終了し、ディズニーとの雇用関係は終了した[39]」

ラセターは一九八三年一二月の一週間をルーカスフィルムで過ごし、翌月に完全に移ってきた。キャットムルとスミスにとって、ラセターは夢のような社員だった。彼らがやろうとしていたことの価値を認める、本物のアニメーターだ。「多くのアニメーターがコンピュータを忌み嫌っていたが、あいつは理解した」とスミスは言う。「可能性を見抜いていたんだ」

ラセターはディズニーに数十年にわたって蓄積された、キャラクター・アニメーションの知識をチームにもたらした。その上彼は当時のコンピュータ・アニメーションにうってつけの才能をもっていた。一九八四年頃の最先端のCGは、表面が単純な幾何学的形状の無生物をレンダリングするのに最も適していたのだが、ラセターは無生物に命を吹き込み、独自の個性を与えるのに長けていたのだ。『貴婦人とランプ』の舞台となったランプ店では、ランプは生きていて人間に買われたがっていた。ラセターの手にかかると、ランプは驚きや挫折、不安、好奇心といった真実味のある感情を見せた。『いさましいちびのトースター』は、生きている家電製品の観点から物語を伝えようとした。

だが一つだけ、乗り越えなければならない障壁があった。ジョージ・ルーカスだ。技術チームがアニメーターを雇うことをルーカスが認めるとは思えなかったため、キャットムルとスミスはラセターに「インターフェース・デザイナー」の肩書きを与え、彼の任務を

ルーカスフィルム・コンピュータ部門のCGグループ、1984年。（左から右へ）ローレン・カーペンター、ビル・リーヴズ、エド・キャットムル（コンピュータ部門担当副社長）、アルヴィ・レイ・スミス（コンピュータ・グラフィックス部門研究部長）、ロブ・クック、ジョン・ラセター、イーベン・オスビー、デイヴィッド・セールシン、クレイグ・グッド、サム・レフラー。写真に写っていないメンバー：デイヴィッド・ディフランチェスコ、トム・ダフ、トム・ポーター。（アルヴィ・レイ・スミス氏提供）

幹部に悟られないようにした。[40]

ラセターの本当の仕事は、『アンドレとの朝食』の制作だった。最初彼は『かいじゅうたちのいるところ』のテスト映像と同様、コンピュータでつくった風景と手描きのキャラクターを組み合わせる手法で取り組もうとしていた。だがキャットムルは、キャラクターにもコンピュータ・アニメーションを使うよう、しきりに勧めた。ラセターはスミスの絵コンテを叩き台にして、アンドロイドという概念にとらわれず、アンドレを少年のような風貌にした。また二つめのキャラクターとして、怒りっぽい特大のハチを加え、プロジェクトは『アンドレとウォーリーB.の冒険』になった（ハチのウォーリーの名は、映画『アンドレとの夕食』に出演したウォーリー・ショーンから取った）[41]。

ストーリーは単純だ。林の中で目を覚ましたアンドレは、目の前でブンブンうなっていたハチのウォーリーから隙を見て逃げようとするのだが、最後には刺されてしまう。この頃、おそらくまだディズニーの仕打ちに傷ついていたラセターは、彼らしくもない残酷なエンディングを計画していた。最初の絵コンテには、アンドレの尻を刺すウォーリーの毒針のクローズアップが描かれていた。「ズボンにハチが入って、めちゃめちゃに刺される予定だった」スミスは言う。

この場面はシーグラフ向きとは言えなかった。それ以外ではラセターの作品に惚れ込んでいたスミスは、刺されるシーンを外してくれと頼んだ。「あのシーンには怒りしかなかった」とスミスは言う。「当時のジョンを突き動かしていたのが何だったかは、誰にもわからんよ」

ストーリーができ上がると、さまざまな作業が開始した。このとき生まれたパターンが、その後数十年間の基本になった——アニメーターが映画の創造的なニーズを満たすために技術の限界に挑み、技術がアニメーターの芸術性を刺激する。スミスが最初につくったアンドレの3Dモデルは、頭に球、胴体に円錐を使っていた。グループの開発したモデリング・ソフトウェアには、単純な幾何学形状しか組み込まれていなかったのだ。だがラセターは、なめらかに動かしたり曲げたりできる、丸みを帯びた「ティアードロップ型」の形を要求し、キャットムルがこれを追加した。またアンドレのまぶたと口用に、球面を切り取った「バウンド」と呼ばれる形を、グループの数人が合作した。

ラセターはグループが開発したモーション・ドクター（MD）というアニメーション・プログラムを使いこなし、プロのアニメーターのやり方に合ったプログラムに改良する方法を提案した。中には数字の数え方のような、単純な改良点もあった。プログラマーはゼロから数え始める習慣があるため、MDではカウントがゼロから始まったが、アニメーターは一から数えるんだとラセターは言った。MDを開発したトム・ダフは、ディズニー出身のアニメーターが自分のプログラムを検証して改良点を教えてくれることに感激した。ラセターは学びつつあった。技術者に働きかければ、技術者からも手をさしのべてもらえるのだと。

ビル・リーヴズは、映画で使う木や草花のCG映像を生成するプログラムをつくった。ローレン・カーペンターとロブ・クックは、レンダリング・プログラム「レイズ」の改良に取り組んだ。レイズは3Dキャラクター・モデルと、ラセターによるこれらのモデルのアニメーション、それに背景要素とカメラの動きに関する情報のすべてを合わせて、映画を構成する画像を生成した。

作業を進めるうちに、チームの誰か――おそらくクックかリーヴズ――が、ラセターの色の選び方が変じゃないかと言い出した。ラセターは木に紫の葉をつけたいと考えていた。葉っぱは紫じゃないだろう、とそのスタッフは異議を唱えた。実際、グループが参考にしていた雑誌の木の写真を見る限り、正当な意見に思えた。

ラセターは芸術面での権限をふりかざすようなことはせず、グループをサンフランシスコの美術館に連れて行った。美術館では光をふんだんに使った自然画で知られるイラストレーター、マックスフィールド・パリッシュの絵画展が開かれていた。しばらくすると、異議を唱えたスタッフは、ラセターの言う通りだと潔く認めた。葉っぱは紫に見えることもある。すべては光次第なのだ。写実主義には技術論文の思いもおよばぬことがいくらでもあることを、ラセターはグループに示したのだ。

映像は二分足らずの予定だったが、すべてのコマをレンダリングできるだけのコンピュータをどうやって確保するかという、現実的な問題があった。チームはルーカスフィルムのVAXコンピュータを五台とも使用し、三台を夜間に、二台を二四時間フル稼働させた。リーヴズはMITをうまく言いくるめて、VAXコンピュータを一〇台使わせてもらった。シーグラフの会議が間近に迫った頃、キャットムルとスミスはそれでも足りないことに気づいた。救いの手はクレイ・リサーチからさしのべられた。クレイは世界最強クラスのコンピュータを原子力研究所や防衛機関に供給する、スーパーコンピュータの製造メーカーだ。クレイはキャットムルがマシンを購入してくれることを期待して、ミネソタ州メンドータハイツのコンピュータ・センターで二台のクレイX-MPを試用させてくれた。

当時デジタル・プロダクションに所属していたライバルのジョン・ホイットニー・ジュニアとゲリー・デモスは、一〇〇〇万ドルもするクレイのシステムをすでに手に入れ、これを使って一九八四年公開の『スター・ファイター』と『2010年』の特殊効果をつくっていた。キャットムルとスミスは、このやり方を好まず、ざっと計算して、経済的に割に合わないと判断した。クレイの代金は莫大な負担になる。クレイを所有するどころか、逆にクレイに所有されてしまう。

だが無料試用となれば、話は別だった。キャットムルとスミスはマシンへの関心を装い、ありがたく誘いに乗った。

一九八四年のシーグラフは、七月にミネアポリス国際会議場で開催される予定だった。カーペンターとクックは最後の数コマを何とか完成させるため、直前の数週間はクレイ社で缶詰になったが、二つのショットのレンダリングがどうしても間に合わなかった。そこでシーグラフ用のバージョンでは、六秒間のコンピュータ・アニメーションの代わりに、ラセターが手描きしたアンドレとウォリーの鉛筆画を使った。

このときまでプロジェクトに無関心だったジョージ・ルーカスが、『アンドレとウォーリーB.の冒険』のプレミアに出席するためにミネアポリスに飛ぶことを知って、グループは興奮した。彼がわざわざ時間を割いてくれるのは意外だったが、励みになった。今やルーカスは映画製作、特殊効果、音声だけでなく、ビデオゲーム部門と、驚異的な成功を収めたライセンシング部門をも含む一大王国の支配者だった。それに加えて、彼はスカイウォーカー・ランチの建設を取り仕切ってもいた。キャットムルとスミスはのちに知ったのだが、ルーカスが出席したのはコンピュータ・アニメーションへの興味を新たにしたからではなく、当時恋人だった歌手のリンダ・ロンシュタットが、たまたま同じ時期に同じ町でコンサートを開くからだった（ジョージとマーシャ・ルーカスは、マーシャがスカイウォーカー・ランチのステンドグラス職人とできてしまったため、前年に離婚していた）。

人目を嫌う監督は、上映会に来ていることを誰にも知られたくなかった。ルーカス、ロンシュタット、キャットムル、スミスは、地下の車庫から建物に入った。会場スタッフが彼らをエレベーターまで誘導し、仮設シアターが暗くなると合図で知らせ、ようやく一行はすでに客席入りしていた数千人に加わった。

シーグラフの観客は、上映作品に気に入ったものがあると、割れるような拍手喝采を浴びせた。[42] パリッシュの絵に着想を得た四万六二五四本もの木でできた見事な3Dの森の長い冒頭シーンから、ウォリーの毒針の残骸を映す最後のシーンまで、観客は『アンドレとウォーリーB.の冒険』に熱狂し、最後のクレジットが流れる頃には大騒ぎになった。

あるCG制作会社の幹部があとでラセターのところにやってきて、映画がすばらしかったとほめてくれた。「で、ソフトウェアは何を使ったの？」「みんなが使ってるようなやつだよ」「キーフレーム・アニメーションのシステムさ」ラセターは言った。「みんなが使ってるようなやつだよ」

男は食い下がった。「いや、そんなはずはない、あんなにおもしろかったのに。ほんとは何を使ったの？」。ソフトウェアにユーモア生成機が組み込まれているとでも思ったのだろうか。

二年前のジェネシス効果のシーンと同様、『アンドレとウォーリーB.の冒険』を際立たせていた特徴は、映像の微妙なニュアンスにあった。一つはキャラクターにリアルなモーション・ブラーをかけたことだ。新しいアルゴリズムが実を結んだ。二つめはディズニーのスタジオで数十年の間に培われた古典的なアニメーションの原則を、ラセターが初めてコンピュータ・アニメーション映画に適用したことだ。アニメーターがキャラクターを自然に見えるように動かし、キャラクターに魅力的な外見を与え、何よりもキャラクターに演技をさせるために用いるさまざまな手法である。こうした違いは、映画の中の数秒、いや数分の一秒が決め手になることが多かった。

たとえばウォーリーは少年を追いかけようと決心するとき、少年に向かって飛んでいく前に、その方向を一瞬にらみつける。[43] これは行動の前に（何らかの形で）「アンティシペーション」（予備動作）を行なうという、古典的原則に従ったものだ。観客はウォーリーが次の行動を決心し、そのかまえを取る様子を見ているため、続く行動を一層真に迫ったものに感じる。それにウォーリーが飛ぶとき、ウォーリーの足や触覚が胴体について行く速さが重さによって変えられている。重い足は、軽い触覚よりも遅れて、引きずられるようにして飛んでいく。これが古典的なアニメーションの「フォロー・スルー（後追い）」の原則に根ざした、アニメーションの写実主義なのだ。

ルーカスは当たり障りのない感想を口にした。だがキャットムルとスミスはあとで彼の本意を知る。ルーカスは内心、ひどい出来だと思ったのだ。キャラクター・デザインは素朴でストーリーは薄っぺらい。この上映を見たことで、ルーカスはコンピュータ部門が映画を制作するべきではないという思いを強くし、コンピュータ・アニメーションは劣っているという印象をもつようになった。

「当時のまだ荒削りだった技術から発想を飛躍させて、可能性を見ることができなかったのさ」スミスは言う。「ただありのままに受け取り、俺たちにはそれしかできないと決めつけたんだ」(44)

当時コンピュータ・アニメーションに懐疑的だったもう一人の巨匠に、フランク・トーマスがいる。彼は一九三〇年代から七〇年代までディズニーで活躍したアニメーターと監督のエリート集団、いわゆる「九人の長老（ナイン・オールド・メン）」の一人である。彼の友人で同僚の「長老」、オリー・ジョンストンとの共著『ディズニー・アニメーション——生命を吹き込む魔法』（一九八一年）は、ディズニーのスタイルを継承するアニメーターの技術バイブルとなっている。『アンドレとウォーリーB.の冒険』発表の前年に引退していた七一歳のトーマスは、この頃制作会社や大学のCG研究者やアニメーターを訪問していた。彼とジョンストンは『アンドレとウォーリーB.の冒険』を制作中のラセターを訪れ、ルーカスのように彼を礼儀正しくほめたたえた。

だがその直後にトーマスは、コンピュータ・アニメーションには将来性がないという趣旨の長々しいエッセイを発表する。「今日でさえ、〝白雪姫級〟に迫るものを生み出す電気的プロセスは存在しない」と彼は書いた。「また今後そういうものが出てくると信じるに足る証拠はほとんどない……。この種のアニメーションは、新しい媒体には合わないのだ(45)」

トーマスによれば、真実味のある動きをし、真実味のある感情をもつキャラクターのアニメーションには、微妙なニュアンスが大いに必要だという。彼はコンピュータが「3D環境に3D形状を簡単に生成できる」ことに感銘を受け、新しい媒体にも古典的なアニメーション原則の多くが適用できることを認めている。だが彼に言わせれば、キャラクター・アニメーションではニュアンスのそのまた上にニュアンスが必要なことを、ディズニーのアニメーターは経験上知っているが、それはあまりにも微妙なため、コンピュータではとらえ切れないのだという。

今日のコンピュータを使えば、個性豊かなアニメーションの役者を生み出し、観客の心をとらえるシチュエーションにそれを据えることができる。重みや説得力のある動きをつくり出すのはそれほど難しいことではないし、演技のなかにはコンピュータにも対処できる側面も多くある。コンピュータでつくった人物を、考えているかのように見せることさえできるが、それが限界だ。さり気ない仕草や真実味のあるやりとり、魅力にあふれた絵、そして何より個人の芸術的メッセージは、電気回路の機械的領域の範囲を超えているのだろう。(46)

そもそもコンピュータ・アニメーションの目的自体筋が通らないと、トーマスは論じる。アーティストはこの目的のせいで、作品を生み出そうとして泥沼に入り込んでしまうのだという。「鉛筆を取ってアクションを描いた方がどんなに簡単か」と彼は述べている。「昔ながらのアニメーションの方が、主導権も自由度も大きく、表現の範囲も広いではないか」

トーマスはコンピュータ・アニメーション全般を切り捨てたように思われるが、2Dセル・アニメーション制作をコンピュータ化するという考えだけを却下しているようにも思えた。この曖昧さは、新しい技術と、自分が生涯にわたって取り組んできた仕事との関係を理解しようと努めながらも、考えを詰め切れていないために生じたように思われる。伝統的アニメーターは、その後もこの問題に頭を悩ませ続けることになる。

4 スティーヴ・ジョブズ

CGグループにやがて新しい家が必要になることを、エド・キャットムルは一九八五年の初め頃に察していた。いくつもの嵐がグループを襲い、互いに勢力を強め合っていた。ジョージ・ルーカスとマーシャの離婚によって巨額の財産分与が必要になり、ルーカスフィルムの現金は底をついた。ルーカスは新しい社長にダグ・ノービーを迎え、会社の諸部門を事業として成り立たせるという任務を与えた。ノービーはすでにアンディ・ムーラーのデジタル・サウンド・グループとラルフ・グッゲンハイムのデジタルフィルム編集グループを、ドロイドワークスという会社に分社化する計画を進めていた。CG部門の再編も間もなく行なわれるはずだった。中でも一番大きな問題は、ルーカスとキャットムルがグループについて根本的に相容れないビジョンをもっていたことだった。

映画という媒体は一世紀ほど前、スタンフォード大学の建設が予定されていた、ベイエリアのパロアルトと呼ばれる私有地で生まれた。ここでジョン・アイザックスという技術者が、写真家のエドワード・マイブリッジを手伝って、騎手が馬に乗っている様子を連続写真にとらえた。(1)馬がギャロップするとき蹄が四つとも一度に地面を離れるかという問題に決着をつけるために、セントラルパシフィック鉄道社長のリーランド・スタンフォードが金を出してこの研究を行なわせたのだ（実際にいちどきに離れることがわかった）。ずらりと並んだ一二台のカメラで撮影された写真が発表されると、マイブリッジは一躍著名人の仲間入りをした。しかし写真実用化の突破口を開いた電気制動シャッターを開発したアイザックスは、今も無名のままだ。ルーカスフィルムの問題は、ルーカスがCGの専門家たちに発明家アイザックスの役割を押しつけ、自分たちが芸術家のマイブリッジになろうとしたこと、もっとありていに言えば、ルーカスフィルムの面々が小切手を書いたリーランド・スタンフォードの役回りをルーカスに押しつけ、自分たちがマイブリッジにもアイザックスにもなろうとしたことにあった。

ルーカスがグラフィックス・グループにつくらせたかったのは、映画制作用のツールであって、コンピュータ・アニメーションではなかった。

キャットムルとスミスは、ある朝目を覚ましたルーカスが、この世界一流のチームを、ただ使いようがないというだけの理由で解散させてしまったらどうしようと、気が気ではなかった。だが現実に起こったのは、それよりずっと穏当なことだった。ルーカスフィルムの幹部は、グループの買い手を見つけて買収提案をもってくるよう、キャットムルに命じたのだった。

グラフィックス・グループはコンピュータ・ハードウェア会社として売りに出されることになった。ルーカスがグループを設立したそもそもの目的――映画フィルムをスキャンし、特殊効果映像と実写映像をコンピュータで融合させ、できあがったものを再びフィルムに録画するための機器一式を構築すること――を実行に移すために、グループはプロセスの中心を担う特殊なコンピュータの開発に取り組んでいた。このコンピュータにはデジタル合成のほか、タッチアップや色補正、カメラの位置ずれを補正するためのコマの回転などを処理する機能が求められた。これを映画級の映像で実行するには、当時の水準から言えば、途方もない処理能力が必要だった。エヴァンズ&サザーランドの元社員ロドニー・ストックが設計したこのマシンは、スーパーコンピュータと同じくらいの速さで、しかも数分の一のコストで映像を処理できるというふれこみだった。[2]

一九八四年のシーグラフでは『アンドレとウォーリーB.の冒険』がルーカスフィルム・コンピュータ部門の表向きの顔だった。[3] その裏でルーカスフィルムはホテルのスイートでこのコンピュータの試作品を少人数に見せた。ルーカスフィルムの幹部に言わせれば、CGグループの最も重要な資産はコンピュータ・アニメーションではなく、むろんラセターというディズニー出身の「インターフェース・デザイナー」でもなく、このマシンだった。ルーカスフィルムに現金をもたらすのは、このマシンをおいてほかにないはずだった。どこかの会社がグループを買収してマシンを量産し、高解像度画像を扱う業界に販売するだろう。

SF映画の収益を使って開発されたコンピュータだけあって、ルーカスフィルムのマシンにはそれ自体SFのような雰囲気があり、その後一〇年以上主流のコンピュータに組み込まれなかった機能をすでに搭載していた。ローレン・カーペンターの提案で、ストックは四つのプロセッサと四つのメモリバンクをマシンにもたせた[4]。これを三原色のそれぞれに当て、残った四つめのプロセッサとメモリバンクは、画像の各点の透明度を制御するために使った。四つのプロセッサは並行して動作するため、プログラムは同じピクセルの四つの部分（赤、緑、青、透明度）の作業を同時に行なうことができる。一つのマシンに四対のプロセッサを複数組み込むことが可能で、最大で一二のプロセッサを同時に動かすことができた。

マシンがまだ設計段階にあった数年前、マシンの名前をめぐってグループの意見が割れた。一九八一年のある晩コンピュータ部門の四人が、夕食を取りながら今度こそ名前を決めてしまおうと言って、当時のオフィスから高速道路を横切ったところにあったナヴァトのハンバーガー屋、カントリー・ガーデン・レストランに行った[5]。誰かが「ピクチャーメーカー」はどうだと言った。スミスは「レーザー」と関係のある名前をつけたいと言った。

グループのフィルム・スキャナとレコーダーにはレーザーが使われていたし、何となくクールな響きがすると思ったからだ。そこで、ピクチャーをつくるという意味のスペイン語の動詞風の造語、「ピクサー（Pixer）」を提案した。するとカーペンターが、少しひねりをきかせて「Pixar」はどうだろうと言った。テーブルを囲んでいたスミス、ロドニー・ストック、ジム・ブリン（古巣のＪＰＬを一時的に離れていた）の全員が賛成した。マシンは「ピクサー・イメージ・コンピュータ（ＰＩＣ）」と呼ばれることになった。

キャットムルとスミスは、もしもグループが分離独立《スピンオフ》しなくてはならないのなら、ハードウェア会社になるのが組織として最善の道だと考えていた。とは言え、二人はコンピュータのビジネスとしての側面にくわしかったわけではない。ビジネスマンというよりは、野心的な映画製作者として行動していた彼らは、このブレーンを解散させないことを主に考えた。彼らにとってのコンピュータ・ハードウェア事業のメリットは、多くの人員が必要だという点にあった。ＣＧチームは今や四〇名ほどの人員を抱えていたが、コンピュータ製造メーカーならめいめいに居場所を与え、長編映画が経済的に成り立つようになるまでの間、時間稼ぎができる。

ルーカスフィルムはグループを二〇社ものベンチャー・キャピタルや投資銀行に売り込んだが、買い手は見つからなかった。食指を動かしたメーカーはいくつかあった。ドイツの複合企業シーメンスは、スキャンした画像を高品質の立体映像で再現するＣＡＴスキャナを開発中で、ＰＩＣがこれを補完できると考えた。カラー印刷やスキャニングの機器メーカー数社――サイテックス、ヘル・グラフィックス・システムズ、クロスフィールド――は印刷前工程の作業用にマシンを販売することを考えた。だがおそらくルーカスフィルムが提示した一五〇〇万ドルという価格（に加えて、資本化に必要なもう一五〇〇万ドル）のせいで、どの企業も長居はしなかった。

キャットムルとスミスは、ルーカスフィルムの売り込みに関心を示したホールマーク・カードの本部のあるミズーリ州カンザスシティを訪れた。この組み合わせは、一見ちぐはぐに思われた。だがこのグリーティングカード会社が前年に行った大型買収に、クレヨンのクレヨラや粘土のシリーパティーを販売するビニー＆スミスがあった。ホールマークは、アーティストの数百の作業ブースのある巨大な倉庫と、高性能の五色・六色プリンタとをつなぐパイプラインにＰＩＣを組み入れるという構想をもっていた。二人はこの可能性に乗り気だった。ホールマークの経営陣が気に入ったし、少なくとも何かしら芸術に関係のある会社だった。だが二人ががっかりしたことに、ホールマークも身を引いた。

このさなかにスミスはアラン・ケイに経緯を伝え、何かよい案があれば知らせてくれと頼んだ。スミスとケイはゼロックスＰＡＲＣ時代からの知り合いだった。スミスはデジタル・アーティスト、ケイはＰＡＲＣの学習研究グループの責任者で、一緒に働いたわけではないが、ケイはスミスをいい奴で頭が切れると思っていた。ケイはキャットムルのことも、ユタ大学時代から知っていた。会話を交わしてからしばらくたったころ、ケイは知り合いの三二歳の億万長者が興味をもつはずだと考えた。アランとケイとスティーヴ・ジョブズの友情は、アルトというコンピュータから始まった。このマシンはゼロックスPARCの研究者が、オフィスワーカーのための次世代システムとして構想したものだ。ケイが生み出したアルトのユーザ・インターフェースは革命的だった。一つの画面に画像とテキストを表示することができ、ユーザは「マウス」という機器を使って画面上の位置を示し、コンピュータを操作することができた。また文書やグラフィックスを印刷前に画面上で確認できるプログラムがあった。ジョブズは一九七九年一二月にこのシステムの実演を見て驚愕した。

「あれはいわゆる啓示の瞬間だった」ジョブズは何年も後に語っている。「グラフィカル・ユーザ・インターフェース（GUI）というものを見てから一〇分とたたないうちに、いつかすべてのコンピュータがこんな風になるぞと確信したのを覚えている。見ただけですぐわかった」(6)

ケイはのちにアタリの研究部長を務めていた頃、ジョブズを昼食に招いては重役たちを仰天させた。アップルコンピュータが一九八四年一月に二四九五ドルで発売したマッキントッシュは、アルトから余分な装備を取り除いたコンピュータをひな型として、アップルのデザイナーによる新機軸を組み込んだものだった。ジョブズはデザインの細部にまでこだわり抜いてマッキントッシュを完成させると、ケイの貢献に敬意を表して彼に一台進呈し、その年の五月に彼を「アップル・フェロー」に招聘した。

一年後、状況は逆転していた。ケイはまだアップルで働いていたが、ジョブズはもういなかった。アップルにはジョブズのビジョンと完璧主義を崇拝する社員は多かったが、彼には鼻持ちならない面があって、上から下まで多くの社員を敵に回した。マッキントッシュ・プロジェクトの考案者ジェフ・ラスキンは、ジョブズと一緒に働けない一一の理由を列挙した絶縁状を叩きつけ、のちに会社をやめた（その三「認めるべき功績を認めない」、その四「人格攻撃が多い」、その一〇「無責任で思いやりに欠けることが多い」）[7]。ジョブズは愛車のメルセデスをマッキントッシュ・チームの建物の目の前にある、身体障害者専用スペースに停めるのを常としていた。その理由は、建物のうしろや横の目の届かない一般向けスペースに停めると、誰かに腹いせにキズをつけられるからだと囁かれていた[8]。

ジョブズ自らがCEOとしてペプシコから招き入れたジョン・スカリーは、一九八五年春にジョブズの責任を縮小することを決めた。スカリーが定めたジョブズの新しい任務は、新製品の構想を練ることに限られ、彼はマッキントッシュの責任者からも外された。

激怒したジョブズは、スカリーの中国出張中に取締役会のクーデターを起こそうと画策した。だがスカリーは副社長の密告を受け、急遽出張を取りやめる。一九八五年五月三一日、スカリーはジョブズから上級副社長の地位と、マッキントッシュ部門の統括マネジャーの地位を剝奪した。ジョブズに残されたのは、お飾り的な会長職だけだった。計略は完全に裏目に出た。

ある日暇をもてあましていたジョブズは、散歩に出ることにした。

彼はケイと健康食レストランに立ち寄り、それからスタンフォードにほど近いカリフォルニア運輸局の鉄道線路沿いを散策した。ケイはルーカスフィルムの友人の話をした。

「すごいグループが分離独立しようとしていて、彼らがすでに知っていることと、これから解明しようとしていることを活用すれば、いろんなことができそうだという話をした」(9)とケイは回想する。

しばらくしてキャットムルとスミスは、シリコンバレーのウッドサイド村にあるジョブズのスペイン・コロニアル様式の大邸宅を訪れた。アップルでジョブズと働いたことのある友人たちは、こぞって二人に警告した。ジョブズは会合の間は魅力をふりまくだろうが、契約したが最後、ずたずたにされるぞ。それでも二人は彼の話をじっくり聞こうと、カーナー大通りからやって来たのだった。財務の話が出た時のために、ルーカスフィルムの事業開発部門からアジット・ギルも同席した。

ウッドサイドは趣味のよい高級住宅が建ち並ぶ、田園の趣を残す地域だった。ベンチャー・キャピタリストやエレクトロニクス業界の重役のほか、フォーク・シンガーのジョーン・バエズや、手話能力をもつゴリラのココも住んでいた。一億八五〇〇万ドルとも推定される純資産をもつ独身のジョブズは、極度に禁欲的な生活を送っていた。[10]一九二〇年代に銅業界の大物が建てた、寝室が一四室ある一五八〇平米もの邸宅は、ほとんど空っぽだった。[11]BMWのオートバイが一台停められ、グランドピアノがあるくらいのもので、完全装備されているのは台所だけだった。そこはジョブズがベジタリアン食を用意させるためにバークレーの有名店シェ・パニッスから引き抜いた夫婦者のシェフの領分だった。

ジョブズがこの家を購入したのは、彼がまだシリコンバレーの人気者だった前年の一一月のことだ。同じ月に「アップルのダイナミック・デュオ」という太字の見出しのもと、満面に笑みをたたえてワイシャツ姿でスカリーと肩を並べる姿が、ビジネスウィーク誌の表紙を飾った。今や彼の職業人生は突如として、この家と同じくらい空虚になっていた。

キャットムル、スミス、ギルは、ジョブズと午後いっぱいを過ごした。ジョブズはスカリーへの不満を腹立たしげにぶちまけながら、ルーカスフィルムのコンピュータ部門にもっている構想を語った。最後に彼らを外に散歩に連れて行き、グループを買収して経営したいと言った。キャットムルとスミスは、それには興味がないと言った。ジョブズの金を投資として受け入れる用意はあるが、事業は自分たちで運営したいのだと。彼らは友好的に別れた。別れ際ジョブズはルーカスフィルムの提示価格は高すぎる、下がったら知らせてくれと言った。五〇〇〇万ドルがいいとこだろう、と。

あとになって、キャットムルはスミスに言った。今はジョブズと関わり合いになるべきじゃない。ジョブズはアップルに対してあまりにも感情的で辛辣になりすぎている。ルーカスフィルムに来てまもなく、最初の妻ラレインとの離婚を経験したキャットムルには、それが感じられた。「離婚後の最初の恋人にはなりたくない」というのが彼の結論だった。

グループはその後も映画関連のプロジェクトを手がけた。その一つが、スティーヴン・スピルバーグからの依頼である。ルーカスの友人であり、時にはパートナーになることもあるスピルバーグは、ジェネシス効果に感銘を受けた。スピルバーグが製作総指揮を務めていたバリー・レヴィンソン監督作品『ヤング・シャーロック／ピラミッドの謎』で、年老いた司祭がステンドグラスの窓に描かれた騎士が飛び出す幻覚に怯えるシーンが必要になり、騎士のデザインとアニメーションの担当として、ラセターに白羽の矢が立った。PICと、デイヴィッド・ディフランチェスコの開発したレーザー・フィルム・プリンタが長編映画に使われたのは、このときが初めてである。CGキャラクターが実写シーンと合成されたのも、これが初めてだった。

ラセターは『ヤング・シャーロック』の仕事を終えると、実験に着手した。『アンドレとウォーリーB.の冒険』とステンドグラスの騎士のおかげで、彼はグループが開発したアニメーション・プログラムのモーション・ドクターを使いこなせるようになったが、3Dモデルはいつもスタッフに指示してつくらせていた。そこでモデリングの技術に慣れておこうと、ビル・リーヴズが開発したモデリング・プログラム「ME（モデル・エディター)」を試してみることにした。

何をつくろうかと周りを見わたすうちに、製図用テーブルにあった卓上ランプのルクソーに目が止まった。[12] 物差しでランプの寸法を測り、必要になりそうな幾何学形状を作成した。

当時グループには対話型のモデリング・ツールがなく、物体の変化を画面上で確認しながら、こっちの部分を回転させたり、あっちの部分を伸ばしたりはできなかった。MEでモデルをつくるには、プログラム言語の一つであるモデリング言語を使う必要があった。ラセターは物体が組み合わさる方法を定義するために、テキスト編集プログラムを使って命令行をタイプ打ちし、それをコンピュータのファイルに保存し、それからMEを走らせて物体のワイヤー・フレーム・モデルを描いた。どこかがおかしければ、戻ってファイルを修正し、またサイクルを一からくり返した。

ランプは完成したが、まだ実験し足りなかった。ランプができたから、今度はこれを使って何かおもしろいことはできないだろうか、何か……。

一方キャットムルとスミスは、日本の大手出版社の小学館と共同制作の話を進めていた。小学館の次期社長は、中国と日本の神話に登場する架空の英雄キャラクター「孫悟空」をもとに長編映画をつくりたいと考えていた。孫悟空は一六世紀の中国で書かれた中国文学の古典小説『西遊記』の主人公だ。古代の伝説をモチーフにしたこの物語は、神秘主義に喜劇と冒険が入り交じる、珍しい組み合わせである。いたずら者の孫悟空が、仏教の経典を取りに行く唐僧の供をして、中国から天竺まで旅をする話だ。

小学館のチームは、孫悟空の物語がコンピュータ・アニメーションの映画になれば、大評判になると考えた。彼らはCGグループが出すアイデアに乗り気で、何度も打ち合わせを行ない、カリフォルニア州の海辺の保養地カーメルで、一週間かけてブレインストーミング・セッションを行なった。キャットムルとスミスは、初めてのコンピュータ・アニメーション映画が実現しそうになったことに興奮したが、どちら側も映画の宣伝や配給についてはずぶの素人だということを懸念していた。スミスは次期社長が無理をしていないか、五〇〇〇万ドルを超える莫大な製作費用が彼を困らせることにならないか、気を揉んだ。いずれにせよ分離独立が完了するまでは、はっきりとしたことは何も決められなかった。

グループはこれと並行して、別の取り組みを進めていた。それはウォルト・ディズニー・プロダクションと、コンサルティング・サービスとハードウェアに関する大きな契約を取りつけることだった。キャットムルとスミスが、ニューヨーク工科大学時代に始めた毎年のディズニー詣でを続けた甲斐あって、ディズニーの上層部はようやく伝統的な2Dアニメーションのコンピュータ処理を本気で検討するようになった。

一九八〇年代初めにキャットムルとスミスは、ディズニーのレム・デイヴィスという技術者に、インク&ペイント・ビルで婦人部隊がやっている、面倒なセルの塗りつぶし作業をコンピュータ化することの利点を説いた。[13] デイヴィスのうしろ盾を得て、二人は思った。やったぞ、とうとうディズニーがアニメーションにコンピュータを導入する。錠がはずされ、ドアが勢いよく開かれようとしていると彼らは思ったのだが、そうは問屋が卸さなかった。

よくある世間知らずな過ちだった。ディズニーのような企業では、技術部員の支持を得ることは、最初の一番簡単な関門でしかない。その上の管理層の一つひとつが、別々の優先事項と課題をもって動いているのだ。

デイヴィスはウォルト・ディズニー・スタジオの業務・新技術担当上級副社長スタン・キンゼイに掛け合い、キャットムルとスミスの提案こそディズニーが必要としていることなのだと説明した。[14] コストを下げるだけでなく、カメラを自在に動かし、豊かな色彩を使えるようになる。コンピュータを使えば、一九三〇年代から四〇年代のディズニー・アニメーションがもっていた活気と華やかさを映画に取り戻せるだろう。だがキンゼイのゴーサインは得られなかった。

一九八四年九月二二日まで、計画は実現の見込みがないと思われていた。だがこの日の朝のディズニー取締役会は、パラマウント・ピクチャーズの前社長マイケル・アイズナーをCEOに、そしてワーナー・ブラザーズ元社長のフランク・ウェルズを社長兼COOに迎えることを決定する。二人が就任できたのは、ウォルトの甥ロイ・E・ディズニーと、彼のビジネス・パートナーのスタンリー・ゴールドが起こしたクーデターのおかげだった。

この日の午後、バーバンクのレイクサイド・ゴルフ・クラブで昼食を取りながら、アイズナーとウェルズは恩人であるロイに、これから何をしたいか尋ねた。[15] ロイは考えていなかった。そこで思いつきで言った。「アニメーションをやらせてくれないか？」[16]

「それはいい」アイズナーは答えた。

実はアイズナーとウェルズは、休止状態のアニメーション部門を閉鎖しようと思っていた。[17] もう手の施しようがないところまで来ていると考えたのだ。だがそれでロイ・ディズニーの機嫌を取れるなら、お安いご用だった。

そしてキンゼイが味方につけたのが、このロイだった。ロイはその年の秋、ディズニーの技術者からコンピュータ・アニメーションに関する説明を受けて、夢中になった。[18] 四五分間の予定が、倍にのびた。というのもロイが技術者を質問攻めにして、『アンドレとウォーリーB.の冒険』と『かいじゅうたちのいるところ』のテスト映像をくり返し上映させたからだ。新体制が発足してから一月とたたないうちに、ロイとキンゼイはキャットムルに接触し、両社のチームはプロジェクトの詳細を詰め始めた。PICとカスタム・ソフトウェアを使って、アニメーターが鉛筆描きしたデッサンにインクやペイントを重ねる作業を自動化するというこのプロジェクトは、コンピュータ・アニメーション・プロダクション・システム、略してCAPSと名づけられた。

キンゼイは、ルーカスフィルムからグラフィックス部門をそっくりそのまま買収したいとまで考えた。[19] 一五〇〇万ドルの提示価格は格安に思われた。だがアイズナーの弟分で、当時ウォルト・ディズニー・スタジオの社長としてディズニーの映画製作の総指揮を執っていたジェフリー・カッツェンバーグは、この考えを却下した。「そんなことで時間を無駄にしたくない」キンゼイは、カッツェンバーグにそう言われたことを覚えている。「ほかにやらなければならない、大事なことがあるだろう」[20]

だがコンサルティング契約となれば、話は別だった。キャットムルとスミスは、まだゴールにたどり着いたわけではなかった。アイズナー指揮下のウォルト・ディズニー・プロダクションは、非情で難しい交渉相手という評判がすでに立っていた。取引条件の交渉はなかなか進まず、一九八五年の間中続いた。

買い手を求めて奔走していたことが、グループのあらゆる活動に影を落とすようになった。スミスは規模縮小を求めるルーカスフィルム幹部との終わりなき戦いに疲れ果てていた。縮小すればパッケージの魅力が増すと幹部は考えた。人数が少ないほど運営コストは下がり、財務状況は改善する。スミスに言わせれば、これは本末転倒だった。グループの本当の価値は、ハードウェアの設計やソフトウェアではなく、非凡な才能の集まりにあるのだ。「ビジネスマン気取りの連中からグループを守るという生き地獄で一年が過ぎていった」とスミスは回想する。

一九八五年一一月、取引をまとめる最後と思しきチャンスがめぐってきた。買い手はオランダの巨大企業フィリップス・エレクトロニクスと、ゼネラルモーターズ（GM）の子会社エレクトロニック・データ・システムズ（EDS）だった。フィリップスはシーメンスとほぼ同じ理由から買収に関心をもっていた。PICを、同社のMRIスキャナに添えて販売できると考えたのだ。キャットムルとスミスは、グループは自動車デザインでの非常にリアルなレンダリングが可能な高性能のハードウェアとソフトウェアを提供できると、EDSとGMの上層部を口説いた。実際、3D形状モデリングの手法で初期のブレークスルーを担ったのは自動車業界だった。最も有名なものが、ルノーの技術者だったピエール・ベジエが六〇年代初めに考案した手法だ。GM自体もこの時代のCGの草分け的存在で、社内研究所が世界初のCAD／CAM（コンピュータを使った設計製造）システムを開発している（当時のGM経営陣はせっかく開発したものの価値を認めず、実験的にいじっただけで完全に放棄してしまった）[21]。

これら企業が打ち出した条件では、ルーカスフィルムがスピンオフ会社の経営権の三分の一を保持し、フィリップスとEDSがそれぞれ三分の一の持ち分に対して五〇〇万ドル支払うことになっていた。さらに四〇〇万ドルをベンチャーキャピタル企業から調達する。総計一四〇〇万ドルのうち、一一五〇万ドルがルーカスフィルムに支払われ、二五〇万ドルが新会社の出資金となる。フィリップスとEDSはそれぞれの市場でPICの販売独占

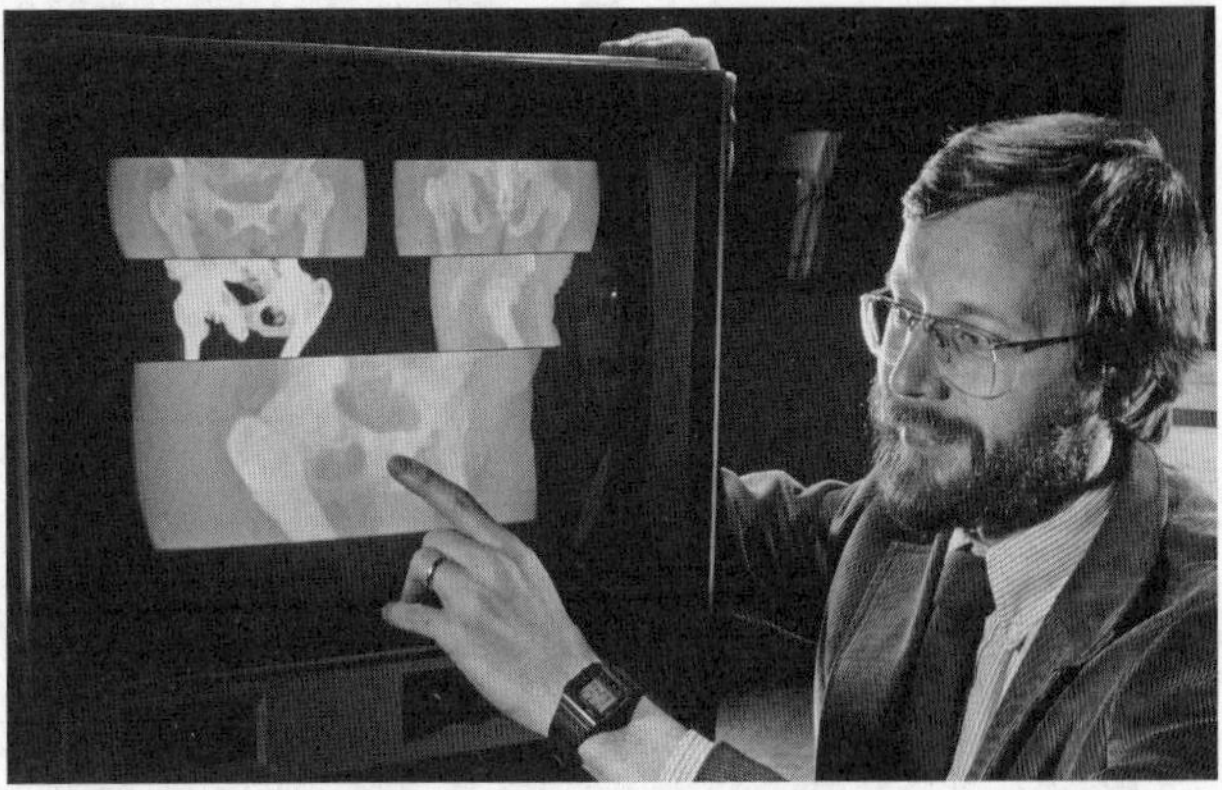

1985年ルーカスフィルムにて。エド・キャットムルが説明している医学画像は、女性の骨盤のCATスキャン（コンピュータ断層写真）を、ピクサー・イメージ・コンピュータで立体化したもの。キャットムルとアルヴィ・レイ・スミスは、電子医療機器メーカーのフィリップス・エレクトロニクスとシーメンスを相手に、コンピュータ部門売却の話を進めていた。
（© ロジャー・レスマイヤー／コービス）

権を取得する。キャットムルとスミスはフィリップス、ＥＤＳ、ルーカスフィルムの代表と、ニューヨーク四二丁目を見下ろすフィリップスの役員室で二日間かけて詳細を取り決めた。二日めの終わりに、出席者全員が取引の成立を承認した。(22)

いや、そのはずだった。

ＧＭの役員は、翌朝そこから一・六キロメートルほど北に行ったゼネラルモーターズ・ビルで、衛星とミサイルの製造会社ヒューズ・エアクラフトの五二〇億ドルの買収案について採決を行なった。ここでＥＤＳの創設者でＧＭの取締役でもあったロス・ペローが買収に異議を申し立て、ついでに部屋にいた全員に説教した。GMの経営陣は結果ではなく、体裁だけを気にしているように見えると彼は言った。取締役たちは無事に勤め上げることだけしか考えておらず、株主を代表するという任務をすっかり忘れている。GM車は信頼性に問題があるというのに、誰一人として対策を講じようとしない。キャデラックのディーラーの大会を訪れたが、欠陥だらけの車への不満が噴出していた。ペローは問いかけた。信頼できる車さえつくれないGMが、通信衛星への数十億ドルもの投資をどうして正当化できるというのか？

GMの会長ロジャー・スミスはペローの意見に感謝し、議題を進めた。(23)

そんなわけでGM社内では、EDSが絡むあらゆる取引が「地雷」と見なされ、グラフィックス部門への投資は行なわれないことになった。フィリップスは単独では事を進めることはできず、進めようともしなかった。

その間ジョブズは九月一七日にアップルの会長を辞任することによって、一株だけの持ち株を除くアップルとの最後のつながりを絶ち、五人の従業員を引き抜いて新しい会社ネクスト（最初はNext、のちにNeXTに改称）を立ち上げた。この年彼はルーカスフィルムと連絡を取って、コンピュータ部門の提示価格が下がったかどうか探りを入れていた。組織を売りに出してから一〇カ月たったいま、ルーカスフィルムは切羽つまっているようだった。予想通りだとジョブズは思った。

クリスマスの直前に、ジョブズはルーカスフィルムの社長ダグ・ノービーに電話を入れた。[24] この頃のノービーは、もう何としてでもグラフィックス・グループから手を引きたがっていた。売却手続きのせいで本業に集中できず、グループの四〇人は金食い虫だった。年末までに売却できなければ閉鎖だと、彼は決めていた。[25] ありがとう、はいさようなら、というわけだ。ジョブズが提示した五〇〇万は、当初ノービーの頭にあった金額だった。彼は受け入れた。

契約の詳細を取り決めたあとで、また別の問題が持ち上がって取引が流れそうになった。関係者一同はいったいどこで書類に署名すべきだろうか？　ルーカスフィルム副社長のダグ・ジョンソンは、ジョブズがカリフォルニア州のニカシオの丘にあるスカイウォーカー・ランチまで出向くのが筋だと思ったが、ジョブズはルーカスフィルム側が、そこから一〇〇キロほど離れたレッドウッド・シティにあるネクストの彼のオフィスに足を運ぶべきだと言ってきかず、どちらも譲らなかった。最終的に中間地点となる、ルーカスフィルムの法律事務所ファレラ・ブラウン＆マーテルのサンフランシスコ事務所で落ち合うことになった。

一九八六年一月三〇日の木曜日、キャットムル、スミス、ジョンソンは、新会社を設立してグラフィックス・グループとその技術を新会社に譲渡する契約に署名した。このスピンオフ会社は、コンピュータの名を取って「ピクサー」と名づけられた。次の月曜日の二月三日、三人はジョブズと法律事務所の会議室にこもって、ピクサー株の所有権移転に関する書類に署名した。キャットムルとスミスは共同創設者として四%ずつを所有し、一定期間を経て受給権が確定する株式が、残る三八名の従業員の間で分配されることになった。ジョブズは自分の持ち分のための五〇〇〇万ドルの銀行小切手と、会社に投資すると約束した五〇〇万ドルの初回払い込み分として、一〇〇〇万ドルの小切手を持参していた。

ジョブズは消費者市場を先読みできる洞察力の持ち主という名声を、これまで何度となく博してきた。だがもし彼が同じくらい鋭く人間を読むことができたなら、いま雇い入れたばかりの男たちに、不穏な空気を感じ取っていたはずだ。スティーヴの新しいハードウェア会社の最高技術責任者（CTO）キャットムルと副社長スミスは、コンピュータ・ハードウェアには大して興味がなかったのだ。彼らにとってコンピュータはただの箱で、目的を達成する手段でしかなかった。作業をするのにサンやVAX、あるいは借り物のクレイを使ってやるのが一番理に適っていれば、こだわりなくそれを使った。だがジョブズにとって、優れたデザインのコンピュータは、スポーツカーと同じくらいの魅力があった（マッキントッシュは「ポルシェのように」なるべきだと、彼はデザイン会議で宣言している(26)）。

ほかにもっと根深い違いがあった。キャットムルとスミスは、CGに取り組みながら偉大なアーティストのためのツールを探し求めていた。グループが開発するレンダリングとアニメーションのソフトウェアは、ストラディバリウスのバイオリンのようなものだった。

素人には宝の持ち腐れだが、世界級のオーケストラにこそふさわしい。コンピュータが普通の人たちに力を与えるという考えは、正しいとか誤っているとかいう以前に、彼らにはまるで関係のない話だった。キャットムルとスミスにしてみれば、IBMやマッキントッシュのようなPCは、本気で取り合うまでもない遊び道具に過ぎなかった。二人ともパソコンを使わなかった。それよりはるかに強力なシステムを自由に使えたのだから。

実際、デイヴィッド・ディフランチェスコが、カーナー大通りの近くのILMの棟で、ILMのプログラマとその兄弟がマッキントッシュでやっているイメージ処理は一見の価値があると教えたときも、スミスは見に行こうともしなかった。「あの頃はちっぽけなマシンに気を回す余裕がなかった」とスミスはのちに語っている(27)(トムとジョンのノール兄弟は、開発したソフトウェアをその後アドビシステムズにライセンスした。ソフトはフォトショップという名で広く知られるようになった)。ジョブズは「ちっぽけなマシン」をとても気にかけていた。それが彼の人生だったのだから。

スティーヴン・ポール・ジョブズは一九五五年二月二四日サンフランシスコに生まれ、生後まもなくポールとクララのジョブズ夫妻に養子に出された。ポールは高校中退後、債権回収や機械工の職を転々としていた。息子が五歳になったとき、一家はサンフランシスコからマウンテン・ヴュー市のシリコンバレーに移った。この家のガレージにポールは作業台を置いていた。ある日彼は息子をガレージに連れて行き、金槌やのこぎりなどの工具を与えると、ベンチの一角を区切ってこう言った。「スティーヴや、今からここがおまえの作業台だよ」(28)

ポールはガレージでスティーヴと多くの時間を過ごし、いろいろなもののつくり方を教えてやった。

しばらくすると、スティーヴは近所に知り合いができた。ラリー・ラングというヒューレット・パッカードの技術者で、スティーヴに電子工学の手ほどきをし、ヒースキットのことを教えてくれた。ヒースキットとは、バッテリー・テスターやトランジスタラジオ、増幅器といった一般的な電子製品の組み立てキットで、部品の組み立て方と機器の仕組みを説明するマニュアルがついていた。ヒースキットは同じ製品の完成版より高価だったが、既製品にはないものをジョブズは得た。

「身の回りのどんなものでも組み立てられるという意識をもつようになった」ジョブズは回想する。(29)

ああいう製品が神秘的じゃなくなった。テレビを見ても「これはつくったことがないが、つくれるな。ヒースキットのカタログに載っていたし、ほかのヒースキットを二つつくったことがあるから、これもつくれるはずだ」と思うようになった。突然身の周りに出現した不思議なものなんかじゃなく、人間の創造の産物だってことが、前よりずっとはっきりわかるようになったんだ……。探求と学習を重ねれば、複雑に見えるものでも必ず理解できるという、大きな自信が持てるようになった……。

ジョブズは通っていた小学校を激しく嫌うようになった。(30) ベイエリアの水準からすれば犯罪の多い地域から生徒を集めていたこの学校は、無秩序と無規律に悩まされていた。ある日彼は、次の学年までに新しい学校を探してくれないなら、もう学校には行かないと宣言した。彼が本気だということを両親は悟った。一家はまた引っ越した。今度はクパチーノ学校区の公立学校の評判がいいと聞いて、三キロほど離れたロスアルトスの町に落ち着いた。

ホームステッド・ハイスクールの一年生だったとき、スティーヴは電子工学Ⅰを履修した。授業のプロジェクトで部品が必要になったため、ある夜ヒューレット・パッカードの共同創設者ビル・パッカードの自宅に電話をかけて、会社から分けてもらえないか直談判した。(31) ジョブズは部品と、HPの組立ラインでの夏休みのアルバイトを手に入れた。

三年への進級を前にした夏休みに、同級生のビル・フェルナンデスが近所に住む年上の友人を紹介してくれた。(32) 友人はスティーヴ・ウォズニアックといい、「ウォズ」の愛称で通っていた。フェルナンデスとウォズニアックは「電子技術仲間」として、いろいろなプロジェクトに取り組んでいて、ちょうどウォズニアック自身が設計したコンピュータを、二人でつくったところだった。フェルナンデスは完成品を見に来ないかとジョブズを誘った。ジョブズもウォズニアックも電子工学に興味があるから、馬が合うのではないかと思ったのだ。ジョブズも電子工学の知識に磨きをかけていたが、二〇歳のウォズニアックがまったく別の次元にいることをすぐに悟った。

二人は意気投合した。ロッキードの技術者の息子ウォズニアックは、コンピュータ設計を独学で学んだ専門家だった。コロラド大学とデアンザ・コミュニティ・カレッジで数学期かけて電子工学を学び、高校時代にはホームステッド・ハイスクールで三年とも電子工学の授業を取ったが、本当の知識はデジタル・イクイップメント（DEC）とデータ・ジェネラル製のミニコンピュータの回路マニュアルや配線略図を読んだり、自分の設計を考案したりするうちに身につけた。

この年の秋、ウォズニアックはエスクァイアという雑誌で、「電話ハッカー」という風変わりなサブカルチャーに関する記事を読んだ。電話システムを制御するトーン信号を複製すれば、世界中どこにでも無料で電話をかけられるというカラクリだ。独占電話会社のAT&Tは愚かにも自社の技術誌に、複製に必要な周波数を技術論文の一部として掲載してしまい、全米中の図書館で情報が入手できるようになった。そんなわけで無料で通話できる「ブルーボックス」という違法性の高い装置をつくって利用する地下運動が広がった。この装置には金銭的な魅力と同じくらい心理的な魅力があった。「巨大な代物がそこにあるんだ。システム全体が」あるハッカーがエスクァイア誌に語っている。「穴があいていて、そこから不思議の国のアリスみたいに忍び込む。そして自分がやってもいないことをしているか、少なくとも自分がやってると思ってることをやってるのがもう自分じゃないふりをするんだ。ルイス・キャロルみたいだろう(33)」

興奮したウォズニアックは、記事を読み終えもしないうちにジョブズに電話をかけた。二人はそれまで電話システムには興味がなかったが、このチャンスには抗えなかった。翌日二人はスタンフォード線形加速器センターの図書館で周波数を探し当て、作業に取りかかった。初めは発振回路を使う、よくあるアナログ式のブルーボックスを試作したが、発振器が不安定だった。ウォズニアックはデジタル式のブルーボックスが解決策になると考えた。設計は難しいが、使いやすい。

ジョブズの発案で、二人はデジタル式ブルーボックスで初めての事業を興こし、当時ウォズニアックが通っていたカリフォルニア大学バークレー校の男子寮で売り歩いた。ウォズニアックは設計の改良を続け、ついにはオン・オフのスイッチを押さなくても、キーパッドのボタンをどれか押せば起動できるようにした。一台あたりにかかった部品代は約四〇ドル、販売価格は一五〇ドルに設定して三万ドル分ほど売りさばいた。「あいつは金がほしかったのさ」とウォズニアックはのちに説明している。[34]

ジョブズは一九七二年にホームステッド・ハイスクールを卒業した。ブルーボックスについては、AT&Tの権利のことは気にならなかったが、捕まる危険は頭から離れなかった。彼はまもなくこの事業から足を洗ったが、起業家としての成功を初めて味わった。

ジョブズはこの年オレゴン州ポートランドのリード大学に在学中の友人を訪ね、大学の自由奔放な雰囲気と、北西海岸の環境に感銘を受けた。[35]そして帰るなり、リードに行くんだと両親に宣言した。ポールとクララは困り果てた。彼を養子に迎えようとしていた一七年前、スティーヴの産みの母の大学院生は、クララが大学を出ておらずポールは高校を中退したと知って、養子縁組の書類に署名するのを拒んだ。夫婦はスティーヴを大学に進学させると約束して、ようやく彼女の懸念を払拭した。[36]

だがそれ以来、ポールとクララは中産階級の下層から一度も抜け出すことはできなかった。二人はこのこぢんまりとした金のかかる私立大学を何とか諦めさせようとしたが、彼はどうしてもきかなかった。リードじゃなければ大学には行かないと言い張る彼を、二人はその秋リードの寮に入れた。

大学の学業的要求は高く、名著や古典を中心としたカリキュラムはスティーヴの好みに合わなかった。彼は一九七二年末に退学した。「六カ月過ごしたが、大学にいる意義を感じられなかった」と彼はこの経験について語っている。「自分が人生でいったい何をしたいのかわからなかったし、それを見つけるうえで大学がどう役に立つのか見当もつかなかった」[37]

その後大学の心理学部の電子機器の保守整備で生計を立てながら、ポートランドで二年ほどぶらぶらした。[38] 一九七四年に実家に戻り、大学の友人とインド旅行に行くための資金稼ぎをしようと、シリコンバレーでもっと実入りのよい仕事を探した。当時のサンノゼ・マーキュリー紙の求人広告を見て、ビデオゲーム会社アタリで時給五ドルの仕事にありついた。

会社は創設二年めだった。ジョブズは下級社員のくせに、アタリの技術者におまえらは低能だ、おまえらの設計は気にくわないと言い回っていた。おまけに衛生状態がひどかった――ポートランド時代、生の果物と種子だけの「果食主義」の食事をとっていれば、風呂に入らなくてもいいと信じるようになった――ため、一人で働ける夜勤に回された。

翌年ジョブズはアタリからインドへ飛び（ドイツまでの飛行機代はアタリに出させた）、そこからオレゴン州ユージーンのプライマルスクリーム療法に行き、しばらくの間アタリに戻ってから、ヒッピー・コミューンのりんご農園で過ごし、最後にまたアタリに戻った。

ジョブズが戻った時期、ベイエリアは生まれたばかりの文化革命の中心地の一つになろうとしていた。この革命は、六〇年代半ばにベイエリアが産婆役を務めたヒッピー革命と同じくらい意義深いものだった。一九七五年になると、全米のまったく共通点のない各地に、革命の片鱗を見ることができた。ニューメキシコ州アルバカーキでは計算機メーカーのMITSが、単なる玩具にとどまらない初めての低価格コンピュータ、三九七ドルのアルテア8800を断続的に生産していた。この町の二部屋しかないアパートで、ビル・ゲイツ、ポール・アレン、モンテ・ダヴィドフの三人のハーヴァード大生が、アルテア用のBASICというプログラミング言語の開発に取り組んでいた。またニューハンプシャー州ピーターボロでは、パソコン愛好家向けの新しい高級雑誌『BYTE』が刊行された。編集者カール・ヘルマースは、創刊号でこう問いかけている。「大金持ちじゃなくても自分のコンピュータを持てるようになったら素敵じゃないか?」(39)。ジョブズの周りでも、小型コンピュータのマニアが集まるクラブが発足し、隔週で会合を開いていた。最初は創設者の一人のガレージで、のちに私立学校で、やがて人数が増えるとスタンフォード線形加速器センターの講堂で会合が行なわれた。

この集団は自家醸造《ホームブリュー》コンピュータ・クラブという名で、ジョブズより先にウォズニアックが参加していた。参加者は新しいものをつくったり、おもしろいソフトウェアを書いたりした人の報告を聞き、例会のあとで配線略図や違法のコピーソフトを交換したり、質問に答え合ったりした。(40)「クラブのモットーは〝人助けのために与えよ〟だった」とウォズニアックは回想する。

ウォズニアックとジョブズはこのクラブで、次世代のオンチップ・プロセッサ、インテル8080とモトローラ6800を知った。プロセッサ・チップを使って、自分のマシンを設計できるのではと考えたウォズニアックは、より安価なMOSテクノロジー製のMC6502を探し出した。彼のつくったコンピュータは、MITSや中小メーカーが出していたものとは根本的に違っていた。アルテアやその競合製品には、たいていスイッチや点滅するライトのついた前面操作盤があるだけで、これを使って何か役に立つことをするには、コンピュータをテレタイプ機につなぐインターフェースボードを買って来なくてはならなかった。ウォズニアックが設計したのは、キーボードとビデオモニターまたはテレビ受像器につなぐコンピュータだった。インターフェースボードも、のろくてうるさいテレタイプも、新しく買う必要はなかった。(41)

ウォズニアックはクラブの会合で惜しげもなく配線略図を公開し、果ては彼らの家に出向いてコンピュータの製作まで手伝った。見返りはクラブ仲間の敬意だけだった。

一方ジョブズは、アタリの起業家精神あふれる創設者ノーラン・ブッシュネルを崇めるようになった。「ノーランはあいつの英雄だった」とウォズニアック。「スティーヴは売れる商品をつくって市場で売りさばき、金を稼ぎたいと思っていた(42)」デジタル式ブルーボックスの時と同じように、ジョブズは開発したコンピュータを商品化しようとウォズニアックを口説いた。ジョブズはマシンと会社に「アップル」という名を提案した。りんご農園で過ごした日々や果食主義の食事が頭にあったのかもしれない。

プリント配線板をプロに配置してもらう資金を捻出するために、ジョブズはフォルクスワーゲン・マイクロバスを、ウォズニアックは二台のHP製電卓を売り払った。二人は一九七六年半ばにホームブリュー・コンピュータ・クラブでアップルⅠを披露した。業界初のコンピュータ・ショップの店主、ポール・テレルがその場に居合わせた。彼はジョブズにおもしろそうな製品だな、また連絡をくれよ、と約束をするでもなく言った。

次の日ジョブズはマウンテン・ヴューにあるテレルの店「バイトショップ」に早速姿を見せた。「連絡したのさ」と彼は言った。

モシャモシャのひげにカットオフ・ジーンズ、裸足という出で立ちではあったが、ジョブズには説得力があった。ジョブズが去ったとき、テレルは完成品のアップルⅠを五〇台購入する約束をさせられていた。次の一月かけて、ウォズニアックとジョブズは注文をこなすために必死で働いた。ジョブズが設定したコンピュータの希望小売価格は、原材料費の二倍に販売店の利益三三%を上乗せした、六六六ドル六六セントだった。

アップルが販売したアップルⅠは合わせて二〇〇台ほどでしかなかったが、これがコンピュータ帝国の始まりとなった。四年半後の一九八〇年一二月に行なった新規株式公開は、一九五六年のフォード一族によるフォード・モーター・カンパニーの株式公開以来、最大規模のIPOになった。[43] アップルは急激にのし上がり、ジョブズはまだ二〇代だった一九八二年に、(一九八〇年のロナルド・レーガンと、一九八一年のレフ・ワレサに続いて)

タイム誌の「マン・オブ・ザ・イヤー」候補に上がったが、編集部は土壇場になって、ジョブズの代わりに「コンピュータ」を選んだ。(44)＊ 製品が一つしかない企業にこの称号を与えるのは、リスクが高すぎると判断したのだ。

アップルⅠの設計は、ウォズニアックに一任されていた。しかしジョブズがその後のアップル製品――とくにアップルⅡ（一九七七年）、レーザーライター（一九八五年）、そしてマッキントッシュ――に自分の刻印を刻みつけるようになると、アップルの超一流の技術的才能と、ジョブズのコンピュータに対する独特のビジョンを融合した製品が誕生した。ジョブズはコンピュータ起業家の中では大衆主義的だった――アップル製品が安いという意味ではなく（そんなことはまずなかった）、最高性能のコンピュータを大衆向けに普及

＊ジョブズの高まる名声は、一九七八年に一時的にせよ、スキャンダルにさらされた。元恋人が女児を出産して、ささやかな養育費をジョブズに求めた。(45) 血液検査の結果、彼が父親である確率が九四％と出たにもかかわらず、彼は二年もの間、子の認知を拒んだ。友人たちは彼が実の父親に違いないのに、なぜそこまで意地を張るのか理解に苦しんだ。ウォズニアックの説によれば、ジョブズはかつての恋人が子供を産むと決めたことに納得できず、自分の力では状況をどうすることもできないことに機嫌を損ねたのではないかということだった。結局一九八〇年に、ジョブズは毎月三八五ドルの養育費を支払い、ウェイトレスと掃除婦をしながら子どもを育てていた母親が受け取った生活保護費をサン・マテオ郡に弁済することに同意して、この件にけりをつけた。

させることを目指していた。

もしもスティーヴ・ジョブズの方程式というものがあるとすれば、これがその見本だった。アップルIIはアップルIを出発点として、カラー・グラフィック表示機能と電化製品のような外観を加えたものだった。アップルIを買った人がキーボード、電力供給装置、ケースを自前で調達する必要があったのに対し、アップルIIはただモニターにつないで電源を入れるだけで良かった。それはコンピュータの力を親しみやすい形で提供した製品で、その意味ではより平等主義的だった(実際、アップル製品は機能性が高く親しみやすいことから、学校の教室で広く使われるようになった)。またマッキントッシュは、ゼロックスPARCに感化された最先端のグラフィカル・インターフェースを魅力的なパッケージにして主流市場にもたらした。

レーザーライターは、発売当時の六九九五ドルという価格は高価だったが、複雑なページレイアウトや組版の情報を指示するコンピュータ言語「ポストスクリプト」を、万人のものにしたという点で大きな意味があった。ジョン・ワーノックとチャールズ・ゲシキがアドビシステムズを立ち上げてポストスクリプトを開発していることをジョブズが知った頃、二人はそれを一インチあたり一二〇〇ドット(1200dpi)のプリンタのついた独自仕様のコンピュータ・システムだけに利用するつもりだった。二人を説得して、レーザープリンターのような低価格の300dpiレーザープリンタを制御できるようにポストスクリプトをつくり替えさせたのは、ジョブズだった。マッキントッシュとレーザーライターは、とともにデスクトップ・パブリッシング（DTP）の基本となり、プロ級のレイアウトと組版をようやく一般ユーザの手の届くものにした。[46]

最先端技術を一般人にも利用しやすいものにするというジョブズのやり方は、確かにアップルの収益向上に役立った。だがジョブズの頭にあったのは、純粋な商業的野心だけではなかった。彼はホームブリュー・コンピュータ・クラブなどのベイエリアの集団に浸透しつつあった、コンピュータに対する新しい反体制的な考え方を吸収していた。ひげを剃り落とし、カットオフ・ジーンズの代わりにサスペンダーと蝶ネクタイを身にまといながらも、ジョブズはこの思想の転換が巻き起こした興奮にまだ共感を覚えていた。「コンピュータ業界人と話してみれば、彼らが過去何百年もの哲学的伝統と六〇年代の社会学的伝統によく通じていることがわかる」一九八四年に彼はインタビューで語っている。「ここでは何かが起こっている、何か世界を変えるようなことが。そしてここが、その震源地なんだ[47]」

この革命の新しい点とは、反体制的な気質の人たち——本来コンピュータを権力の手段として敵視したかもしれない人たち——が、「小型コンピュータは個人を解放する手段になる」という考えをもっていたことだった。メンローパークで発行された『ピープルズ・コンピュータ・カンパニー』という風変わりなタブロイド紙は、BASICで書かれたゲーム・プログラムや竜の絵とともに、「人々にコンピュータの力を」というメッセージを発信した。一九七四年にテッド・ネルソンという、〈革命思想家〉トマス・ペイン風の伝道者が、一つの表紙に綴じた二冊の著書を自費出版した。それはパーソナル・コンピュータを絶賛した『コンピュータ・リブ——今こそコンピュータを理解できるし、理解しなくてはならない』と、CGの可能性を論じた『夢の機械——コンピュータの画面がもたらす新しい自由』で、数千部売れた。『コンピュータ・リブ』は振り上げた拳の絵だけが表紙に描かれ、「コンピュータは全人類のものだ」と謳っている。

ジョブズはこうした価値観を信奉していて、そのことは彼の言動にもはっきり表れていた。アップルは世界を変えようとする人のための場所なんだと、彼は飽かずにくり返した。フェルナンデスは語る。「アップルが会社組織になったんで、ただぶらぶらしたり電子工学のプロジェクトに取り組むだけじゃなく、従業員として働くために〔ジョブズの〕家に行くようになった。そこには魔法が漂っているのがはっきり感じられた」その魔法は、自分たちがコンピュータの力を万人に与え、「人々に力を」もたらしているという信念から生まれたものだったという。(48)

ウォズニアックはこう力説している。「僕たちのコンピュータ第一号を生み出したのは、欲やエゴではなく、一般大衆にどんなに強力な組織にも立ち向かう力を与えるという、革命的精神だった」(49)

この哲学が最も目に見える形で表れているのは、アップルの伝説的なCM「一九八四」だろう。このCMは、ジョブズがピクサーを買収する二年少し前の一九八四年に、スーパーボウルのCM枠で放映された。巨大なスクリーンで演説する独裁者「ビッグブラザー」を、おびただしい数の無気力な労働者が呆然と見つめている。すると会場の後方から女性ランナーが登場し、ハンマーをスクリーンに投げて破壊する。CMは最後に、マッキントッシュのおかげで「一九八四年は（ジョージ・オーウェルのビッグブラザーが支配する小説）〝一九八四年〟のようにはならない」と結んでいる。

ピクサーを買収したジョブズは、歴史はくり返すと楽観的に考えていた。グラフィックス・コンピュータはまず少数の初期利用者の手にわたり、その後巨大な主流市場に進出するだろう。「すべてが一九七八年のパーソナル・コンピュータ業界を彷彿とさせる」と彼は当時ビジネスウィーク誌に語っている。(50)

新会社ではエド・キャットムルとアルヴィ・レイ・スミスが、彼よりずっと現実的な考え方をしていた。PICは確かにすばらしいマシンだが、手っ取り早くもうける手段ではない。ジョブズの情熱が現実を追い越してしまったのだと、二人は察した。「CGは何もかもを変えてしまうと、もちろん俺たちも考えていた」スミスは言う。「だがそこに行きつくまでは、遠い道のりだった」(51)

職業人生で初めて本物の損益責任を担うことになったキャットムルとスミスは、自分たちの集めた人材を雇っておけるだけの収益を生み出す方法を模索し始めた。

ジョブズのピクサー買収に関する
ピクサーのニュース・リリース

即時公開用

スティーヴン・P・ジョブズと
ピクサー社員がピクサーを買収

From: Pixar
P.O. Box 2009
San Rafael, CA 94912

Contact: Cunningham Communication, Inc.
1971 Landings Dr.
Mt. View, CA 94043
Andrea Cunningham
(415) 962-8914

カリフォルニア州サン・ラファエル、一九八六年二月一〇日——ルーカスフィルムのグラフィックス部門ピクサーは、スティーヴン・P・ジョブズとピクサーの従業員によって買収されたことを本日発表しました。これにより独立企業となったピクサーは、高性能コンピュータと、最先端のCGおよび画像処理の用途に特化したソフトウェアを設計、製造、販売いたします。

ジョブズはルーカスフィルムに数百万ドル（金額は非公表）を支払い、ピクサーの過半数株式を取得しました。残りの株式は従業員が保有します。ピクサーの取締役会は会長のジョブズ、社長のエド・キャットムル、副社長のアルヴィ・レイ・スミスで構成されます。

新会社は、製品のPICをすでに販売できる態勢にあります。ルーカスフィルムで三年間かけて開発されたPICは、複雑なグラフィックスや画像の計算を、従来型のミニコンピュータの二〇〇倍以上ものスピードで実行することができます。この特化したタスクに関して言えば、六〇〇万ドルのスーパーコンピュータよりも高速です。PICは九〇日以内に商用市場および科学市場で発売され、価格は一二万五〇〇〇ドル程度を予定しています。

ピクサーはもとは一九七九年にジョージ・ルーカスによって、映画業界に最先端技術をもたらすという目的で設立された組織です。ルーカスフィルムでは、今後もPICやその他の技術を用いて、特殊効果部門インダストリアル・ライト&マジック（ILM）が映画用、ゲーム・グループが家庭用・エンターテインメント用のコンピュータ・アニメーションを制作していきます。

キャットムルは次のように述べています。「社会は自らが吸収できる以上の膨大なデータを生み出すようになりました。高性能グラフィックスは、こうしたデータを目で見て使える形式にして分析し、高速処理する大きな可能性を秘めています。PICは膨大なデータを新しくユニークな方法でコスト効率よく処理・表示することができます。そのため医学、地球物理学、印刷、遠隔測定をはじめとする諸業界で需要が見込まれます」

ジョブズはこう述べています。「この数年間でスーパーコンピューティングがビジネスとして成立するようになったように、イメージ・コンピューティングも今後数年間で爆発的成長を遂げるでしょう。技術を導入する準備は整っており、

1-1-1-1

From: **Pixar**
P.O.Box 2009
San Rafael, CA 94912

Contact: **Cunningham Communication, Inc.**
1971 Landings Dr.
Mt. View, CA 94043
Andrea Cunningham
(415) 962-8914

For Immediate Release

STEVEN P. JOBS AND PIXAR EMPLOYEES BUY PIXAR

San Rafael, Ca., February 10, 1986 -- Pixar, the computer graphics division of Lucasfilm Ltd., announced today that it has been acquired by Steven P. Jobs and the employees of Pixar. Pixar, now an independent company, will design, manufacture and market high performance computers and software specifically tailored for state of the art computer graphics and image processing applications.

Mr. Jobs paid an undisclosed sum in the millions to Lucasfilm Ltd. for a majority interest in the firm. The employees own the remaining shares. Pixar's Board of Directors will be comprised of Jobs, chairman, Edwin Catmull, president of Pixar, and Alvy Ray Smith, vice president of Pixar.

The new firm has a product, the Pixar Image Computer, ready for market. Developed during the last three years at Lucasfilm Ltd., the Pixar Image Computer is over 200 times faster than conventional minicomputers at performing complex graphic and image computations. At these specialized tasks, the Pixar Image Computer is also faster than a $6 million supercomputer. The Pixar Image Computer will be introduced to the commercial and scientific markets within the next 90 days and will sell for approximately $125,000.

2-2-2-2

ginally formed in 1979 by George Lucas to bring high technology to the
Lucasfilm Ltd. will continue to use the Pixar Image Computer and other
to produce computer animation for films through its special effects
strial Light & Magic (ILM), and for home entertainment through its Games

aid, "Society's ability to generate large amounts of data far exceeds its
milate this data. High performance graphics holds great promise for
d rapidly processing this data into a form which we can see and use. The
Computer cost-effectively processes and displays large amounts of data in
ue ways for the benefit of professionals in medicine, geophysics, printing,
ng and other industries."

Mr. Jobs said, "Image computing will explode during the next few years just as supercomputing has become a commercial reality within the last several years. The technology is just now ready and Pixar will be the first to define and pioneer this new segment of the computer industry. I'm excited to be associated with this emerging new field of technology."

Edwin Catmull (40) and Alvy Ray Smith (41) both hold PhD's in computer science and have been leaders in the field of computer graphics for over ten years. Steven P. Jobs, a young industrialist, is founder and president of NEXT, a silicon valley startup which will make powerful computers for the higher education market.

(30)

ピクサーはコンピュータ業界のこの新しいセグメントを定義し、切り拓く最初の企業になるでしょう。この新しい技術分野にかかわれることに、とても興奮しています」

エド・キャットムル（四〇）とアルヴィ・レイ・スミス（四一）はともにコンピュータ科学の博士号を持ち、CG界で一〇年以上にわたって第一人者として活躍してきました。青年実業家スティーヴン・P・ジョブズは、高等教育市場向けの強力なコンピュータの開発を手がける、シリコンバレーの新興企業NeXTの創設者兼社長です。

5　ピクサー・インク

一九八六年初めにルーカスフィルムから分離したあとも、ピクサーの職場には表立った変化はほとんどなかった。組織は引き続きサン・ラファエルのカーナー大通りにあるILMの複合施設群の五棟のうちの一つに、ジョージ・ルーカスの特殊効果部門の職人たちと隣り合わせで収まっていた。ルーカスの熱烈なファンの侵入を防ぐため、味気ない白い建物にはAからEまでの文字しかつけられていなかった。ただしC棟の入り口のドアには「カーナー光学研究所」という、ILM時代からのカモフラージュ用の看板が残っていた。ピクサー社員は建物の後方の駐車場に行くと、ILMが特殊効果のミニチュアセットを燃やしたり吹き飛ばしたりしながら、カメラを回しているのに出くわした。

ピクサーの社内では、ジョブズがさっさと「孫悟空」プロジェクトを打ち切った。結局のところ、ピクサーはハードウェア会社なのだ。どのみちキャットムルとスミスは、長編映画が経済的に実現可能になるのはまだまだ先のことだと考えていた。それにスミスはこの映画に肩入れしていた日本企業、小学館に仲間意識を感じ、守ってあげなければと思うようになっていた。見積もりコストがふくらみ続けたせいで、危険な賭けに出た次期社長が面目を失うのではと心配していた。それを除けば、ジョブズはほとんどの場合ピクサーに干渉しなかった。もう一つの事業のネクストにかかりきりになっていたのだ。

キャットムルとスミスは、駆け出し同然の企業の経営者という新しい役割に順応した。ベンチャー企業の専門誌『インク』を購読し、「安く買って高く売れ、回収は早く支払いは遅く」といったビジネス入門書を買い込み、NYITの元同僚で成功を収めていたシリコン・グラフィックスの創設者ジム・クラークに助言を乞うた。「いや、ちょろいもんだよ」漠然とした答えが返ってきた。「一年もたてばわかってくるさ」[1]

会社はピクサー・インクとして始まったが、キャットムルとスミスは、「インク」が必要ないとわかった時点で名称から外した。ピクサー単体の方が力強くシンプルに思えた。会社が名実ともにピクサー・アニメーション・スタジオになるのは、まだ数年先のことだった。

人材採用は彼らにとって新しい挑戦だった。もちろん、ルーカスフィルムやNYITで何十人もの人材を採用していた。グラフィックスの専門家を採用するのは、比較的簡単だった。才能を評価する方法も知っていたし、だれが最高の人材なのかが大体わかっていた

ピクサーの第1号製品、不首尾に終わったピクサー・イメージ・コンピュータ（PIC）。このマシンは画像の分析、強調ではスーパーコンピュータ並みの性能を発揮したが、当初の爆発的な売上が一段落してからは、ほとんど顧客を見つけることができなかった。正方形の中央部にくぼみのある前面パネルのデザインは、ジョン・ラセターによる。

からだ。だが財務や販売といった異質な分野の職についてはヘッドハンターに頼り、運を天に任せるしかなかった。

分離独立当時、PICはまだ少数の試作品の形でしか存在しなかった。ジョブズは製造に関する助言をキャットムルとスミスに与えたが、それは数十万台単位で売る大量市場製品という、ジョブズの領分にしか通用しない助言だったため、ほとんど活かせなかった。二人はコンピュータ製造を統括する製造・技術担当副社長を雇った。電話機メーカーのロルムで製造担当役員を務めていたチャック・コルスタッドという三九歳のMBAで、学者肌のピクサー社員とは違う、型にはまったビジネスライクな人物で、ハードウェア製造に関わる豊富な知識で皆に感銘を与えた。コルスタッドはピクサーを、以前働いたことのある会社よりも平等な環境だと感じた。また当時のシリコンバレーの基準からしても、ピクサーの社員は変わっていると思った。金なんかより研究に関心があったのだから。「給料支払小切手の現金化を忘れるな、と声をかけなければならないような人たちだった」

一九八六年半ばに、ＰＩＣは社内の会議室で生まれた。作業員は会議室で灰色のメタルケースに回路基板を詰め込んでいた。面取りをした正方形の中央に丸いくぼみがついた前面パネルはラセターのデザインで、企業ロゴを兼ねていた。

このコンピュータには莫大な市場が待ち受けているはずだった。たとえば放射線学、科学研究、石油探査、防衛など、大容量の画像を扱い資金力のある専門分野の市場だ。フィリップス・エレクトロニクスからの数十台の注文を含む初期の売上を見て、自分の正しさが立証されたとジョブズが思ったのも無理はない。ＰＩＣはまもなく主要大学に採用された。ピクサーは八月までにフィリップスのほか、コンピュータ・メーカーのスペリーとシンボリックスとの間で再販契約を結んだ。

「スティーヴは、ピクサーが世界中をイメージ・コンピュータでいっぱいにするというビジョンをもっていた」コルスタッドは言う。

だが暗雲は初めから漂っていた。顧客は一二万五〇〇〇ドルを支払って機器を購入したうえ、サンの高価なワークステーションをつながなければならなかった。ＰＩＣにはユーザ・インターフェースがなかったからだ。それにＰＩＣには、ピクサーがターゲットとした市場向けのソフトウェアがまだなかった。顧客は独立系ソフトウェア開発会社が開発するのを待つか、自作するしかなかった。「ホストコンピュータが必要なうえ、ソフトウェア開発ツールはあるがアプリケーション・ソフトがないイメージ・プロセッサに、一二万五〇〇〇ドルも出す客がどこにいる?」と業界誌『CGワールド』は書いている[2]。

ジョブズは視野の狭い否定論者に我慢がならなかった。性能がよく利用しやすいコンピュータを手ごろな価格で提供すれば、人々は創意工夫を凝らしてさまざまな用途を開発するはずだと、彼はそれまでの経験から信じていた。彼がウォズニアックとアップルIIを発表した一九七七年には、誰もコンピュータで表計算を行なうなど考えなかったのに、二年もすると「ビジカルク」という——ハーヴァードMBAの一年生と友人のプログラマーが屋根裏部屋でつくった——表計算ソフトのおかげで、アップルIIの売上は大きく伸びた。PICはアップルIIのような消費者製品ではなかったが、基本は同じだった。「人間はもともと創造的な存在だ」ジョブズは数年後インタビューで語っている。「ツールを開発した企業が考えもしなかったようなやり方で、ツールを使うんだから」[3]

ジョブズはPICの販売店を全米中に展開するよう、キャットムルとスミスに指示した。ピクサーの小さなアニメーション部門——ラセターと、彼を支える数名のグラフィックス研究者——は、ジョブズに言わせれば収益を生むはずがなかった。だがキャットムルとスミスは、『アンドレとウォーリーB.の冒険』のような映画をシーグラフでどんどん発表すれば、コンピュータの宣伝になるといって、その存在を正当化した。まだルーカス傘下にあった前年のシーグラフ会議では、『ヤング・シャーロック』のステンドグラスの騎士のシークエンスを除けば、映画は発表しなかった。キャットムルは、ピクサーが独立企業として初めて迎える一九八六年八月のシーグラフでは映画を発表すると心に決めていた（一九八五年の会議で上映された映画の中で、ラセターはとくに『ピアノ弾きのトニー』というキャラクター・アニメーションを高く評価した。これはモントリオール大学のグループが制作したもので、驚くほど表情の豊かな主人公の年老いたピアノ弾きが、よき時代を回想しながらピアノを弾くというストーリーだった）。

ラセターは実験的につくったルクソー・ランプのモデルを基にした映画を制作することにした。ラセターはトム・ポーターがある日幼い息子を職場に連れてきたとき、ひらめいた。赤ちゃんと遊んでいたラセターは、その体型に興味をかき立てられた。赤ちゃんの頭は、体の他の部分に比べて不釣り合いに大きかった。それがラセターのツボにはまり、子どものランプをつくったらどうなるだろうと考えた。彼はルクソーのモデルのあちこちの寸法をいじった——ただし電球はそのままにした。電球は店で買うものだから、成長しないと考えたのだ。こんなふうにして二番めのキャラクター、ルクソーJr.が誕生した。

ラセターは当初この映画を、筋書きのないキャラクター研究にするつもりだった。だがブリュッセルで開かれたアニメフェスティバルで初期のテスト映像を上映したとき、ベルギーの偉大なアニメーター、ラウル・セルヴェにこう言われた。「どんなに短い映画にも、始まりと真ん中と終わりがあるべきだ。物語を忘れずにな」ラセターは、物語にするには短すぎると反論した。「一〇秒でも物語は伝えられる」それがセルヴェの答えだった。(4)

ラセターは納得し、単純な起承転結を考えた。親子のランプがボールを蹴り合っている。ルクソーJr.はボールに近づいて飛び乗ってぴょんぴょん跳ねるうちに、ボールはつぶれてぺちゃんこになってしまう。親のランプが見つめる中、ジュニアはがっくりとうなだれる。最後にルクソーJr.は前より大きな新しいボールをもって、大はしゃぎで戻ってくるというストーリーだ。キャットムルとスミスは、この短編映画は販促効果が期待できるうえ、レンダリング・ソフトのセルフ・シャドウ（自己陰影効果）を検証するために必要だとして、プロジェクトを正当化した。セルフ・シャドウとは、物体自身の影を物体に投影する手法をいう。

時間的にも金銭的にも余裕がなかったため、ラセターはセッティングを最も単純な要素だけにした。背景色は単純な黒。手のかかる、しゃれたカメラの動きもなし（実際、カメラの動きはゼロだった）。その代わり、感情を伝える古典的なアニメーション原則をもとにした技法に精力を傾けた。(5) 顔も言葉ももたないキャラクターだが、たとえば子どもがどれくらいの速さで飛び回るか、喜びや悲しみを感じたときにどんな風に頭をもたげるかといった微妙なニュアンスを形にした。どの一瞬をとっても、親子はそれぞれはっきりした感情をもっているように見えた。

ラセターが『ルクソーJr.』に取り組む間、ピクサーの二人のグラフィックス専門家が、ラセターから助言を得ながらそれぞれ短い映像を制作した。ビル・リーヴズは波のうねり

ジョン・ラセター、1985年ルーカスフィルムにて。練習としてルクソー・ランプをアニメーション化しているところ。右側の画面にはワイヤフレーム版のランプが見える。彼の使っているペンとタブレットはデジタルで、コンピュータのマウスと似たような働きをする。ルクソー・プロジェクトは最終的に短編映画『ルクソーJr.』になった。
（© ロジャー・レスマイヤー／コービス）

を再現するアルゴリズムに興味を持ち、夕日に照らされ岸に打ち寄せる波を描いた『フラッグズ・アンド・ウェーヴズ』を制作した。ヴァッサー大学とブラウン大学を卒業後グラフィックス・プログラマーに転じたイーベン・オスビーは、『ビーチチェア』をつくった。主人公のデッキチェアは、砂浜を歩いてこわごわ水に近づき、水温を確かめるために前足をほんの少しだけ海につっこみ、それからあわてて走り去る。リーヴズとオスビーは『ルクソーJr.』で、ラセターのモデリングとレンダリングも手伝っている。

三つの映像は、ダラス国際会議場で行なわれたシーグラフで初公開された。六〇〇〇人の観客には、『ルクソーJr.』が飛躍的前進だということがすぐにわかった。この映画は『アンドレとウォーリーB.の冒険』よりずっとリアルに見えた（この映画はただの一コマも、PICを使ってレンダリングされていないことを、ピクサーの営業部門はあえて指摘しなかった）。だが写真のようにリアルな描写（写真的リアリズム）よりずっと意義深かったのは、感情的にリアルな描写（感情的リアリズム）だった。『ルクソーJr.』は、コンピュータ・アニメーションを見ていることを観客に忘れさせた、初めてのコンピュータ・アニメーション映画だったかもしれない。

上映後、ラセターはジム・ブリンが質問しようと駆け寄ってくるのに気がついた（ブリンはピクサーから元の職場のジェット推進研究所に戻っていた）。影つけのアルゴリズムに関する質問だろうか、それともこれまたさっぱりわからない難しい技術的問題に関するものだろうか。ラセターは身構えた。

「ねぇジョン」ブリンは尋ねた。「大きいランプは母さんだったの、それとも父さん？」[6]

これを聞いたラセターは、ようやくキャラクターにディズニー風の思考と感情をもたせることができたと実感した（ラセターがブリンの質問にどう答えたか誰も覚えていないが、ラセターは別の機会に親ランプを「父さん」と呼んでいる[7]）。

二九歳のアニメーターは、ある意味でウォルトおじさんを超えた。ディズニーは、無生物に生物のような性質を与えると、喜劇的効果が得られることを発見した。「蒸気シャベルや揺り椅子のような無生物が人間的な感情を表すと、必ず笑いが取れる」と彼はかつて述べている。(8) ラセターは学生時代の映画『貴婦人とランプ』で、純粋に喜劇的な効果を狙った。しかし『ルクソーJr.』にはさらに踏み込んだ洞察が表れていた。それは無生物をキャラクターとして使うことに演劇的可能性が潜んでいるという、ラセターの天才的なひらめきだった。ディズニーの「九人の長老」のアニメーション原則を理解し適用することによって、物体で感情を表現し観客の心をつかむことができる。実際、物体を人間より人間らしく見せることができるのだ。

この年、ピクサーにとって重要な前進がもう一つあった。これが将来の鍵を握る大きな転換点であることが、のちに判明する。それは、改称したばかりのウォルト・ディズニー・カンパニーと、コンピュータ・アニメーション・プロダクションシステム（CAPS）の契約を結んだことだった。(9) 契約は一年以上前から進められていた。従来インクと紙を使って処理していたプロセスのコンピュータ化に本気で取り組み始めたディズニーは、ルーカスフィルムのキャットムルとスミスのほか、彼らのライバル、ジョン・ホイットニー・ジュニアとゲリー・デモスにも接触を図って、二つのチームを直接対決させた。ここで、アレックス・シュアーがNYITに集めたセル・アニメーターからスミスが学んだことが大いに役立った。スミスは長く詳細な提案書をしたため、グループがCGに精通しているだけでなく、何より伝統的アニメーションの制作過程にも通じていることを、はっきり伝えたのだ。スミスは契約を勝ちとり、ピクサーはルーカスフィルムの同意のもとで、分離独立の際に取引を新会社に移した。

その後の交渉は難航した。それはアイズナー率いるディズニーが全般的に強気で交渉に臨んだからであり、プロジェクトがディズニーにとって未知の領域だったからでもある。ようやく契約が取り交わされると、ロイ・ディズニーはディズニーランドのニューオリンズ地区に隠された秘密の食堂にキャットムルとスミスを招待し、祝杯を挙げた。

プロジェクトを運営する責任者が必要になり、スミスは画像処理に精通した才能豊かなエンジニア、トム・ハーンに白羽の矢を立てた。ハーンはCG部門の一流技術者の多くがそうしたように、ピクサーで働きたいという意思をすでに伝えていた。だがハーンを雇うのはスミスにとって気まずかった。一二年前ゼロックスPARCでCGの手ほどきをしてくれた旧友、ディック・シャウプから引き抜くことになったからだ。ゼロックスをやめて自分の会社を設立していたシャウプは、スター人材を失って動揺した。だがルーカスフィルム時代のステータスを保っていたピクサーからのオファーに対抗するなど、彼にできるはずもなかった。「ルーカスフィルム／ピクサーの魅惑には、抗いがたいものがあったからな」とスミスは回想する。

ハーン率いる少人数のチームが開発したのは、PICを使ってキャラクターの鉛筆画を取り込んで色づけし、取り込んだ背景やその他のイメージレイヤー上に合成し、それからフィルムにコマを録画するシステムだった。一九八八年に『リトル・マーメイド』（一九八九年）のシーンを使って最初のテストが行なわれた。トリトン王がアリエルと花婿に手を振って別れを告げる、エンディング・シーンだ。テストの結果に満足したディズニーは、『ビアンカの大冒険』（一九九〇年）以降の長編アニメーションの作業を迷わずCAPSに切り替えて、ピクサーを驚かせた。ディズニーはこのことを決して口外しないようくぎを刺した。コンピュータを導入することで手作業による映画の品質が損なわれると思われたくなかったのだ。

現実はその正反対だった。ディズニーはCAPSのおかげで、視覚的な豊かさという意味で一九三〇年代と四〇年代の黄金期の映画に優るとも劣らない作品を生み出すことができた。なかでも、柔軟性がはるかに向上したことは大きい。セルのレイヤーに合わせて色を設定する必要がなくなったからだ。従来の手法では、一枚一枚にそれぞれ別のキャラクターや同じキャラクターの別の部分が描かれたセルを、カメラの下に何枚も積み重ねる必要があった（出し入れしやすいように、体の動いている部分を上の方に置くのがつねだった）。問題は、何も描かれていないセルが完全に透明でないために、下の層にセル自体の色相が加わってしまうことだった。中間層のセルにつけられた陰影は、上層や下層の全く同じ陰影とは違って見えた。

そのため映像の一つひとつの色——たとえばキャラクターの肌の色——を、層によって陰影を変えて塗る必要があった。キャラクターやその手足のある層から別の層に移動するときは、ペイントの陰影を変えなくてはならなかった。長編映画では最大で四〇万枚ものセルが必要になることを考えれば、層によって彩色を変える負担は無視できないほど大きかった[10]。その上、アニメーターが使える層の数は実際問題として、五層ほどが限界だった。セルの層が厚くなると、下層に修正できないほどの陰影がつくからだ。

CAPSはこうした制約をすべて解消し、コマの色づけをデジタル化して労力を大幅に軽減したため、アーティストは好きなだけのセルを重ねられるようになった。またCAPSによってデジタル特殊効果が可能になった。以前は金のかかったショットが、誰にでも手が届くものになった。奥行きの錯覚を与えるマルチプレーン風のショットも、巨大で手のかかるマルチプレーン・カメラを使わずに、コンピュータの中だけで制作できた。『リトル・マーメイド』で使われたマルチプレーン・ショットは三つだった。それが予算の限界だった。だが五年後の『ライオン・キング』には数百も使われている[11]。

ピクサーでは、ディズニーの秘密主義に苛立ちを覚えた社員も多かった。ピクサーは研究の世界から人材をリクルートしていたが、そこでは金より威信と名声がものを言った。

「俺たちは〔ディズニーに〕功績を認めてほしいと切望していた」スミスは言う。数年後ディズニーは折れ、一九九一年には両社の社員がCAPSに対してアカデミー賞科学技術賞を共同受賞した。

CAPSプロジェクトは、ピクサーのハードウェア事業を直ちにテコ入れする効果があった。数十台のPICを使ってCAPSソフトウェアを実行するディズニーは、ピクサーのコンピュータの最大の納入先になった。また長期的には、CAPSはピクサーとディズニーの協力関係のタネをまいた。CAPSはディズニーが期待した以上の出来で、しかも予定より早く納入された。ピクサーはCAPSを皮切りに立て続けに仕事を成功させ、数年後に長編映画に進出する入場証を手に入れることができたのだ。

だがこの契約だけでは、会社を採算に乗せることはとてもできなかった。PICの売上は最初こそ華々しかったものの、その後は尻すぼみだった。ピクサーは一九八七年に拡張性を抑えた低価格機、PICⅡの開発に着手した。ジョブズはマシンの筐体《きょうたい》を、ハートムート・エスリンガーの会社フロッグ・デザインに六桁の料金を払ってデザインさせろと言い張って、キャットムルとスミスを苛立たせた。(12) ジョブズはこの会社の熱烈なファンで、アップルⅡcと黒いネクスト・キューブをデザインさせていた。キャットムルとスミスは洗練されたデザインが大切なことは認めたが、経営不振の会社にこの契約は贅沢だと考え、ラセターのくぼみのついた正方形のロゴを軸としたデザインを採用した。

一九八八年にピクサーはこの上なく粋なマシンを二万九五〇〇ドルで売り出した。この時までに、既存モデルは四万九〇〇〇ドルに値下げされていたが、売上は相変わらず底這いだった。ピクサーはすばらしい技術を生み出したのに、世間はまるで興味がないようだった。

新しいマシンの開発が進められていた一九八七年、PIC用ソフトウェアの開発を指揮していた、生物物理学博士号をもつ技術者パット・ハンラハンは、レンダリング・プログラムのレイズこそがピクサーの本当の優良資産だと確信するようになった。このプログラムはバージョン4まで出ていて、『アンドレとウォーリーB.の冒険』と『ルクソーJr.』のレンダリングで実力を証明していた。ハンラハンはレイズの製品化を働きかけた。[13]

「このソフトはどんな企業にもない、真にユニークなアルゴリズムを使用していた」とハンラハンは回想する。「これがうちの至宝だと、かねがね思っていた。だから僕はこう主張した。僕らは会社がもってるすごいアイデアや人材のコアな強みじゃないところで勝負しようとしている。でもすでに開発した、コアな強みを活用する技術で勝負すべきだ、って」

ハンラハンはこの頃知り合った数人のアドビ社員をとおして、レーザープリンタ用のポストスクリプト言語を知り、ポストスクリプト言語のような3Dレンダリング用のインターフェースを、ピクサーもつくれるのではないかとひらめいた。

3D画像用の新しい言語は、ルーカスフィルムの一部門だった頃からグループが温めていた別の構想にもうってつけだった。それは、3Dレンダリングを高速処理するための専用コンピュータである。PICよりもずっと野心的なこの構想は、「レイズ・マシン」、または「ピクサー3D」という名で呼ばれ、コンピュータ・アニメーション映画の制作者が夢見るようなコンピュータだった。レイズ・プログラム自体は、もとは3Dレンダリング・ハードウェアの内部ロジックを考案するための方法としてつくられた。

ハンラハンは、自分の発案した3Dグラフィックス用の新言語という構想と、レイズ・マシンの構想を組み合わせることを考えた。ちょうどアップルのレーザーライター・プリンタがポストスクリプト画像を描画するように、3Dグラフィックス用の新しい言語で画像を読み込み、高速でレンダリングする機器を構築すればいい。この考えは、その後新たな展開を見せる。

ハンラハンはバーチャルリアリティ(VR)の先駆者

ピクサー・イメージ・コンピュータの低価格版の後続機、PIC II(写真はモニターと組み合わせたもの)。市場はこのマシンにも関心を示さなかった。

ジャロン・ラニアをピクサーに招いて話をしてもらい、その後二人で意見交換するうちに、当時人気を博していたソニーの携帯CDプレーヤー、ディスクマンのような、身につけてどこにでも持ち運べる小型機器にするというアイデアがひらめいた。この機器で映画級の立体映像を生成し、ユーザはVRゴーグルを通してそれを見る。実際にこれをつくることは、一九八七年当時のピクサーにはできなかったが、五年ないし一〇年後に技術がアイデアに追いつけば、ヒット商品になるかもしれないと二人は考えた。そこでディスクマンになぞらえて、「レンダーマン」と名づけた。

ハンラハンは3Dグラフィックス言語の企画に承認を得て、ビル・リーヴズとともに開発に着手した。「それからの六カ月間で、レンダリング・ソフトウェアを使っているCG分野の知り合いに片っ端から声をかけて、こういうシステムがあったらどんな風に使いたいか、どんな機能が必要かを、ひたすら聞き回った」とハンラハンは言う。

ハンラハンとリーヴズが生み出した言語は、複雑な形状の物体や、それがシーンに占める位置を表現するための、汎用性の高い強力な手法だった。そのなかの別の言語を使えば、「シェーダー」と呼ばれるプログラムを書くことができた。このプログラムでは表面の外観や、その外観が反射する光に与える影響、光源の色、強度、方向、霧などの環境効果の外観などを定義することができた。「あの言語はレンダリングための独特の手法で、何だって変化させることができた」

この新しい言語(ハンラハンとリーヴズはシンプルに「レンダリング・インターフェース」と名づけた)を、3Dグラフィックスの共通語にしようとピクサーは考えた。他社のモデリング・ソフトウェアで3Dシーンをつくり、そのソフトで完成したシーンをピクサーのソフトウェアに送り、そこでレンダリングを行なう。言語はオープン・スタンダードにする。他社がレンダリング・インターフェースを解するレンダリング・ソフトウェアを販売することでピクサーと競争したいなら、どうぞご自由にというわけだ。

キャットムルは、発表を二つに分けて行なうことに決めた。一つは言語に関する発表(他社による取り組みを促すため)、もう一つはその言語を使ったピクサーのレンダリング・ソフトウェアに関する発表だ。一九八八年の春、まもなく言語を発表しようという段になって、ジョブズはレンダリング・インターフェースという名前があまりにも味気ないと言い出した。すると誰かがハンラハンとリーヴズの奇抜な「レンダーマン」の構想を思い出し、その名前がいい具合にクールだということになった。ピクサーと一九社のハードウェア、ソフトウェア会社は五月に、レンダーマン言語をサポートすることを発表した。

これと並行して、スミスは2D画像での専門的技術を駆使して、「アイスマン」という言語の開発に取り組んでいた。これはデジタル化された写真などの画像を処理し、新しい画像をつくるための言語だった。

一年半ほどたった一九八九年の秋、ピクサーはレンダリング・ソフトウェアの「レイズ」をレンダーマン言語で使えるように刷新し、「レンダーマン開発者向けツールキット」という名で発売した（のちに「フォトリアリスティック・レンダーマン」、略して「PRマン」に改称）。価格は三〇〇ドルで、当初はサンやシリコン・グラフィックスのワークステーション上で動作したが、まもなく当時の最高性能のインテル製マイクロプロセッサ、80386と80486用のバージョンも発売された。

PICの時と同様、ジョブズは新製品とその市場に関して非常に楽観的で、こう宣言している。「レンダリング・ソフトウェアは今や欠かせないものになった。今後一二から二四カ月の間に、すべてのコンピュータに標準装備されるだろう」(14)

ジョブズの考えでは、3Dレンダリングはやがて DTPとともに、コミュニケーションの一手段になるはずだった。この年に東海岸のグラフィックス・ソフト会社からピクサーの販売副社長として引き抜かれたパム・カーウィンは、ジョブズがこの考えにどんなに夢中になっていたかを覚えている。「彼は、一般人がレンダーマンを使って、コンピュータでフォトリアリスティックな画像をつくるようになると思ってたの」とカーウィンは言う。「レンダーマンが3D版のポストスクリプトになって、プリンタというプリンタから3D画像がはき出されていくってね」

ピクサーはインテル版ソフトウェアの発表にあたって、次のように断言している。「フォトリアリスティックな3D画像は近い将来、製品設計・開発やマーケティング、アニメ

1989年に発表された「フォトリアリスティック・レンダーマン」の初期の広告。

ーション、消費者の製品選択、業務連絡における重要な情報伝達手段になるでしょう」[15]

しかし世間はフォトリアリスティックなレンダリングを待ちわびていなかった。フォトリアリスティック・レンダーマンは技術における輝かしい成功であり、コンピュータ・アニメーションの世界やILMのような特殊効果部隊には好評を博したものの、ニッチ製品にとどまった。

「技術がまったく新しい場合、市場規模がどれほどになるのかはわからない」ハンラハンは言う。「だがあのソフトウェアは、結局映画スタジオ向けにしか売れなかった。最初はCAD（コンピュータ支援設計）みたいなものに幅広く使われると思ってたんだが、そうならなかった。僕たちには、あのビジネスのことがわかっていなかったようだ」

社員の中にはこの経験を通して、ジョブズのかの有名な「現実歪曲空間」の洗礼を浴びた者もいた。周りの人たちにどんなことでも信じ込ませる、彼の天賦の才能だ。

「彼が来たあとは、みんなの洗脳を解く必要があった。あのカリスマがあるからな」スミスは思い出す。「彼が口を開けば、誰もが心を奪われる。彼が話し始めると、社員の判断力がみるみるどこかに消し飛んでしまうのが、傍目にもわかった。ただぼーっと座って、愛としか言いようのないものを目に浮かべながら、彼を見つめているのさ」

現実歪曲空間のことを知っていても、防御にならなかった。カーウィンはレッドウッド・シティのネクスト・コンピュータのオフィスで、ジョブズと月例会合を行ったときのことについて語ってくれた。このとき同席していたキャットムル、スミス、コルスタッドには、一般消費者にまだ3Dレンダリングを使う用意ができていないことがわかっていた。博士号をもつピクサーのグラフィックス専門家でさえ、使いこなせていなかったのだ。消費者が本当にそれを求めているかすらはっきりしなかった。「うちは3D画像をつくっていたからこそ、どれだけ大変かがわかっていたのよ」カーウィンは言う。

それなのにスティーヴとのミーティングに出ると、彼ときたらこれが万人のものになると思い込んでいるものだから、強気な発言をするの。ポストスクリプトとまったく同じで、どのプリンタにも入れることができて、アドビのように成功できると。彼と同じ部屋にいる間は、ふむそうね、その通り、って思うのよ。

彼と一緒にいるときは、確かにそうだと信じるわけ。自分が本当の現実だと知っていることは、単に自分の視野が狭いか、努力が足りないか、何かに気づいていないせいだと思い込まされる。あまりにも強力で、カリスマ的で、情熱的なの。でも現実世界に戻ってくると、だから言わんこっちゃない、うまく行くはずないってわかってたわ、と思い知る。

キャットムルは社長という役目上、ジョブズと交渉することが一番多かった。やがて彼は、この役割に気疲れするようになった。悪い知らせがあるときはなおさらだった。「エドがスティーヴと打ち合わせをすると、スティーヴは彼流のやり方で予測不能《ノンリニア》になった〔平静さを失い、かっとなった〕」と、コルスタッドは語る（ネクストの幹部も似たような扱いを受けた。あるときなど製造責任者が、ネクスト・コンピュータの黒いマグネシウムの筐体一個を製造するのに、ジョブズの希望した二〇ドルではなく、二〇〇ドルのコストがかかると告げると、ジョブズが「狂ったように大声でののしった」という目撃証言がある）(16)。

キャットムル、スミス、コルスタッドは思案の末に、コルスタッドがキャットムルに代わって正面から矢玉を受ける役割を引き受けることを内々で決め、ジョブズの承認を得た。一九八八年一二月一日、ジョブズはコルスタッドを社長兼CEOに昇格させ、キャットムルは会長兼CTOになった。コルスタッドはこういったことについては誰よりも経験豊かで、ジョブズが予期せぬ知らせを耳にすることがないよう、毎週ネクストで打ち合わせをすることにした。また行動計画を提案する際には、劣っている案から先に説明する習慣を身につけた。「最初の案をけなすのが彼の務めだったようだから、一番いいアイデアは二番めに説明することにした」

社員たちが収益という頭の痛い問題に悩まされている間も、ラセターは『ルクソーJr.』

に続いて、キャラクターをさらに前面に押し出した短編映画『レッズ・ドリーム』を制作した。映画の主人公レッドは、五〇％オフの札をサドルから下げたまま自転車店の片隅に置かれた、見切り品の一輪車だ。ある雨の夜閉店後の店内で、一輪車はサーカスに出演して観客に大受けする夢を見る。だが目覚めて店内の現実に引き戻され、楽しい人生をかいま見たがゆえに、一層落ち込んでしまうのだ。

「お願いだからハッピーエンドにしてくれって、みんなにせがまれたよ」とラセターは語る(17)。

この映画プロジェクトを正当化する、技術的な根拠は二つあった。まず冒頭と最後の自転車店のシーンで、非常に複雑な画像のレンダリングを実行すること。自転車やスポークや店の備品などのせいで、シーンのコマには平均すると一万を超える幾何形状が含まれ、その要素は三〇〇〇万を超える多角形《ポリゴン》でできていた（舞台を自転車店にするというアイデアはイーベン・オスビーのものだ。サイクリング愛好家の彼は、自転車店の複雑な静止画像の生成に取り組んでいた）。二つめの根拠として、一輪車の夢のシークエンスで、PICを使ったレンダリングを行なう。技術者のトニー・アポダカが、ピクサーのレンダリング・ソフトウェアをPICでも使えるように変換したが、マシンの設計上、レイズのような複雑なプログラムを走らせるだけのメモリが残っておらず、アポダカはレイズの機能のほんの一部しか変換できなかった。こうした制約のせいで、夢のシークエンスは映画の他の部分に比べて仕上がりが粗くなったため、『レッズ・ドリーム』はPICで制作された、最初で最後のピクサー映画になった。

ピクサーの社内スペースはますます手狭になっていった。『レッズ・ドリーム』の制作中、ラセターとモデルやシェーダーなどの制作を担当する数人の技術担当者から成るアニメーション・グループは、廊下で作業をしていた。シーグラフの締め切りまで約二週間に迫ったある夜、技術者のジェフ・モックがビデオカメラを持ち込んで、眠そうな目をした監督とのインタビュー風の会話を撮影した。(18)

ラセター　これはピクサー映画です。『レッズ・ドリーム』という名で、新しい、まったく新しいアニメーションのコンセプトです。コンピュータを導入しています。

質問　どんな風にですか？

ラセター　そうですね、コンピュータを使って映画をつくり、それからレーザー・スキャナというものを使ってフィルムにして、それからラボというところでフィルムを現像します。実に革命的なものですが、あなたに一つお願いがあります。

質問　何でしょう？

ラセター　あなたのすね毛を剃ってもいいですか？

この頃ラセターは、三〇〇コマのシークエンス、一二・五秒分の映像を五日間かけてアニメーション化し終えたところだった。

『レッズ・ドリーム』がちょうど完成した頃、ディズニーの伝説的人物フランク・トーマスとオリー・ジョンストンが、ラセターをピクサーの職場に訪れ、試写を見た。一九八四年のエッセイで吐露したコンピュータ・アニメーションへの不信を払拭していたらしいトーマスは、上映後ラセターの手を握って感慨深げに言った。「ジョン、おまえさんやったな[19]」

映画は一九八七年の七月末にアナハイムで開催されたシーグラフで初公開され、この頃にはラセターのアニメーション作品にはお約束になっていた熱狂的歓迎を受けた。この会議で上映されたキャラクター・アニメーション映画は、もう一つあった。恋に落ちる鳥と魚を描いた『スタンリーとステラ／氷を砕く』で、ジョン・ホイットニー・ジュニアとゲリー・デモス――これがピクサーとの二度めの直接対決になった――が、シンボリックスのクレイグ・レイノルズと共同で制作した。ピクサーの一団は、技術的には興味をそそられたが、一九八五年にカナダの短編映画『ピアノ弾きのトニー』を見たときのような感銘は受けなかった。ラセターは魚のステラには感情が欠落していると思った。ステラは確かに動いてはいたが、生きていて感情をもっているという意味ではアニメーション化されていなかった。ディズニーの九人の長老の教訓を心に留めなかったせいだ。

ピクサー製品の開発に取り組む現場の技術者たちは、ラセターのこうした功績にもかかわらず、アニメーション部門を存続させることに意味があるのだろうかと訝った。彼らにしてみれば、自分たちが身を粉にして会社のために金を稼いでいるのに、ラセターのグループはただ金を使うだけだった。彼らが情熱を傾けていたのは、コンピュータやソフトウエアの構築――C言語、ビットスライス型マイクロコード、ゲートアレイ等におけるスキルを伸ばすこと――であって、娯楽ではなかった。だがやがて資金繰りの苦しい会社がアニメーション・グループに金を出す理由を知って、彼らは失望した。共同創設者のキャットムルとスミスの本当の目的は、映画制作だったのだ。

「今になってみれば、彼らが映画をつくりたくて、コンピュータ会社のふりをしていたことがわかる」当時マック版レンダーマンの開発に取り組んでいたプログラマーのロッキー・オフナーは言う。「俺はソフトウェア事業のためにピクサーにいて、それが会社にとって重要だと思ってたが、とんだお門違いだった」

イメージ・コンピュータⅡの主任ソフトウェア開発技術者を務めていたブルース・ペレンズは、自分が「暫定的な事業」に身を捧げていることを知って、心穏やかではなかった。「俺はイメージ・コンピュータに取り組むためにピクサーに入ったんだ。アニメーション・スタジオで働くためじゃない」

ペレンズの頭の中でパズルがかみ合ったのは、なぜデイヴィッド・ディフランチェスコがピクサーにいるのかという疑問を、何人もの技術部員が口にするのを聞いたときだった。なぜコンピュータ会社に、レーザーフィルム録画の専門家が必要なんだ？　「ディヴィッドが自分の存在意義を証明するようなことを何かやっただろうかと、みんなずっと前から不思議に思っていた」とペレンズ。「だがいつか映画録画技術が必要になったときのために、ディヴィッドを残しておいたのさ」

ラセターの短編映画の価値に疑問を抱いたのは、技術者だけではない。キャットムルは八〇年代末に、アニメーション部門を再三にわたって閉鎖しようとするジョブズを思いとどまらせた。ジョブズが不信感をもつのも無理はなかった。毎年赤字を垂れ流し続けていたピクサーを、個人の信用貸付で支えていたのは彼だったのだから。

こうした危機は、『レッズ・ドリーム』の発表後にも起こった。ピクサーが短編映画をほかにも制作する予定であることを、キャットムルがジョブズに告げると、不信感でいっぱいのジョブズはラセターに話を聞こうと、彼のオフィスに乗り込んできた（この頃のラセターはもう廊下から脱していた）。キャットムルとアニメーション・グループが見守る中、ラセターは絵コンテを壁中にピンで留めて、イラストを説明しながら各シーンを自ら演じて見せた。ディズニーで脚本家たちが何十年もやって来たのと同じやり方だ。だがここで失敗すれば、失うものはとても大きかった。「彼がただ映画を売り込んでいるんじゃないってことは、みんなわかっていた。グループの生き残りをかけて、売り込んでたんだ」アニメーション部門の責任者だったラルフ・グッゲンハイムは語る。

『ティン・トイ』のきっかけとなったのは、『ルクソーJr.』と同じで、ラセターが友人の赤ちゃんから得たアイデアだった。ただし、この映画ではラセターはずっと野心的な方針を取り、人間の赤ちゃんの様子、たとえば腕のぎくしゃくした動きやくるくる変わる感情などを模倣することにした。こうした描写に、自分がおもちゃに対して感じてきた長年の愛着を組み合わせることにした。ラセターは自宅に年代物の玩具コレクションを所蔵するほどの玩具好きだった。ストーリーは、制作チーム内で「ティニー」と呼ばれていた、おもちゃのひとり楽団の視点から描かれた。ティニーは最初赤ちゃんをかわいらしいと思うが、やがて怖がるようになる。

映画の表向きの目的は、フォトリアリスティック・レンダーマンのソフトウェアをテストすることにあった。またこの映画はラセターにとって、『ルクソーJr.』や『レッズ・ドリーム』と同様、初期の作品から一歩先へ進み、アニメーションとストーリーテリングをさらなる高みに引き上げる機会でもあった。実際にとりくみ始めると、赤ちゃんのモデルをつくり、アニメーション化するのは非常に難しいことがわかった。「とんでもない重荷だった」と、当時新しくメンバーに加わったフリップ・フィリップスは言う。最初につくった赤ちゃんの頭のモデルは中年男のように見えた。最終版の赤ちゃん（チーム内では「ビリー」と呼ばれた）の顔はずっとましになったが、肌はプラスチックのように見えた。

そのうえ動いても赤ちゃんの肌のようなぷにょぷにょとした自然な弾力性がなく、オムツはセメントのようにカチカチだった。時間不足と開発途上の技術から来る、やむを得ない妥協だった。

ラセターと技術担当者たちは、ときにデスクの下で仮眠を取りながら、『ティン・トイ』を一九八八年八月のシーグラフまでに完成させようと奮闘したが、それでも間に合わなかった。シーグラフで上映されたのは映画の最初の五分の三程度で、箱の中に逃げ込んだティニーが、ビリーが突進してくるのを箱のセロハン窓から震えながら見ている、手に汗握る瞬間で終わっていた（よく見ると、居間のコーヒーテーブルに置かれた額入り写真に、デジタル制作されていないものが混じっている。ジョン・ラセターが子どもの頃「最優秀少年キャンパー」に選ばれたときの写真だ）。「未完成でも、観客は熱狂した」とグッゲンハイムは言う。

同じ会議で、アップルコンピュータも短編映画を上映した。この映画ではラセターの新しい妻のナンシー・テイグが、芸術監督とアニメーターに名を連ねていた。テイグは一九八六年にカーネギーメロン大学コンピュータ・サイエンス学部を卒業後、アップルでCG技術者として働いていた。二人は数年前のシーグラフ会議で知り合った。この映画『ペンシルテスト』は、マッキントッシュIIを使ったカラー・グラフィックスのデモだった。マッキントッシュIIの鉛筆型アイコンが動き出して、画面から飛び出すが、誰かがコンピュータの電源を落としたために戻れなくなる。カルアーツを出たばかりのアンドリュー・スタントンが、脚本を手伝った。彼は短命に終わったアニメシリーズ『マイティマウスの新しい冒険』でも脚本家を務めている。映画にはピクサーのソフトウェアは使われなかったが――ジョブズは古巣の会社とまだ敵対関係にあった――ラセターはアニメーションに助言を与えた。

ピクサーはこの年のシーグラフで、別の会社と共同でパーティを開催した。シーグラフは年々規模が拡大し、会期中に出展企業などが開催する大々的なパーティ――ほとんどが出展企業の主催するもの――が会議の目玉になっていた。このときピクサーが組んだのは、テレビ・ネットワークやケーブル・チャンネル、地元放送局のロゴやCMを専門とするベイエリアの小企業、パシフィック・データ・イメージ（PDI）だった。両社のトップをはじめ、社員の多くが親しい間柄だった。両社が主催したイベントはプールをテーマにしたもので、海辺風の装飾を施した宴会場で行なわれた。ゲストにはビーチボールが配られ、ホストやホステスは救助員に扮した。ビーチボールが何度もシャンデリアを直撃し、パーティはあわや中止になりかけた。

『ティン・トイ』は一九八八年にアカデミー賞短編アニメーション賞を受賞した。ピクサーにとって初めてのオスカーである。『ティン・トイ』はこの賞を受賞したことで、コンピュータ・アニメーションがれっきとした芸術媒体であることを、シーグラフやアニメ・

フェスティバルの映画上映会以外の世界にも認めさせた。映画芸術科学アカデミー理事会のメンバー、アニメーターのウィリアム・リトルジョンは、『ティン・トイ』をこの若い媒体の潜在性をのぞき込む窓に見立てた。「実に驚くべき写実性だ」彼はニューヨーク・タイムズ紙に語っている。「写真を凌駕するだけでなく、芸術的演出が施されている」[20]カルアーツでキャラクター・アニメーション・プログラムの主任を務めていたロバート・ウィンキストはさらに踏み込み、コンピュータ・アニメーションは「近いうちに主流になるだろう」と予言して、アニメーターに大胆な助言を与えた。「鉛筆と絵筆を置いて、別の方法でやってみよう」[21]

アカデミー賞は、ラセターのかつての雇い主の関心も引いた。ディズニーは高額のオファーを提示して、監督として戻ってきてほしいとくり返し誘った。結婚して義理の息子を小学校に通わせ、あと何人か子どもがほしいと考えていたラセターにとっては、経済的に苦しいだけに悩ましいオファーだった。「賞を取ったはいいが、この先どうなるんだろうと思っていた」と彼は言う。「『ティン・トイ』でオスカーを取ったのに、家族をかろうじて養っている有様だった。ディズニーは莫大な金額をちらつかせてきたし」[22]

それでも彼にはピクサーにとどまるべき、強力な理由があった。新しい家族を住み慣れた土地から引き離してロサンゼルスに連れて行くのはしのびなかった。またピクサーでは映画制作に関して異例とも言える自由を享受していたし、彼のコンピュータ・アニメーション映画制作のブレインはピクサーにいた。ウォルト・ディズニー・スタジオの責任者ジェフリー・カッツェンバーグには、気難しいワンマンという評判がたっていた。これに対し、ピクサーではキャットムルとスミスをはじめ、技術担当者や制作コーディネーターに至るまで、誰とでも気もちよく仕事ができた。

「彼は人気者だったわ」パム・カーウィンは言った。「尊敬を集め、制作を一手に取り仕切っていた。そりゃあディズニーに行けば、大金を稼げたでしょう。でもディズニーを駆り立てていたのは、クリエイティブなものを生み出したいという思いじゃなかった。金儲けに走っていたわ」

ラセターはディズニーの話を断った。「ジョンを引き抜こうとしていたのは知っていた」キャットムルは言った。「でもジョンには、ここでやっていたこととの重要性がわかっていた。こんなことを言っていたからね。〝ディズニーに行って監督になるか、ここにとどまって歴史をつくるかだ〟」(23)

『ティン・トイ』がオスカーを受賞したことで、ジョブズはアニメーション部門への関心を新たにし、もう一本短編映画を制作することを許可した。『ティン・トイ』での悪戦苦闘から、ラセターは人物キャラクターを描くことにおよび腰になっていた。「あれほどクレージーにならずにすむ、もっと単純なこと、ちゃんと期限内にできて、それでいてすごく楽しめるようなものをつくろうってことで、全員が一致した」とグッゲンハイムは言う。

ラセターはグループとの話し合いで、MGMとワーナー・ブラザースの往年の名監督テックス・エイヴリーについて語った。彼のアニメーションは破天荒で活気にあふれているが、必ずしも複雑ではない。ラセターはスノードームを収集していた。また遠方からの観光みやげを好んだ。こうした要素を使って、ラセターの短編映画では唯一の純粋な喜劇となる『ニック・ナック』の構想がまとまり始めた。世界中の有名観光地のみやげ物と一緒に棚に飾られた、スノードームの中の雪だるまの物語だ。雪だるまはマイアミのビキニ娘の置物を一目見て、矢も楯もたまらずプラスチック製のドームから抜け出そうとする。

「二度ほどセミナーをやった。ジョンのオフィスで、みんなでぎゅうぎゅう詰めになりながら」フィリップスは語る。「ジョンはスノードームに閉じこめられた雪だるまが、必死に抜け出そうとするというアイデアを気に入った。ほとんど全員がチャック・ジョーンズと（彼の制作した）『トムとジェリー』の荒っぽいアニメのファンだった。だからこの集まりで、（雪だるまが脱出するために）どんどん手荒な手段に出るっていうアイデアが出たんだ」

フィリップスによれば、スノードームが金魚鉢に落ちるという案は、彼と制作コーディネーターのディアドラ・ワリンが同時に思いついたという。そしてクレイグ・グッドが、最後にルーニー・チューンズ風に画面を円形に絞っていく「アイリスアウト」をやろうと言い出した。

棚に飾られた骸骨には、「死の谷をサーフしよう」と書かれたサーフボードをもたせた。骸骨の3Dモデルは、オハイオ州立大学の「ジョージ」と名づけられた骸骨のデータを使ってつくったが、おもしろみをもたせるために、ジョージの腕を伸ばした。他に女性キャラクターのビキニ娘と人魚もピンナップ愛好家の技術担当者によって巨乳に変えられた（ピクサーが再発売した最新版では、通常サイズに戻されている）。ちなみに『ティン・トイ』でソファーの下に隠れていた女の子の人形のモデルには、ブラジャーに「持ち上げる」「外す」というコントロールがつけられ、その気になれば胸を動かせるようになっていた。

音楽のサウンドトラックを担当したのは、歌手のボビー・マクファーリンだ。映画のラフカット（粗編集版）を見ながら、即興でつくった。ラフカットの最後に流れる仮のエンド・ロールに「うんぬん《ブラー》・かんぬん《ブラー》」と書かれていたため、彼は「ブラー・ブラー」と歌い、それが劇伴音楽に残っている。マクファーリンはこの映画に関わるのはクールだと考えて、無償で音楽を提供した（ルーカスフィルムのゲリー・ライドストロムも、『ルクソーJr.』以降のラセターのすべての短編映画に音響効果を無償で提供している）。

『ニック・ナック』は、ボストンで開催された一九八九年のシーグラフで初公開された。この作品は、ラセターが独立企業時代のピクサーで自らアニメーションを手がけた最後の作品になった。二年後にロンドン映画祭で上映された際には、ロンドンのインディペンデント紙が「四分間の名作」と称し、[24]ガーディアン紙はラセターを「電子画像の世界に遣わされた、神に最も近い存在」と絶賛した。[25]

コルスタッドは一九八八年末にCEOに就任してまもなく、キャットムルとスミスの同席のもと、アニメーション部門と作業エリアでじっくり腰を据えてブレインストーミングを行なった。問題は、ピクサーのアニメーションが、どうすれば食いぶちを稼げるようになるかということだった。スティーヴの財布から金を取り出す代わりに注ぎ込むには、どうすればいいだろう？

コルスタッドは語っている。「全員でこの問題について考えた。会社の目標、会社としての無上の喜びが、映画制作にあることを踏まえて、〝これで稼ごう〟と言ったんだ。それが共通の夢だった。つまり、この共通の夢を実現しながら金を稼ぐには、どうすればいいかを考えた。スティーヴは別として、ピクサーのほとんどが、絶対に実現できると信じていた」

テレビCMを制作するという案がすぐに上がった。ラセターの短編映画のおかげで、すでに広告代理店から話が持ち込まれていた。反対の声もあった。広告はクリエイティブじゃない、というのがその言い分だった。部外者が脚本や絵コンテをもってきて、他人のアイデアを実行するだけになってしまう。そんなことのためにここにいるんじゃない。「そんな仕事はやらなきゃいいさ」コルスタッドは口を挟んだ。「クリエイティブになれる仕事だけを引き受けよう」

ラセターはこのアイデアに乗り気だった。グッゲンハイムが三段階の計画を説明する短い戦略メモを書いた。一、ピクサーはアニメーション部門の経済的自立を図るため、CMを制作する。二、その後大規模な作品制作の経験を積むために、三〇分ないし六〇分間の特別番組を制作する。三、最終的にCM制作を卒業して、長編映画を制作する。

だがピクサーには、制作会社として自らを売り込み、広告のクライアントと契約を取り交わした経験はなかった。一九八九年七月、ラセターが『ニック・ナック』の作業を終えようとしていた頃、ピクサーはCM制作事業を手広く手がけるサンフランシスコの大手制作会社コロッサル・ピクチャーズと契約を結び、コロッサルの営業部隊が、広告業界でのピクサーの代理を務めることになった。

ピクサーがこの年初めて手がけたプロジェクトは、歌劇『ローエングリン』に合わせてスイレンが踊る、一五秒間のショットだった。日本の大手印刷会社、凸版印刷のCMの短い結びとして、日本で放映された。またCMを初めて丸ごと制作したのもこの年だった。トロピカーナ・オレンジジュースのCM『ウェイク・アップ』だ。無生物を写実的に表現し、表情豊かなキャラクターに仕立て上げるピクサーの才能は、テレビ視聴者の目に新鮮に映り、たちまち広告主たちの注目を集めるようになった。一九九〇年になると制作のペースは加速した。この年ピクサーが手がけたCMを挙げると、カリフォルニア州宝くじの『踊るカード』、ライフセーバーズの『スケートボード』、リステリンの『ボクサー』、ピルズベリーの『ドスン』、トライデント・ガムの『大したパッケージ』、フォルクスワーゲンの『新しいポロ』がある。カリフォルニア州宝くじ機関は、アカデミー賞を受賞したラセターを、テレビCMの監督として経験不足と見なし、『踊るカード』のためにピクサーに監督を一人派遣した。

ラセターは増え続ける仕事量に対処するため、この年二人のアニメーターを雇った。彼が求めたのは、コンピュータ・アニメーションではなく、伝統的なセル・アニメーションの経験を積んだアーティストだった。一人めがスタントンだ。彼は『ペンシル・テスト』にも関わっていたが、映画祭の上映会で評判の良かった、学生時代の映画を買われて採用された。またラセターと技術担当者たちは、ピクサーのアニメーション部門が毎年参加しているカルアーツの学生映画祭で、ピート・ドクターという卒業予定者の作品に感銘を受けた。彼がピクサーの三人めのアニメーターになった。

「なんていうか、〝おい、こいつを雇うしかないだろ〟って感じだった」フィリップスは言う。「彼にはアニメーターに求められる資質がすべてそろっていた。すばらしいデッサン力に、ものすごいストーリーテリングの腕前と感性、すごいとしか言いようのない間の取り方」

グループは計画通り、手がけるプロジェクトを慎重に吟味して、主に無生物のキャラクター・アニメーションとストーリーテリングの練習になるプロジェクトを引き受けた。たとえばこの年に制作したリステリンのCMは、映画『レイジング・ブル』にヒントを得たものだ。リステリンの黄色いボトルがボクサーに扮し、歯肉炎と闘うべく、白黒のリングに上がる。試合を報じる新聞記事が、三〇年代の映画風に画面を駆けめぐる。ゴングが鳴り響き、ボトルが歯肉炎の視線に見立てたカメラにパンチを一発お見舞いすると、カメラはぼーっとしたようにふらつく。ボトルが意気揚々とチャンピオンベルトを掲げるところで、CMは終わっている。(26)

ピクサーのテレビCM制作数は、翌年の一五スポットでピークに達したが、九〇年代半ばまで続けられた。(27) ピクサーがこの仕事で得たのは、収益だけではない（一九九〇年度に一三〇万ドル、その後は毎年二〇〇万ドル強を上げている）。CMで名前を売り、信用を得ることができた。またCMは新しい人材を獲得する機会や、より大がかりなプロジェクトに向けて新人を教育する場にもなった。そしてこの取り組みは、年に一本の五分間の短編映画というそれまでの制作パイプラインを拡大する、慣らし運転の役割も果たした。

「みんなの、とくにジョン・ラセターの心の奥には、いつか必ず長編映画をつくるんだという思いがあった」フィリップスは言う。彼はCMによってピクサーが得た恩恵の一つを、次のように語っている。「要するに、大作映画をつくるのにどういう制作インフラが必要なのかがわかったことだ。計画を立てるだけじゃなく、それを全部実現するには、何が、どれほどの規模で必要なのかがわかった」

その一方で、ピクサーのハードウェア事業は相変わらず低調だった。PICは少数の初期導入者——最先端製品をいち早く導入した顧客——の手に渡っただけで、主流に進出することはなかった。カーウィンによれば、てんでバラバラなニッチ市場を標的にしていたことに、問題の一端があったという。そのためマーケティングが困難で、顧客の抱える問題解決に役立つソフトウェアによってPICをサポートすることも難しかった。「一つの大きな市場じゃなく、多数の小さな市場の集まりをターゲットにしていた」

ピクサーは確かに洗練されたソフトウェアを開発した。コンピュータで患者のCATスキャンのような放射線画像を組み合わせて立体的に見せ、読み取りやすく解析しやすくするソフトウェアだ。なかには大喜びでこの技術に乗り換えた放射線科医もいたが、なかなか受け入れられなかった。

ジョブズ自身も、パートナー企業のフィリップス・エレクトロニクスを敵に回して、ピクサーの医療市場への参入を遅らせた張本人だと、コルスタッドは指摘する。ジョブズは機嫌の悪い時があった。「フィリップスの重役がやって来て、実演やら何やらをしてくれて、それから次に立ち上がって協力関係について話し始めた。スティーヴはもう我慢できなくなって、重役をぼろくそにけなしたんだ」フィリップスがマシンを注文することは二度となかった。

そして最後の点として、ピクサー製コンピュータは、画像処理では他にないユニークな機能を備えていたが、汎用ワークステーションがまもなく太刀打ちできるようになるか、少なくとも十分肉薄しそうだという、不吉な前兆があった。

マシンの先行きは思わしくなかった。コルスタッドはPICを処分する許可をジョブズから得た――もともと彼はこのコンピュータを構築するために採用されたのだった。一九九〇年四月三〇日、ピクサーはハードウェア事業をカリフォルニア州フリーモントに本拠を置くヴァイコム・システムズ（現在は倒産）に売却すると発表した。ピクサーはCMとソフトウェアに集中することになった。

だがこの頃、思いがけなくルーカスフィルムに建物からの立ち退きを求められたせいで、何にも集中できなくなった。ピクサーは分離独立後もルーカスフィルムからカーナー大通りの建物を又借りしていたのだが、ILMがこのスペースを必要としていた。ルーカスフィルム時代からのピクサーの古参は、離れるのを残念がった。隣のILMの試写室でピクサーの映画を上映できたし、ピクサーの制作スタッフはILMに立ち寄って話をすることもできた。だがルーカスフィルムは譲らなかった。ピクサーは期限内に入居できる建物を慌てて探し――コルスタッド曰く「執行官に閉め出されるまであと三日ってとこだったんじゃないかな」――湾の向こう側のポイント・リッチモンドのビジネスパークに移転した。

ポイント・リッチモンドの大部分が古風な趣のある町だったが、ピクサーが新しく本拠を構えた地域は、凶悪犯罪の多発する腐敗した隣接都市である、本家のリッチモンドに近かった。ウェスト・カッティング大通りを下ったところに、B&Kリカーという酒屋があり、ピクサー社内では「ブリード&キル（血を流して殺せ）」の略ではないかと噂されていた。別の方向に線路を越えた場所にあったシェブロンの精製所は、爆発や有毒ガス漏れを起こし、危険が過ぎ去るまで「緊急避難警報」が発令されることもしょっちゅうだった。

ポイント・リッチモンドに落ち着いたピクサーは、「どこでも3Dレンダリング」というジョブズの構想を追求するために、小売店での販売用に価格を抑えたソフトウェア製品を発売した。その第一号の「マック・レンダーマン」は、マッキントッシュ版フォトリアリスティック・レンダーマン（PRマン）だった。別の製品「タイペストリー」は、リアルな表面テクスチャやその他の特殊効果を施した3Dフォントを作成するソフトである。「ピクサー128」は、木製パネル、石、布地といったグラフィック・アーティスト向けのテクスチャ画像を集めたものだった。また「ショープレイス」というパッケージを使えば、球や立方体、家具などの構築済みの物体のモデルを使って、3Dシーンをつくることができた。こうした製品は、グラフィック・デザイナーやDTPオペレータのマッキントッシュで使われるようになれば、主流に食い込むだろうとピクサーは考えた。だが以前のピクサー製品と同じで、これらは想定ユーザには難しすぎて使いこなせないか、ユーザが認識してもいない問題を解決するための製品だった。

　年末にはジョブズの堪忍袋の緒は切れかかっていた。彼が買収して以来、ピクサーは五年連続で損失を計上しており、ジョブズが個人で保証していた債務は積み上がる一方だった。一九九〇年単年で純営業損失は八三〇万ドルを超えた。ディズニーとの間で『ティン・トイ』をもとにした映画制作に関する協議が行なわれていたが、それが実現するという保証はどこにもなかった。経営陣は毎月額をつきあわせて、どうしてもいま支払わなくてはならない請求書を選び出し、恐縮しながらネクストのオフィスにジョブズを訪ね、信用貸付で支払う承認を得た。「たとえば完成済みのCMの報酬が入ることはわかっているのに、まだ支払われてなくて、どうしても請求書を支払わなきゃならなかった時やなんか……あれは中小企業の試練だったわね」カーウィンは言う。

　状況をさらに緊迫させていたのが、ジョブズとスミスが性格の不一致から一触即発状態になっていたことだった。ジョブズは一目置いている従業員の反論なら、ある程度は受け止めた。だがスミスはジョブズの忍耐の限界に、誰よりもためらいなく近づいていったように思われる。スミスはキャットムルと自分が、ジョブズの雇い人だけでなく、パートナーであり、対等な存在だと考えていた。

「アルヴィはスティーヴの言うことを黙って聞いて、戻って最善を尽くすなんてことに、私たちよりずっと我慢がならなかったんだと思う」カーウィンは言う。「〝おいおい、自分のやってることくらいわかってるさ〟ってよく言ってたから」

スミスに言わせれば、ジョブズは「目標に届かないと言っていつもエドと俺にくってかかり、それから小切手を書いて、ともかく支払ってくれた。だが心底とっちめられた。罵倒されまくりだった」。

こうした会合の一つで、ジョブズとスミスはとうとう制御不能に陥った。ジョブズが、プロジェクトの納期を逃したことでピクサーの経営陣を責め立てると、スミスが口を挟んだ。「スティーヴ、君だって回路基板が間に合わなかったじゃないか」——つまり、ネクスト・コンピュータの回路基板である。

いつものジョブズならこらえたかもしれないひと言だったが、ジョブズのコンピュータをからかったことで、スミスは一線を越えてしまったようだ。「スティーヴは完全に予測《ノン》不能《リニア》になった」とスミスは語る。「逆上して、俺の訛りを馬鹿にし始めた」

ジョブズは急所を狙った。スミスはニューヨーク・シティでの研究者時代から、南西部訛りをほとんど抑えていたのだが、時たまストレスを受けると訛りがひょっこり顔を出すことがあった。ジョブズはそれをまねたのだ。

「だから俺も予測不能になった。あんな風になったのは、後にも先にもあの時だけだ」スミスは言う。「お互いにどなり合い、二人の顔は一〇センチと離れていなかった」

ジョブズのオフィスにあるホワイトボードは、彼の心理的な縄張りだという暗黙の了解があった。誰もそれに書いてはならない。にらみ合いが続いた後、スミスは挑戦的に彼の前をずかずか通り過ぎ、ホワイトボードに何やら書き始めた。「そこに書いちゃだめだ」ジョブズは制した。スミスがなおも書き続けると、ジョブズは激怒して、部屋から出て行ってしまった。

傍目には確執は収まったように見えたが、二人の関係は決して元に戻ることはなかった。

一九九一年の初めに、ジョブズは経営不振のこの会社に引き続き資金を投入することを決めたが、条件つきだった。彼が従業員の持ち株をすべて引き取るというのだ。ピクサーはシリコンバレーの会社がよくやるように、従業員のやる気を高め会社に引き留める手段として、株式を使っていた。ピクサーのインセンティブ・プログラムはストックオプションではなく、制限つき株式の付与を中心としたものだった（特定の雇用期間を過ぎてから株主権が与えられる。また会社側が制限期間中に、従業員から買い上げることができる）。従業員は一株あたり一〇セントという低価格で特定数の株式を購入することができ、購入日から数年で権利が確定した。だがジョブズの保有率は十分高かったため、会社を（書類上）閉鎖して、その株式をジョブズの完全所有する新会社「新ピクサー」に譲渡することが可能だった。株式付与の契約文言によって、ジョブズは契約をいつでも無効にする権利を与えられており、彼は実際にその権利を行使した。そして従業員には、元の購入額の一株あたり一〇セントを受け取るか、何も受け取らないかを選択させた。キャットムルとスミスをはじめ、ルーカスフィルム時代からの創立メンバーも全員、分離独立時に得た株式を失った。

ピクサーの社内では、株式契約書をトイレットペーパーになぞらえる、辛辣なジョークが飛び交った。一般には、資本注入によって従業員の株式が帳消しにされることはなく、単に希釈されるだけだった。従業員の多くはだまされたように感じた。またこの出来事は、シリコンバレーの起業家による乱用の典型例として、教科書にまで載った。

サンフランシスコ・クロニクル　一九九一年三月二九日

ケン・シーグマン、クロニクル専属記者

ピクサーは自らに生命を与える《アニメート》ことができないようだ

オスカー受賞企業、社長を含む三〇名を解雇

スティーヴ・ジョブズのピクサーは、七二名の従業員のうち、社長を含む三〇名を解雇した。ピクサーは、最先端のＣＧ映像とアニメーション・ソフトウェアの制作会社である。

リッチモンドに本拠を置くピクサーは、一九八九年にアカデミー賞短編アニメーション賞を受賞している。だが関係者によれば、同社はアップルコンピュータ共同創設者でネクスト会長のジョブズによって、一九八六年に映画製作者ジョージ・ルーカスから買収されて以来、まだ利益を上げていないという。

……………

ピクサーの問題の一端は、同社のソフトウェアの技術が、市販のハードウェアの性能を超えていることにある。「技術はすばらしいが、まだ誰も利用する用意ができていない」とマサチューセッツ州フレイミンガムのインターナショナル・データ・コープのアナリスト、ジョーン・キャロル・ブリガムは語る。

ピクサー社内では上層部のほんの数人を除けば、会社の財務状況がどれほど逼迫しているかを知る社員はほとんどいなかった。会社の独占的所有者となったジョブズは、思い切った措置がもう一つ必要だと判断した。

ジョブズはCMとレンダーマン開発を除く、ほとんどの活動を停止させた。PRマンと、アルヴィ・レイ・スミスが開発していた画像処理のアイスマン・プログラムは、ポストスクリプトのように、プリンタやデスクトップ・コンピュータ向けの製品として成功する見込みがあると考えていた。市場がPRマンとアイスマンを受け入れる用意ができるまでの間、この頃には収益源になっていたCMによって、これら製品の開発コストを賄えるだろうと、彼は考えた。そしてこの三つの分野のいずれにも属さない従業員は、事前通知も退職金もなく、解雇された。

「われわれの目標は、レンダーマンとアイスマンを、九〇年代のシステム・ソフトウェアにすることだ」ジョブズはニューヨーク・タイムズ紙に語っている。「今までずっと諦めずに頑張ってきた。今後二四カ月以内に努力が報われそうだ[28]」

コルスタッドも犠牲者の一人だった。カーウィンはいったん解雇されてから再雇用されたのだが、去っていく従業員の扱いに胸を痛め、少なくとも二週間前の通知が必要だとジョブズに食い下がった。ジョブズは言った。よろしい、では二週間前の日付で通知し、二週間の猶予を与えよう。

ジョブズはレイオフを実施した直後に残った従業員と会合をもったが、このときも現実歪曲空間を伴ってやって来た。「友人たちが荷物をまとめて車に積み込むのを見ていたはずなのに、なぜかこれ以上ないほどすばらしいことが起こったと思い込んでしまった」とフィリップスは語っている。

シリコンバレーでは、ジョブズがピクサーの元従業員にひどい仕打ちを与えたことではなく、ピクサーを存続させたことが話題になった。ビジネス的にほとんど筋が通らないように思われたのだ。ジョブズはレンダーマンの構想を威勢よくぶち上げた。だが彼を動機づけていたのは、利益ではなく見栄だったのかもしれない。アップルで栄光と転落を見たジョブズが、新たなサクセスストーリーを生み出せるか、最初の成功がまぐれ当たりだったと同業者に決めつけられるかは、彼の双肩に掛かっていた。

「実態は、まるでうまく行っていなかった」スミスはピクサーの草創期についてこう語る。「これはまだ穏やかな言い方だ。本当は、失敗して当然だった。だがスティーヴは絶対に敗北を認めないと思ったね。彼に失敗は堪えられなかったはずだ」

6　離陸その1――『トイ・ストーリー』

CAPSプロジェクトのためにピクサーが採用した技術者、ピーター・ナイ、マイケル・シャンツィス、そしてチームリーダーのトム・ハーンは、グレンデールにあるディズニーのアニメーションビルで長い時間をかけて、ディズニーのアニメーション・プロセスに新しいデジタルペイント・システムを組み込んでいた。『ビアンカの大冒険／ゴールデンイーグルを救え！』が制作されていた一九九〇年の初夏、そんなCAPSチームから、ある知らせが舞い込んできた。ウォルト・ディズニー・フィーチャー・アニメーション社長のピーター・シュナイダーが、ピクサーとの長編映画の共同製作に関心をもっているようだというのだ。エド・キャットムルとアルヴィ・レイ・スミスが一五年間も待ち続けてきたメッセージだった。キャットムルは急いでシュナイダーに電話をかけた。

コンピュータでキャラクター・アニメーションを制作していた会社は、ピクサーだけではなかった。だがいつしかディズニーは、組むならピクサーしかない、と考えるようになった。ラセターの手がけた短編映画やCM、そしてCAPSシステムの導入成功によって、ピクサーは誰もが認める入場証を立て続けに手に入れたのだ。この媒体に関心を抱くようになったディズニーが、ピクサーを最有力候補に考えるようになったのは、OBのつながりやたまたまの幸運のためではなく、ピクサーが質の高い成果を次々と上げたからこそだった。エド・キャットムルが研究業績と学生時代に制作した映画によって、当然のようにNYIT・CG研究所の創設メンバーに選ばれたのも、ローレン・カーペンターが『自由飛行』によって、あまたの求職者の中から当然のようにルーカスフィルムに採用されたのも同じことだった。

キャットムル、スミス、グッゲンハイムはグレンデールに足を運び、シュナイダーと『ビアンカの大冒険』の製作者トーマス・シューメーカーに会った。ピクサーの一行は、その場の雰囲気に困惑した。「かなり冷ややかな扱いを受けて、こんな感じのことを言われた。〝君たちの手を借りなくても、うまくやれる〟」グッゲンハイムは言う。「あとになって、彼らがジェフリー〔＝カッツェンバーグ、シュナイダーの上司〕に命じられるまま、仕方なく会合をもったことがわかった。外部のアニメーション・スタジオを使うっていう発想が、彼らの気に入らなかったんだ」

キャットムル、スミス、グッゲンハイムは、制作面での助力を歓迎すると、ディズニーの経営陣に何とか伝えようとした。「何のエゴもなく、ディズニーから学べれば幸せだと思っていた」とグッゲンハイムは言う。

それでもシュナイダーの冷淡な態度は変わらなかった。「あまりにも妙な反応だったから、こう思った。どうやら乗り気じゃないようだ」

彼らはあとになって問題の核心が何なのかを知った。カッツェンバーグは、ディズニーがピクサーと映画を制作することになれば、完全にシュナイダーの権限外でやるつもりでいたのだ。制作は独立的に行なわれ、カッツェンバーグが脚本と予算だけを承認し、ピクサーは制作が完了したら完成映画のネガを提出する。ディズニー・フィーチャー・アニメーションは制作面で何ら関与しない。このような関係にする理由の一つに、ピクサーが組合をもたない会社であり、ディズニーが非組合映画の制作に関与することがディズニーの組合契約で許されるかどうかが、まだ不透明だったことがある。いずれにせよ、シュナイダーは苛立っていた。

最初の会合で、ピクサーの代表団は期待薄という感触をもっただけに、カッツェンバーグ自身からもう一度会おうと言ってきたときには驚いた。今度はキャットムル、スミス、グッゲンハイムに、（アニメーション研究開発責任者として）ビル・リーヴズ、ジョブズ、ジョン・ラセターが加わった。ピクサーは『ティン・トイ・クリスマス』という三〇分間の特別番組の企画を提案するつもりだった。テレビ番組は、三〇秒ＣＭや短編映画より大がかりなプロジェクトで経験を積む、無理のない方法だし、技術基盤を拡張するチャンスにもなる。三〇分間の番組を完成させることができれば、長編映画も手がけられるはずだ。

　キャットムルとスミスが考えるに、この会合には難関が二つ待ちかまえていた。一つはピクサーとの提携に、カッツェンバーグの関心を留めておくこと。もう一つのより手強そうに思われた問題は、ディズニーと一緒に仕事をすることを、ラセターと若手アニメーターに納得させることだった。カッツェンバーグは一九八四年にマイケル・アイズナーによってディズニーのトップに据えられて以来、『オリビアちゃんの大冒険』と『リトル・マーメイド』を手始めに、ディズニー・アニメーションの復活を指揮してきたが、いつしか細かいことまで管理するワンマン経営者という悪評を買うようになっていた。

「ディズニーはアニメーターの扱いで芳しくない評判が立っていたせいで、うちに移って来たアニメーターも大勢いたんだ」とスミスは言う。「エドと二人で〝やった、ついに映画制作のチャンスがめぐってきたぞ〟と喜び合ったが、そのためには彼らが訣別した会社であるディズニーと、仕事をする必要があった。この難関を乗り越えるのが一大事だった」

　一行はバーバンクにあるディズニーの本社ビル「チーム・ディズニー」の長い会議用テーブルで、カッツェンバーグと面会した。カッツェンバーグは事情を理解していた。自分と仕事をするのが得策だということを、ラセターに認めさせなくてはならない。

そこで好戦的ではあるが、彼の気もちをくすぐる、こんな言葉で始めた。「もし私が自分のやりたいようにやるつもりなら、こんな場を設けたりしない」彼は言い放った。「私たちにとって要となる才能はジョン・ラセター、君だ。そしてジョン、私と仕事をするのが嫌だと言うのなら、何とかして説得してみせるよ」

カッツェンバーグは自分が生涯を通じてどれほどアニメーションを愛してきたか、名作アニメ映画にどれほど深い愛着を感じているかを、説得力をこめて語った。そしてディズニーが押しつける脚本ではなく、ピクサー独自の映画を、ディズニーとともにつくってほしいと言った。カッツェンバーグは半時間の特別番組という企画を却下した。クリスマスの特別番組のために増員して制作基盤を構築するなら、長編映画をつくった方がいい。

最後に懸案の問題を取り上げた。「誰もが私のことを暴君だと思っている。確かに暴君だ。だが私の言うことは、たいがい当たっている。私の考えがまちがってると君たちが思う時には、方向転換するチャンスをあげよう。だが、覚悟の上で言ってくれよ」

そしていますぐディズニーのアニメーターのところに行って話し合うよう、彼らに勧めた。聞きたいことは何でも彼らに聞いてくれ。

「さっそくディズニーの映画アニメーション・チームの監督とアニメーター以下全員と個室にこもり、カッツェンバーグ抜きで話した」とスミスは言う。

ただひたすら話し合った。ディズニー側のほとんど全員が、カッツェンバーグの話を裏づけた。確かに彼は暴君だ、それはまちがいない。でも彼の直感はたいてい当たってる。自分の信念を通して、方向転換してうまく行ったケースもある。だがうまく行かなければ、首が飛ぶらしい。

会合はお開きになり、六人の男たちはスミスとラセターを先頭に、本社ビルを出た。スミスは興奮して、ラセターにどう思うか尋ねた。「できると思う」とラセターは答えた。ディズニーと一緒に仕事ができそうだという意味だった。

両社は交渉を始めたがまもなく行き詰まり、その状態が何カ月も続いた。映画の収益の配分をめぐる食い違いがあったほか、カッツェンバーグはピクサーの3Dモデリングとアニメーション用の社内ソフトウェア「メンヴ（Menv）」（モデリング・エンバイロンメント）の使用権をディズニーに与えるよう、ピクサーに迫った。メンヴはキャラクター・アニメーションのニーズに合わせてきめ細かく調整されたソフトで、ピクサーのレンダリング・ソフトPRマンとは違って市販されていなかった。ラセターとグッゲンハイムは、ユニバーサル、パラマウント、コロンビアの上層部にも接触を図り、カッツェンバーグに圧力をかけて交渉上有利な立場に立とうとした。だがピクサーと提携しようとする企業は一つもなかった。

この交渉のさなかに、スミスはピクサーを去り、大手ソフトウェア会社のオートデスクから元手資金を得て、パソコン用の高度な画像処理ソフトウェアを開発する、アルタミラという会社を立ち上げた。前年にネクスト本社でジョブズと衝突して以来、スミスは自分の人生からジョブズを追い出す必要を痛切に感じていた。それに彼はジョブズが社員全員のピクサー株を取り上げたことにも、不信感を募らせていた。

ジョブズはディズニーとの交渉で、ピクサーの技術については断固譲らなかった。最終的にカッツェンバーグは、ディズニーにメンヴの使用権を与えないというジョブズの条件を受け入れ、二人は金銭的条件に焦点を絞った。カッツェンバーグは二つのおもちゃを主人公とする映画の構想に乗り気だった。最終契約まであと一息と思われた一九九一年三月に、ラセターはのちに『トイ・ストーリー』と呼ばれることになる映画のトリートメント（どのような映画にしたいかをまとめた企画書）を、カッツェンバーグに渡した。

ラセター、アンドリュー・スタントン、ピート・ドクターが起草した『トイ・ストーリー』の最初のトリートメントは、最終的な完成版とはまったく違っていた。『ティン・トイ』のひとり楽団ティニーと腹話術師のダミー人形（ただ「ダミー」と呼ばれていた）が壮大な冒険の旅に出る。オークション行きのトラックの荷台に始まり、ゴミ運搬車、ヤードセール、夫婦者の家を経て、最後に幼稚園の園庭にたどり着く。『トイ・ストーリー』の核となるアイデアは、最初のトリートメントからもう存在していた。おもちゃは子どもたちに遊んでほしいと切実に願っていて、この願望がおもちゃの希望、恐れ、行動をかき立てる。この時点でラセターが構想していた映画は、ティニーが工場で目を覚ますところから始まった。

『トイ・ストーリー』（仮題）

誰もが子どもの頃、おもちゃを失くすという、心に痛手を残す経験をしています。私たちの物語は、自分の一番大切なことを失い、取り戻そうとする、おもちゃの視点から語られます。その大切なこととは、子どもに遊んでもらうことです。それはすべてのおもちゃの存在意義であり、おもちゃの存在を支える感情的な基盤なのです。

物語はブリキのおもちゃを製造する小さな工場で幕を開けます。大きさ、形、色の違うさまざまなおもちゃが、ベルトコンベヤーで上から運ばれてきます。その中のブリキの楽団に注目し、われらがスターのティニーに焦点を当てます。

ティニーは目を開け、興奮で目をぱちくりさせながらあたりを見回しました。ベルトコンベヤーは出荷エリアに行き、そこでティニーは大きな段ボールに箱詰めされました。箱のフタが閉まり、私たちは彼を追って、暗闇に入っていきます……。

ティニーはおもちゃ屋に運び込まれる。店が開店し、おもちゃたちはまるで「ペットショップの子犬のように」、家に連れ帰ってほしいと切実に願っている。ティニーは誕生日プレゼントとして小さな男の子に与えられ、まもなく南西部への自動車旅行に連れて行かれることになった。ところが家族は、ティニーを道中のガソリンスタンドに忘れてきてしまう。ティニーはそこで腹話術師のダミー人形に出会い、ダミーはカウボーイのまねをして、ティニーを歓迎する。映画は二人が幼稚園のおもちゃになるところで終わる。「子どもたちは入ってくるなりおもちゃで遊び始め、あたりにはおもちゃの喜びの歌が響きわたるのでした」とトリートメントは結んでいる。「ティニーと仲間たちは、とうとう楽園を、ハッピーエンドを見つけたのです」

おもちゃの行動を駆り立てる願望に関する基本的な前提のほか、トリートメントのなかで実際に映画に採用された最も重要なコンセプトは、おもちゃがガソリンスタンドで置き去りにされる事件だ。そのほか断片的に採用された要素がいくつかある。たとえばティニーが誕生日プレゼントとして子どもに与えられる、ティニーがトラックによじ登る、おもちゃたちがトラック（トリートメントではゴミ運搬車、映画では引っ越しトラック）の荷台の留め金を外す、といった要素だ。トリートメントに出てくる青虫のスリンキーは、映画ではスリンキードッグに変わっている。映画と同じで、トリートメントでもおもちゃたちは獰猛なペットの犬から逃げる。よだれを垂らした、「部屋の向こう側まで蹴り飛ばしたくなるような、いやな犬」、とラセターたちは書いている。だが映画に登場するおもちゃいじめのシド・フィリップスは、この時点ではまだいなかった。

ディズニーとピクサーは一九九一年五月三日付の契約書で契約条件について合意し、七月初めに署名した。*ディズニーはいつもながら交渉では強硬姿勢を貫き、一三ページにわたる契約書の金銭面での条件は、ディズニーに一方的に有利な内容だった。映画が『リトル・マーメイド』並みにヒットしない限り、ピクサーは大した収益を得られなかった。またディズニーは制作開始後にも、「自己の裁量で」「映画制作をいつ何時でも打ち切る」権限を有した。その場合、ピクサーがその労働に対して受け取るのは、負担した経費と三五万ドルの「放棄費用」だけだった。契約は名目上は三作品を対象としていたが、第二作と三作の制作はディズニーが自己の判断で決定することになっていた。

＊偶然にも、ディズニーとピクサーの協定が発表される一週間前に映画『ターミネーター2』が公開され、特殊効果におけるコンピュータ・グラフィックス新時代の到来を告げた。ピクサーは映画『アビス』（一九八九年）で、水生生物をコンピュータ・アニメーションで制作する契約の獲得を目指していたが、ＩＬＭに敗れている。それを除けばルーカスフィルムからの分離独立以来、実写映画用の特殊効果の制作からは手を引いていた。とは言え、ピクサーはある一つの点では、当時も特殊効果に関わっている。『アビス』以降のこの時代、コンピュータで効果を制作するほとんどの特殊効果会社がＰＲマンのソフトウェアを使っていたのだ。

ハリウッド・レポーター　一九九一年七月一二日
グレッグ・プタチェック

ディズニーとピクサー、3Dアニメーションで契約

ウォルト・ディズニー・カンパニーは、アップルの鬼才スティーヴ・ジョブズによって創設された会社ピクサーと、三本の長編映画に関する独占契約を結んだ。ディズニーはこの契約を通じて、映画会社として世界初の3Dコンピュータ・アニメーション長編映画を配給することになる。

長編映画の第一作は、ピクサーのアカデミー賞受賞監督でアニメーターのジョン・ラセターが脚本、総指揮を務め、一九九四年にウォルト・ディズニー・ピクチャーズの旗印のもとに公開され、ブエナ・ビスタ・ピクチャーズ・ディストリビューションによって配給される。

「ディズニーと手を組んで、世界初のCG長編映画を制作することは、われわれの一九八六年の創立以来の夢だった」ジョブズは語っている。「夢が実現して、最高にわくわくしている」

この契約によって、カッツェンバーグは制作に関するすべての決定権を握ることになった。ピクサーの脚本に納得がいかなければ、ディズニーは自らの選定した脚本家を送り込むことができた。ディズニーは映画の「完全所有権」を保有し、また続編、リメイク、テレビ番組、ビデオ用作品の制作を、「自己の裁量」で決定する権利を手にした。ピクサーはこのようなプロジェクトを手がける制作会社の最有力候補だったが、両社が条件で折り合わなければ、ディズニーは単独で、またはパシフィック・データ・イメージ（PDI）などの別の制作会社と共同でプロジェクトを進めることさえできた。その場合、ピクサーが受け取る収益の分け前はほんのわずかで、制作に関する発言権は一切なくなる。

ピクサーはその後も、まるで契約など結ばなかったかのように、CM制作を続けた──ストーリーが固まるまでの間、制作スタッフを有給で抱えておくためだったが、映画プロジェクトがうまく行かなくなった場合の保険という意味合いも大きかった。「これがまだ実験的な媒体でしかないってことは、ディズニーと同様、僕らもわかっていた」と『トイ・ストーリー』のプロデューサーを務めたグッゲンハイムは言う。「ディズニーが最後までつき合ってくれる保証はなかった。いつでも逃げ出せたんだから」

彼の懸念には、それなりの根拠があった。契約後まもなく、カッツェンバーグは映画をディズニー・フィーチャー・アニメーションの管轄下においた。ピクサーのチームはこの措置によって、ディズニーのアニメーション部門の古参から助言を受けられるようになったと考えて喜んだ。しかしシュナイダーは相変わらずプロジェクトを快く思わず、のちにはカッツェンバーグをさし置いて、措置の取り消しをアイズナーに直訴した。(1)

またカッツェンバーグ自身も、『トイ・ストーリー』を支持してはいたが、最初のトリートメントには難があると思っていた。二人の主人公が、同じことを同じ理由から望んでいたのだ。彼は『トイ・ストーリー』を、『48時間』や『手錠のままの脱獄』のような、対照的な二人の相棒物語につくり替えるよう、ラセターに指示した。この二つの映画は、行きがかりからコンビを組むことになった二人の男が、互いに敵意を抱きながらもやむなく力を合わせ、最後には互いに一目置くようになるというストーリーだ。ラセター、スタントン、ドクターは九月初めに二稿めのトリートメントを書き上げた。主人公はまだティニーとダミーだが、映画の完成版の輪郭が見え始めている。

『トイ・ストーリー』

ティニーというおもちゃの楽団が、二人の子どもにプレゼントとして与えられました。ほかのおもちゃと同じで、ティニーも包みを解かれた時に、この世に――無邪気で無垢なまま——「誕生」しました。それまでは腹話術師のダミー人形が、子どもたちのお気に入りのおもちゃでした。子どもたちがおもちゃで遊ぶ時には、すばらしい空想の世界が広がり、子どもたちとおもちゃを包み込むのです。二人がティニーと遊んでいるのを見て、ダミーはおもしろくありませんでした。ダミーとティニーは、子どもたちに気に入られようとして、何かと張り合うようになります。二人とも自分のことしか目に入らず、いがみ合うのでした。

ある日お父さんが、みんなで新しい町に引っ越すことになったぞと家族に告げます。荷造りで忙しかった一日が終わり、家族はピザを食べに行くことにしました。子どもたちはそれぞれお気に入りのおもちゃを連れて行きました。ところがティニーとダミーはわがままな行動から、ガソリンスタンドで車から落ちて、その場に置き去りにされてしまうのです。大きな恐ろしい世界に投げ込まれた二人は、お前のせいだとお互いになじり合いました。

二人はピザ店で家族に追いつきそうになったのも束の間、「おもちゃいじめのいじわるな子ども」に捕まってしまう。少年はダミーを獰猛な犬にくれてやり、ティニーをおもちゃのロケットにくくりつけて空高く飛ばした。だが二人は何とか生き延び、脱出を図ろうとする。うまく行きかけたそのとき、新しい危機が訪れた。引っ越しトラックが発車して、二人の持ち主の一家が去ろうとしている。ティニーはトラックに乗り込むが、ダミーはあと少しというときに犬に捕まってしまう。ティニーはトラックを飛び降りて、犬の注意をそらす。そしてダミーはお返しに、ほかのおもちゃの協力を得て、子どもたちと一緒にティニーを救うのだ。

筋書きの重要な要素はそろったが、ラセターはティニーが主人公では物足りなくなった。「ストーリーが変わるうちに、ティニーがあまりにも時代遅れなことがはっきりしてきた」ラセターは言う。「そこで、最近の子どもたちが、他のおもちゃをそっちのけで夢中になるのは、どんなおもちゃだろうと考えた」(2)

ティニーはまずG.I.ジョー風のアクション人形に変わった。ラセターが子ども時代に一番好きだったおもちゃだ。次に、やはり六〇年代に流行ったおもちゃ「マット・メイソン少佐」風のスペースヒーローになった。この新キャラクターはしばらくの間「ルーナー・ラリー」と呼ばれていたが、やがて「テンパス・フロム・モーフ」に変更された。

ラセターは、相棒映画は主人公が対照的であればあるほど観客を引き込むと考え、腹話術人形のダミーをカウボーイ人形に変えて、二つのおもちゃの新旧を際立たせた。カウボーイ人形は、ジョン・フォードやセルジオ・レオーネの西部劇で活躍したアフリカ系の性格俳優ウッディ・ストロードにちなんで、「ウッディ」と名づけられた。

ウッディとテンパスは、ラセターが一九九二年六月にディズニーに届けた三〇秒のテスト映像に初めて登場した。ディズニーは『トイ・ストーリー』のイメージをつかむために、サンプル映像をつくらせたのだ。舞台はおもちゃの所有者アンディの寝室の棚の上だ。テンパスはウッディにだまされて、棚のうしろに落ちて動けなくなる。こうしてウッディは、アンディの愛情をめぐる競争からテンパスを退けた。

ピクサーのチームは、ディズニーに感銘を与えたい一心で映像をつくっていた。「ジョンは賢明にも、この映像に昔ながらの手描きアニメーションではできっこないものを含めようとした」とグッゲンハイムは言う。「だから映像では、ヴェネチアンブラインドの影が部屋に落ちる薄暗い部屋に、格子縞の織物のシャツを着たキャラクター〔ウッディ〕を登場させた。これは手描きのアニメーションには絶対にできないことなんだ」

この時点でのキャラクターは、外見も性格も、最終版とはまだかなり違っていた。ウッディはひねくれ者で、腹話術人形らしく口に切れ込みがついていて、ちょっと気味が悪かった。テンパス・フロム・モーフは真っ赤な宇宙服を身につけ、ずんぐり型で、タフというよりはコミカルだった。映画と同様、自分を宇宙飛行士だと勘違いしてはいたが、誰かのおもちゃだという自覚はあった。

ディズニーの上層部はテスト映像を大いに気に入ったが、ウッディをダミー人形にすることには反対した。腹話術師のダミー人形は、映画やテレビのホラー物語に欠かせない要素になっているというのがその理由だった。

ラセターは新しいインスピレーションを求めて、子ども時代によく遊んでいた別のおもちゃに目を向けた。ひもを引っ張って喋らせる、おばけのキャスパーの人形だ。ウッディはひものついたぬいぐるみに生まれ変わり、あごの切れ込みもなくなった。テンパスはウッディの大きさに近づいたことで、より手強いライバルになり、宇宙飛行士のバズ・オルドリンにちなんで「バズ・ライトイヤー」と名づけられた。

ラセターとピクサーのストーリー・チームの面々、スタントン、ドクター、ジョー・ランフトは、ほとんどのメンバーが長編映画の脚本に関してはずぶの素人であることを痛感していた。実際、数本のディズニー映画と『いさましいちびのトースター』の2Dアニメーションの制作で絵コンテを手がけ、カルアーツで脚本のクラスを教えた経験のあるランフトを除けば、誰一人として長編映画の原案・脚本として名前をクレジットされたことがなかった。すばらしい五分間の短編映画をつくることと、八〇分から九〇分の長編映画の構想を練り、筋を組み立て、脚本を書くことは、一直線でつながってはいなかった。その上ラセターの『アンドレとウォーリーB.の冒険』をはじめとするどの短編映画にも、会話は一行も含まれていなかった。

ラセターとドクターは洞察を求めて、脚本の達人ロバート・マッキーの脚本講座に三日間通った。そしてポイント・リッチモンドに戻る頃には、アリストテレスの『詩学』に裏打ちされたマッキーの原則の熱心な信者になっていた。中でも重要な原則は、主人公が逆流に揉まれるうちに奥深い人物に変われば、その分ストーリーが奥深くなるという考え方だった。主人公が問題に直面して選択を下す姿が、主人公の性格を最もリアルで真に迫るものに見せるのだという。マッキーの脚本講座に参加した二人は、ストーリーの構造についてのマッキーの見解や、主人公の抱える問題の進展や問題に対する主人公の反応がストーリーにどのような影響を与えるかという見解を、存分に吸収した。マッキーの教えはピクサー王国の法になった。

ラセターとストーリー部門は、相棒映画の上映会を開催した。『48時間』と『手錠のままの脱獄』をはじめ、『ミッドナイト・ラン』、『テルマ&ルイーズ』などを見て、ストーリーの構造を研究した。日本のアニメーター宮崎駿の長年のファンであるラセターは、宮崎の一九八六年の冒険映画『天空の城ラピュタ』も上映した（またずっとあと、映画の最後の追跡シーンを計画する段階で、『フレンチ・コネクション』、『ブリット』、『L.A.大捜査線／狼たちの街』などの映画から追跡シーンだけを集めてリールにし、監督たちがどんな判断を下したかを研究した）。

ディズニーは外部の脚本家を任命する権限を行使して、(3) ジョエル・コーエンと、コメディ雑誌『ナショナル・ランプーン』の寄稿者アレック・ソコロウの喜劇脚本チームを雇って、ピクサーのストーリー・チームとともに脚本に当たらせた。第七稿の草案が仕上がった時点でコーエンとソコロウは去り、ディズニーは別の脚本家を連れてきた。ジョス・ウェドンという、祖父から三代にわたるテレビ脚本家で、四カ月ほどかかって脚本を書き直した。ウェドンはのちに語っている。「構造はすばらしいんだが、筋書きがうまく行っていなかった」(4)

ウェドンが来たときには、おもちゃのキャラクターがほぼそろっていた。ウッディとバズを別にすれば、部屋のおもちゃのほとんどが、ベビーブーム世代の親たちになじみ深い昔ながらのおもちゃや、それに少し手を加えたものだった。ラセターは最新流行のおもちゃを使えば、映画が時代遅れのかびくさい印象になってしまうのではないかと恐れた。玩具メーカーのハスブロは、G.I.ジョーの使用を認めず、ミスター・ポテトヘッドだけを渋々許可した(グッゲンハイムによれば、「ミスター・ポテトヘッドを何とか映画に出させてもらおうとして、弁護士と延々と交わした会話が、制作チームの定番ジョークになった」)。ウェドンは気の弱い恐竜のレックスを加え、バービー人形に重要な役割を与えた。

ウェドンの脚本では、ウッディとバズはシドの家で絶望していたところを、バービーの特殊部隊風の襲撃によって救出されることになっていた。バービーのキャラクターは、『ターミネーター2』でリンダ・ハミルトンが演じたサラ・コナーをイメージしていた(当時まだ斬新だった、タフでやんちゃなヒロインは、ウェドンが脚本を手がけた一九九二年のテレビシリーズ『吸血キラー聖少女バフィー』にも登場する)。だがマテル社がバービーの使用を拒否したことで、ウェドンの構想はおじゃんになった。

二転三転する脚本に加え、ディズニーを悩ませていたもう一つの問題は、音楽の使い方に対するラセターの姿勢だった。ディズニー・アニメーションの最近のヒット作は、ブロードウェイ・ミュージカル仕立てだった。キャラクターがいきなり歌い出し、主人公は「私の夢」的な主題歌を歌って、自分の憧れを打ち明ける。しかしディズニーにとって歌はそれ以上の意味があった。感動的な方法で気もちを伝える「星に願いを」のような歌は、ディズニー映画の伝統の切っても切り離せない一部になっていた。だがラセターは、ディズニーの求めるミュージカル的な手法を拒んだ。ミュージカル・ナンバーが、『トイ・ストーリー』を現実から引き離してしまうと考えたのだ。ディズニーとピクサーは妥協策を打ち出した。『トイ・ストーリー』のキャラクターは突然歌い出したりはしないが、『卒業』のようにアクションに歌をかぶせることで、バズとウッディの感情を伝え、かき立てることにする。

一九九三年一月一九日にカッツェンバーグが脚本を承認すると、ラセターは声優選びに着手した。俳優の声とキャラクターとの相性を測るために、ディズニー・フィーチャー・アニメーションの手法を拝借した。俳優の出演した作品から、アニメーション映画に必要な個性や演技を象徴するようなシーンを選び出し、そのシーンでの俳優の声の演技を、絵コンテの一部や完成したアニメーションと合わせる。そうすることで俳優の声と、アニメーション・キャラクターの外見や行動の相性を測ることができた。ラセターはウッディ役にトム・ハンクスを所望した。一九九三年当時ハンクスは主にコミカルな役どころで知られていたが、まだアカデミー賞は受賞していなかった。ラセターは前年の『プリティ・リーグ』での彼の演技に感銘を受けた。「トムのどこが好きかというと、どんな感情も魅力的に見せるところだ」ラセターは言った。「誰かに怒鳴っている姿でも好感が持てる。それはすごく大切なことだった。ウッディはおもちゃのリーダーでなくなった時、結構ひどいふるまいをするからね」[5]

ラセターはハンクスの演技の感情の幅を見るために、テスト映像に『ターナー&フーチ／すてきな相棒』のワンシーンの声を使った。最初は穏やかだが、犬に泣きつくところでうろたえて我を失う。「車はだめだ。車をかじるな。車はだめと言ってるだろ」

カッツェンバーグはテスト映像をとても気に入り、ハンクスがこの役にうってつけだと認めた。そしてラセターとグッゲンハイムがグレンデールのディズニー本社のアニメーション・ビルでハンクスに会えるよう、手はずを整えてくれた。ラセターとグッゲンハイムは映画の宣伝用ポスターを部屋中に貼っておいた。そしてハンクスにテスト映像のビデオテープを見せ、ウッディの役どころについて説明した。ハンクスは大いに気に入り、契約に署名した(グッゲンハイムの記憶によれば、ハンクスが部屋に入ってきたとき、誰も彼だと気がつかなかったという。『フィラデルフィア』の撮影を終えたばかりのハンクスは、エイズで死に瀕した男を演じてやせ衰えていたため、気づかれなかったのだ)。ラセターはバズの役をビリー・クリスタルに依頼するつもりで、『恋人たちの予感』でのクリスタルの声を使って自らテスト映像をつくった。クリスタルに断られると、ラセターはティム・アレンに目を向けた。彼は昔ロサンゼルスで活躍していたコメディアンで、ケーブルテレビの三〇分の特別番組『メン・アー・ピッグス』での演技で、カッツェンバーグの目に留まった。カッツェンバーグは、以前テレビのコメディシリーズの主人公に彼を起用しようとしたことがあった。アレンは二つの番組のパイロット版の話を断ったのち、一九九一年秋に放送が始まったテレビドラマ『ホーム・インプルーブメント』でディズニーと契約した。ラセターはアレンがスクリーン上で見せる、勘違いしたふてぶてしい自信を気に入った。

バズ役を引き受けたアレンは、すぐにバズの人物像をつくり替えた。バズがルーナー・ラリーだった頃から、ラセターたちはこのキャラクターを、テレビアニメ『騎馬警官ダドリー・ドゥライト』の清く正しい主人公ダドリーに似た、芝居がかった正義感あふれるヒーローとして構想していた。アレンは最初の録音セッションで、違うバズを演じた。それほど滑稽でも尊大でもなく、むしろ普通の男に近かった。ラセターは納得した。「バズに自分がスーパーヒーローだという意識をもたせずに、しっかり訓練された警官のような存在にした(6)」

ハンクス、アレンをはじめとする声優陣がセリフを収録すると、ラセターのチームはその音声に「試し」ゼリフ（キャストでない人、通常はアニメーターが仮にあてたセリフ）と試し音楽を組み合わせて、ストーリー・リールをつくった。ストーリー・リールとは映画の大まかなたたき台となるもので、完成映像の代わりにアニメーション化されていない連続した手描きのイラストを使って、ストーリーを表したものだ。

リールの制作は重要な工程だった。実写映画では通常、マスターショットとクローズアップのためにいくつものテイクを撮影し、セリフの部分部分でアングルやアプローチを変えて撮影し、監督と編集者が編集室でその中からよいものを選んでシーンを組み立てる。アニメーションでは――手描きであれ、コンピュータ・アニメーションであれ――一コマ一コマに莫大なコストがかかるため、映画制作者はさまざまな選択肢を撮影してからあとで編集するやり方を好まず、絵コンテや最終的にはリールを使って、前もって編集をすませておく。また未完成の作品を評価する映画会社の幹部にとっても、リールはスクリーン上で映画の速さで動く物語を見る、初めての機会となる。

一九九三年一一月一九日、シュナイダーはラセターとグッゲンハイム、ボニー・アーノルドと一緒にリールを見た。アーノルドはディズニーが共同プロデューサーとしてチームに送り込んだ、実写映画のプロデューサーである。ポイント・リッチモンドで「暗黒の金曜日」と呼ばれるようになったこの日、シュナイダーは三人に、制作の即時中止を命じた。

新しい脚本が提出され、ディズニーの承認が得られるまでは、始まったばかりのアニメーション作業は再開されないことになった。

三人は会社に戻り、二〇数人のクルーに決定を伝えた。[7] クルーの多くが、このプロジェクトのためにほかの仕事をやめてきていた。『トイ・ストーリー』がお蔵入りしている間、クルーはテレビCMに配置換えされることになった。ソフトウェア・チームの数人は、この小休止を利用してメンヴの安定化にじっくり取り組んだ。ラセターは表向きは楽天的な態度を崩さず、中止の背後にある問題は必ず解決できるという自信を振りまいて、チームの士気を保った。

だがラセター、スタントン、ドクター、ランフトにとって、「実は制作中止は恐ろしい時期だった」と回想するのは、コロッサル・プロダクションズから移ってきて、当時ストーリー部門を統括していたBZ・ペトロフだ。「ディズニーは警告を発していたの。〝ストーリーをうまくまとめろ、さもないと〟って。でも三人は自信と笑いで乗り切った」。彼らはあふれんばかりの決意をもって、危機によってかえってパワーアップしたとペトロフはいう。

ストーリーの決定的な問題は、ウッディを嫌われ者にしたことにあると、彼らは気づいた。ウッディは卑劣で自己中心的で嫌みなむかつく野郎になっていた。「ウッディは最後はいい奴になる設定だから、はじめはわがままな性格で行こうとしていた」スタントンは言う。[8]

これは、構造という点から見れば筋の通った戦略だったが、そのせいで誰も見たがらないようなストーリーになってしまった。脚本には、ウッディがこんなことを叫びながら、スリンキードッグをいじめるシーンがあった。「おいおい、バネつきソーセージ野郎。おまえの考えなんざ、誰も聞いちゃいねえよ。俺がいなきゃ、アンディはおまえなんかに目もくれないさ」[9]。またウッディはバズをわざと寝室の窓から押し出してシドの庭に落とし、ブラインドを閉めて、誰に言うともなくこうつぶやくことになっていた。「いやぁ、まさに食うか食われるかの世界だぜ」

スタントンは窓のない暗い小部屋に閉じこもり、ときおり新しい脚本の数ページを手にもって姿を現した。それからほかの脚本家とショットの絵コンテを描き、また脚本を書くために隔離部屋に戻った。ウェドンも中止期間中の一時期、ピクサーに戻って修正を手伝った。一九九四年二月に、ラセターたちは完成が間近であることを確信し、四月にカッツェンバーグはピクサーに制作を再開する許可を与えた。

新しい脚本はウッディをより共感の持てるキャラクターにするために、いくつかの点で変更されていた。[10] 冒頭のシークエンスでアンディがウッディと遊ぶ様子を見せ、二人が愛情で結ばれていることを強調する。前の脚本ではウッディがアンディの部屋の世をすねた主として描かれていたのに対し、新しいバージョンの冒頭シーンでは、ウッディがほかの

イーベン・オスビーがキャラクターのモデルのデジタル化を実演しているところ。このキャラクターはシド・フィリップの飼い犬、スカッド。ダルメシアン犬は美術部門のアーティストの飼い犬である。
（ルイ・サイホヨス撮影／サイエンス・ファクション）

おもちゃたちに気を配る思慮深いリーダーとして確立される。ランディ・ニューマンに委嘱された三曲の映画音楽のうちの一曲、「すべてがストレンジ」をシークエンスにかぶせて流すことで、バズがアンディのお気に入りになったとき、ウッディがどう感じたかを観客に理解させる。またバズが窓から落下するシーンでは、ウッディがバズを落とすのではなく、バズが自分で落ちることにして、ウッディの計算高さを軽減した。ウッディが仕掛けたちょっとしたいたずらが思いがけずエスカレートしたせいで、バズはルクソーJr.に向かってうなずくためにぐるっと回転したルクソー・ランプに当たって落ちてしまう。

ラセターは新しいストーリー・リールを制作クルーに見せた。

「今までに見た中で、一番ハラハラする映画だったな」PRマンを使ってすべてをまとめる役目を担っていた技術担当者の一人、ローネン・バーゼルが言った。

制作にゴーサインが出ると、クルーは当初の二四名から総勢一一〇名に一気に増員された。[11] アニメーター二七名、技術担当者二二名、その他のアーティストやエンジニア六一名の大所帯である。採用活動は順調に進んだ。人材を引きつけていたのはパッとしない報酬ではなく、世界初の完全なコンピュータ・アニメーション映画制作の一翼を担うことの魅力だった。「ディズニーは『トイ・ストーリー』に、本当にささやかな予算〔一七五〇万ドル〕しかくれなかった」とグッゲンハイム。「予算はそのうち少しずつ増えていったが、残念ながらそんなに高い給料は払えなかった。だからそれ以外の職場環境の改善に務めた。ものすごいプロジェクトに取り組めるっていうだけで、アーティストやアニメーターを呼び込めるものだ」

クルーのほとんどは、実際にはピクサーでなく、ピクサーとディズニーの合弁企業ハイテック・トゥーンズに雇用された。これは両社を法的責任から保護し、制作の会計を簡素化する目的で設立された会社で、ハリウッドの一般的な慣行である。また『トイ・ストーリー』の場合は、この別会社がディズニーに代わって組合問題にも対処した。ディズニーは、少なくとも名目上は独立した存在であるこの企業を通すことで、労働組合の基準に沿わない映画をつくることができた。

制作作業は伝統的なディズニー・アニメーションに見られるような、流れ作業による制作体制で行なわれた。もちろん、工程の各段階はディズニーとは違っていた。ラルフ・エグルストン率いる美術部門が『トイ・ストーリー』のすべてのキャラクター、すべてのセット、すべての小道具をデザインし、次にモデル・チームに所属する一五人の技術担当者の一人がそれを3Dモデルにした。チームは全部で四〇〇を超えるモデルを制作した。美術部門はモデル・パケット（設定画）と呼ばれる、何ページにもわたる詳細なデッサンと書面によって、モデル・チームに指示を与えた。モデル・チームは人間や複雑なおもちゃについては、粘土彫刻をつくってからデジタル化した。

モデル・チームは、形を変える必要のあるすべてのモデル――たとえば手足が動いたり表情が変わるキャラクターや、曲がったり押しつぶされたりする無生物など――に関節変数、略して「エイヴァーズ（AVARS）」と呼ばれるアニメーション・コントロールを取りつける必要があった。エイヴァーズは、モデル上でアニメーターが動かすことのできる位置を示した。たとえばバズの宇宙船の箱には、バズがドアを開けられるように、エイヴァーズをつけた。ウッディとバズにはそれぞれ七〇〇以上のエイヴァーズが使われ、ウッディの表情豊かな口元だけで五八も使われている（ビル・リーヴズがウッディ、イーベン・オスビーがバズのモデルを担当した）。

映画のすべてのショットが、八つのチームの手を経ている。美術部門はショットの色見本と全般的な照明をデザインした。続いてクレイグ・グッド率いる配置部門が、モデルをショットに配置し、仮想カメラの位置を設定してショットを作成し、カメラの動きをプログラミングした。配置チームはラセターの短編映画に倣って、当時のCGで多用されていた、手の込んだ縦横無尽《アンテザード》のカメラワークを避けた。新しい媒体をできるだけ身近に感じてもらうために、本物のカメラや三脚、台車、クレーンを使った実写映画に可能なことを超えないようにしたのだ。チームは実写映画の監督のショットをまねることすらあった。たとえばウッディがバズを突き落としたといって、おもちゃたちに責められるシーンでは、ケネス・ブラナー監督が一九九四年に『フランケンシュタイン』で行なったカメラワーク（彼らは「ブラナー・カム」と呼んでいた）をまねて、ウッディの周りをぐるりと回った。またテレビシリーズ『マイアミ・バイス』で使われた方法（「マイケル・マン・カム」）にヒントを得て、ガソリンスタンドに入ってくるタンク車の車輪にカメラを固定して、ウッディが今にも轢かれそうになるところを見せた。

ショットは配置部門を経て、リッチ・クエイドとアッシュ・ブラノン率いるアニメーション部門に回された。アニメーターの仕事は、ピクサーの短編映画やCMと概念的には同じで、ディズニーの九人の長老の原則をあてはめ、キャラクターの3Dモデルに生命を吹き込んだ。だが『トイ・ストーリー』の作業は、一五六一ショットにおよぶ七七分間のアニメーションという途方もない規模で、ピクサーがそれまで手がけたどんな作業とも違っていた。

ラセターは一人のアニメーターに一つのキャラクターを割り当て、映画全体を通して担当させるというディズニー方式は取らないことにした。ピクサーでは一般にアニメーターにショットを割り当て、そのショット（通常三秒から七秒程度の映像）に登場するすべてのキャラクターのアニメーションを担当させた。また演技がとくに重要なシーンについては例外を設け、そのシーンに含まれるすべてのショットについて、一つひとつのキャラクターを別々のアニメーターに担当させた。こうした重要シーンの一つが、ガソリンスタンドでのウッディとバズの対決だった。ラセターはストーリーの要となる、このきわめて感情的な見せ場については、カルアーツの三年生を終えてから採用された二一歳のマーク・オフテダルにウッディを、ストップモーション分野出身のベルギー生まれの経験豊かなアニメーター、ギオネ・ルロワにバズを割り当てた。

アニメーターは鉛筆とドローイングテーブルの代わりに、メンヴ・プログラムを使ってキャラクターに望ましい動作をさせた。アニメーターが一連のポーズ、つまり「キーフレーム」を手動で作成すると、ソフトウェアがその間のコマのポーズを自動的に生成してくれる。このプロセスは、主任アーティストが鍵となるコマを描き、それを部下に渡してその間のコマを描かせる、昔ながらのアニメーションの手法に似ている。

莫大なバイナリ・データとポリゴン《多角形》メッシュが、思考と感情と意識のある人物になるのは、ほかでもない、アニメーターのワークステーション上だ。アニメーターは自分の演技の勘を頼りに――アニメーションの世界には「アニメーターは鉛筆をもった俳優だ」という古い金言もある――声優が台詞を読む様子を収録したビデオテープを研究してヒントを得た。プラスチックの足が土台に固定されたグリーン・アーミーメンの動作パターンを練るために、板にくぎづけにしたスニーカーを履いて歩く練習をしたりもした。アニメーターはまずショット中のキャラクターの大まかな体の動きを手がけ、ずっとあとになってから表情に取り組んだ。そのため、ボディランゲージだけで正しい感情を伝える方法をじっくり考えるようになるのだ。

キャラクターに生命を吹き込む魔法は、アニメーターが下す微妙な選択の積み重ねである。とくにコンピュータ・アニメーションのキャラクターでは、生身の人間と同様、目が魂の窓であり、細かい点にまでとことん気を配る必要があった。

「おもちゃに生命を吹き込むのは、ほかの何よりもまず目だ」ラセターは言う。「キャラクターがどれくらいの角度で目を見開くか、何かを盗み見しようとするときに瞳をどれくらい端に寄せるかといったことが、どんな要素よりも臨場感を伝えるんだ」(12)

ラセターは音声トラックとキャラクターの口の動きを自動的に同期させる、「リップシンク」を拒否した。(13)このソフトウェアを使えば、キャラクターの唇を言葉に合わせて動かせるのだが、瞬間瞬間の感情に唇の動きを合わせることはできない。それができるのは、アニメーターだけだ。

トム・ポーター率いるシェーディング・チームは、各モデルの表面を処理するために、レンダーマンのシェーダー言語を使って「シェーダー」と呼ばれるプログラムをつくった。シェーダーは前述の通り、表面の色パターンや質感、反射率を定義するプログラムだ。チームは板張りの床からアンディの髪の毛に至るまで、約一三〇〇本のシェーダーをつくった。ウッディには、顔と複雑なカウボーイの格好を処理するのに、一五本ものシェーダーが必要だった。ほとんどのシェーダーが、「手続き型シェーディング」と呼ばれる自己完結型で、完全に自己のプログラム論理内で表面の外観を生成した。そのほか、たとえばペンキや削りくずの散らばるシドの机のシェーダーなどは、美術部門がコンピュータで画像を描画し、それをキャットムルが大学院生時代に開発したテクスチャ・マッピング技術を用いて表面上にマッピングした。『トイ・ストーリー』には、実物体の表面も使われている。たとえばアンディの部屋のカーテンの生地のシェーダーには、実物の布地をスキャンした画像を使った。

アニメーションとシェーディングが終わると、ショットの最終的な照明は、ゲイリン・サスマンとシャロン・キャラハンの指揮する照明チームに一任された[14]。技術チームの中でずば抜けて規模の大きい照明チームには、いくらでも仕事があった。ショットの雰囲気を決め、時刻や、場合によっては季節を示し、観客の視線を導き、キャラクターの心の動き

エド・キャットムルと『トイ・ストーリー』のレンダリングに使われた「レンダー・ファーム」（ルイス・サイホヨス撮影／サイエンス・ファクション）

や性格を強調するといったことだ。ライティングの技術担当者は、実写映画の制作クルーが使えるすべての照明のデジタル版のほか、現実には絶対にあり得ない照明に至るまで、ほとんど無限とも言えるツールを取りそろえていた。たとえば影を落とさない照明、目の前にある一部の物体だけを照らす照明、光の代わりに暗闇を投げかける照明をはじめとする、度肝を抜くような、だが非常に有用なツールだ。

完成したショットは、続いて二四時間稼働の一一七台のサン・マイクロシステムズ製コンピュータ、「レンダー・ファーム」でレンダリングされた。一コマのレンダリングには、複雑さの度合いによって四五分から長くて二〇時間（映画全体では、これに一一万を超えるコマ数を乗じた時間）がかかった。それからカメラ・チームがディヴィッド・ディフランチェスコの助けを借りて、各コマをフィルムストックに録画した。解像度をギガピクセル級に上げるより、アンチエイリアシングなどの要素を操作した方が画像品質に大きな違いをもたらす、というピクサーの昔からの信念に基づいて、『トイ・ストーリー』はわずか一五三六×九二二ピクセルでレンダリングされた。普通の映写幕では、一ピクセルは約〇・六四センチメートル四方の映写面積に相当する。この程度の解像度でも、肉眼には驚くほど明瞭に鮮明に見えた。

ストーリー・チームは制作作業が進行する間も、脚本の手直しを続けた。その後加えられた変更の一つが、ピザ・プラネットでのバズとエイリアンの笛入りおもちゃとの出会いだ。[15]これは、ディズニーの一〇人ほどの監督、ストーリー・アーティスト、アニメーターたちと行なったブレインストーミング・セッションから生まれた。脚本ではバズがロケットの形をしたもの（実はゲームセンター）に引きつけられることになっていた。だが数カ月考えても、中に入ったバズがどんなおもちゃに出会い、どんな事件に巻き込まれるかについて、満足のいくアイデアは出なかった（却下されたアイデアは、おもちゃのクマ、サングラスをかけたプラスチック製のピザスライスなど）。解答の出ないまま会合が進むうちに、だれかが「クレーン」というキーワードを口にした。するとまるで蛇口をひねるように、アイデアが次々とあふれ出した。「みんなで映画に登場するマインドコントロールされた集団を、思いつく限り片っ端から上げていった」とスタントンは言った。「〝クレーンに逆らうな〟〝クレーンの御心のままに〟とかね」『美女と野獣』のストーリー・アーティスト、クリス・サンダースがユニークな三つ目のエイリアンのデザイン画を描き、それがそのまま映画になった。

完成したアニメーション映像は、一週間につき約三分の着実なペースで上がってきた。制作工程のほとんどで、完成版の映像はバラバラで、音楽や音響効果などの要素が欠けていたため、制作クルーには映画がどれほどの出来になるのかがよくわからなかった。

「いい映画になると考えるべき理由は何もなかった」当時カリフォルニア工科大学から博士号を取得したばかりだった、照明チームのバーゼルが言う。「ジョンが短編映画のアニメーターとしては、文句なくすごいってことは知ってた。でも短編小説はいいのに、安っぽい長編を書く作家がいるじゃないか。だから二つは違うスキルだと思ったんだ。ジョンに長編映画を成功させる能力があると考えるべき理由はなかった」

バーゼルは、アニメーターやアニメマニアにとってはおもしろいが、それほど広く受け入れられない映画になる、と予想した。

「僕が参加したのは、実践的な経験を積みたかったからだ」と彼は言う。「こう思ったんだ。世界初の長編『コンピュータ・アニメーション』映画なんだから、どう転んでも絶対楽しくなるはずだって」

バーゼルがようやく映画の成功を信じるようになったのは、ラセターの仕事ぶりを目の当たりにしたときだった。ラセターには、映画全体を俯瞰するマクロのレベルから、その時々に取り組んでいる細部のミクロのレベルの間で、視点を自在に変える超人的な能力があった。「一つのコマを見ながら――いや、ほんとに細かい作業なんだ――そのコマが物語というもっと大きな文脈のなかでどんな役割を担うかを、彼はつねに意識している」とバーゼルは言う。「こんなことを言ってた。〝これはこのキャラクターがこの状況に初めて反応を見せる瞬間だぞ。だからそれに合った輝きを目に与えることが、すごく大切なんだ〟と」バーゼルは信じるようになった。ジョンは確かなスキルをもっている。この映画は本当にすばらしいものになるだろう。

しかしピクサーにはたった一人だけ、『トイ・ストーリー』の成功を確信していない人物がいた。

7　離陸その2――『トイ・ストーリー』

スティーヴ・ジョブズは、この会社に五〇〇〇万ドルほどつぎ込んでいた。会社は来る年も来る年も、確実に赤字を垂れ流していた。そして今になって、さらに数百万ドルの債務が生じるおそれが出てきた。ディズニーは『トイ・ストーリー』の予算を、当初のとんでもなく低い一七五〇万ドルから二一〇〇万ドルに増額することを承諾したが、それでも足りず、一九九四年頃には、費用があと六〇〇万ドルほどかかることが明らかになった。ディズニーはピクサーに不足分を分担させるために、三〇〇〇万ドルの――必要とあらばジョブズの個人保証を担保とする――信用枠をピクサーに獲得させた。ピクサーの赤字が積み上がっていくのを見ているのに嫌気がさしたジョブズは、『トイ・ストーリー』の制作中にも、ホールマーク、マイクロソフトの共同創設者ポール・アレン、オラクルのＣＥＯ兼共同創設者ラリー・エリソンなどに、ピクサーの一部または全体を売却しようとたびたび画策した。一九九四年秋に、ジョブズはまたもやピクサーを資金の潤沢な見込み客に売却しようとしていた。ワシントン州レドモンドに本拠を置く巨大ソフトウェア会社、マイクロソフトである。[1]

マイクロソフトを代表して話し合いに出席したのは、三五歳の先端技術担当上級副社長ネイサン・ミルヴォルドだった。ミルヴォルドは二三歳でプリンストン大学の博士課程を修了し、ケンブリッジ大学の物理学者スティーヴン・ホーキングの下で博士研究員として一年間、重力と湾曲した時空に関する理論を研究した。その後、ベイエリアに住む友人のソフトウェア・プロジェクトを手伝うために、三カ月の休暇を取った。そこでPC用ソフトを取り巻く熱狂と起業家精神に心を奪われ、二度と戻ることはなかった。彼はまずバークレーで、PCのOSを開発する会社、ダイナミカル・システムズを共同創設した。会社は二年ほど健闘したが、一九八六年にマイクロソフトに買収された。ミルヴォルドは研究部門のマイクロソフト・リサーチを立ち上げさせてくれとビル・ゲイツを口説き、自ら所長に収まった。

ミルヴォルドは一流の研究者や有望な新技術を探し出すことに、ほとんどの時間を費やしていた。ピクサーの技術者たち――キャットムル、スミス、ローレン・カーペンター――とも、八〇年代後半のシーグラフ会議で出会って以来、連絡を取り合っていた。

「最初彼らに興味をもったのは、私たちがグラフィックスに関心をもっていたからだ。早い段階で投資しておけば、そのうちPCで使えるようになる技術があるんじゃないかと考えていた」とミルヴォルドは言った。「そのうちに私たちの関心が高まり、ピクサーが道を模索してまだ手探り状態だった頃、マイクロソフトがピクサーから技術をライセンスする可能性について、何度か話し合いをもった」

このようにして一九九〇年代初めにミルヴォルドは、フォトリアリスティック・レンダーマン（PRマン）をライセンス取得してウィンドウズに組み込むことに関して、ピクサーと何度か交渉を行なった。彼は、PRマンがウィンドウズ・プログラムで高品質のグラフィックスを処理する標準的な方法になると考えた。PRマンはゲームなどの双方向アプリケーションに使うには遅すぎたため、こうした用途にはPRマンを高速化したサブセット版の「リアルタイム・レンダーマン」で対処する計画だった。だがミルヴォルドは結局、別の案を選んだ。マイクロソフトはシリコン・グラフィックスから「オープンGL」と呼ばれる3Dグラフィックス・ソフトをライセンスした。ピクサーのソフトウェアに比べていくつかの点で性能は劣ったが、より高速で、双方向性のニーズに合っていた（のちにマイクロソフトは紛らわしくも、ウィンドウズに「ダイレクト3D」と呼ばれる別の3Dグラフィック・インターフェースを追加している）。

以前の話し合いは実を結ばなかったが、一九九四年にピクサーが電話をかけてきたとき、ミルヴォルドはまだ強い関心を失っていなかった。アルヴィ・レイ・スミスがピクサーを去ってから数年後、マイクロソフトはスミスの会社アルタミラを買収し、スミスをマイクロソフト・リサーチ初のグラフィックス特別研究員として迎え入れた。研究所にはそのほか著名なCGの研究者がそろっていた。「うちに欠けていた、超優秀なグラフィックス研究者を抱える最大の集団が、ピクサーだった」とミルヴォルドは言う。

ジョブズとゲイツは同じ年に生まれ、二人ともPC業界に創生期から関わってきた。ジョブズはかつてマイクロソフト製品をことさらに侮辱していたが、その裏には個人的な対抗意識があるように思われた(「ビル・ゲイツはスティーヴ・ジョブズに、つねに多大な敬意を払ってきた」とミルヴォルドは言う。「スティーヴの方もそう思っているのか、いま一つはっきりしないときもあったがね」)。だが今やゲイツは敵ではなかった。ジョブズの敵意は、自分を追い出したアップルコンピュータに向けられていた。彼がピクサーのオフィスで使っていたコンピュータがウィンドウズ搭載のラップトップだったことにも、そうした気もちが表れていた。

ミルヴォルドはキャットムルとパム・カーウィンに会うために、ポイント・リッチモンドのピクサー本社にやってきた。『トイ・ストーリー』を楽しんでもらおうと、初めて完成したシーンの一つを見せた。グリーン・アーミーメンが二階からロープを伝って降りてくるところだ。ミルヴォルドはシーンをすばらしいと思ったし、おもちゃを中心にストーリーを構築するという巧みな発想には舌を巻いた。おもちゃのプラスチックの表面は、コンピュータ・アニメーションにうってつけだった。とは言え、彼は映画制作のために ピクサーに興味をもったのではない。彼がピクサーの技術とグラフィックスの天才たちに望んだのは、ピクサー級のグラフィックスをウィンドウズにもたらすことだった。もっとも、映画制作がやりたいというのなら、マイクロソフトにはそれをあえて止める気もなかった。

「エンターテインメントとPCは収束するのではないかと思っていた。そこから推測してこう考えた。〝もし本当にそうなるのなら、ピクサーのような会社がほしい。そうか、ピクサーは映画もつくりたいのか、もしかしたら成功するかもしれないな〟と」

しかしジョブズは突然気が変わって、やはり売却しないことに決め、ピクサーの特許をいくつかマイクロソフトにライセンスするにとどまった。マイクロソフトはライセンス料として一括で六五〇万ドル支払った。特許がカバーする技術は、ピクサーのアンチエイリアシング、モーション・ブラー、リアルな被写界深度などだった。(2)

この頃ピクサーの技術部門担当副社長兼ジェネラル・マネジャーになっていたカーウィンは、ジョブズの変節の理由を、彼がピクサーの内部で何か重要なことが起こりつつあることに気づいたせいだと考えた。「スティーヴはなんというか、うしろに飛びすさったの。彼の中の本能的なものがこう告げたんでしょうよ。〝こいつはとてつもないものになるぞ〟ってね」

ディズニーの消費者製品部門――玩具その他の抱き合わせ製品のライセンスを担当する

グループ――も、『トイ・ストーリー』の可能性をなかなか見抜けなかった。(3) 去る者日々に疎し、の典型例だ。『トイ・ストーリー』はディズニーから数百キロも離れた場所で制作されていたのだから。ディズニー消費者製品部門は公開が間近に迫った二作品、『ポカホンタス』と『ノートルダムの鐘』に気をとられ、ピクサー映画はあと回しにした。グッゲンハイムは一九九四年一二月にこの部門の上級ライセンシング担当役員と会ったが、彼女が映画にライセンス・ビジネスの可能性をまったく見ていないことを知って、不安を抱いたという。

「映画の完成したシーンのプレゼンテーション用リールと、メイキングを説明する資料を準備しました」グッゲンハイムは言った。「それをディズニーの社内中に見せて回って、どんな映画なのか、皆さんに感触をつかんでもらってます」

役員は、この映画をどうやっておもちゃにすればよいかわからないと言った。

「え……どういう意味ですか？」グッゲンハイムは尋ねた。「トイ・ストーリーですよ。ほら、おもちゃの物語の……」

わかってるわ、と彼女は言った。でもおもちゃはもうあるじゃない。ミスター・ポテトヘッドにスピーク&スペル、そんな感じのものが。そんな状況で、いったいどうやって儲ければいいの？

「でもオリジナル・キャラが山ほどいるじゃないですか。バズがいるし、ウッディもいる」

彼女はまだ半信半疑だった。その上ディズニーも玩具会社も、製造のリードタイムは通常の半分しかなかった。映画に関してもうすっかり強気になっていたシュナイダーが、『トイ・ストーリー』の全米公開日を、冬の休暇シーズンが始まる感謝祭の週末にぶつけて一一月にすることを、一九九五年一月に発表したのだ（海外での公開は翌年三月を予定していた）。ディズニーの消費者製品部門と玩具メーカーは、一八カ月から二年のリードタイムを置くのがつねだった。マテルとハスブロは、この準備期間では新しい玩具が間に合わないという判断から、『トイ・ストーリー』のライセンス取得を見送った。

ディズニーは二月にニューヨークで開催された玩具業界の見本市トイ・フェアに話を持ち込んだ。トロントに本拠を置き中国に工場をもつ玩具会社のシンクウェイ・トイズが関心をもった。この会社は映画キャラクターの貯金箱を主力製品とする業界の中小企業だが、ほかにほしがる会社がいなかったために、世界中の『トイ・ストーリー』のマスターライセンスを買い占めることができた。シンクウェイは一か八か、ウッディとバズの玩具に取りかかった。ラセターは、シドの部屋の不気味なミュータント玩具もつくってほしいとせがんだが断られた。

一方ジョブズはあまりにも『トイ・ストーリー』に熱を入れすぎたあげく、荒唐無稽とも思われる構想を抱くようになった。『トイ・ストーリー』の公開直後に、ピクサーを上場するというのだ。彼の財務顧問らはやめた方がいいと口々に諭した。当時は、一度も利益を計上していない会社の株式を公開するなど、まともな投資家には到底受け入れられない考えだった。

ジョブズは頑として譲らなかった。彼は一月にディズニーの記者会見に出席し、ピクサーの成功をますます確信するようになった。記者会見はセントラルパークに巨大なテントを張って行なわれ、中には一〇〇席の劇場が設けられ、そこでルディ・ジュリアーニ市長とマイケル・アイズナーが、ディズニーの『ポカホンタス』がその夏ニューヨークで先行公開されることを発表した。その後ラセターとグッゲンハイムが『トイ・ストーリー』に関する簡単なプレゼンテーションを行なった。

ディズニーがセントラルパークのど真ん中で記者会見を主催する力をもっているというだけでも、大したものだった。だがジョブズは『ポカホンタス』の先行公開について耳にした話に、さらに深い感銘を覚えた。ディズニーは市に働きかけて、六月初めにセントラルパークのグレート・ローンと呼ばれる芝生の広場を借り切って柵で囲い、七階建ての高さほどの巨大スクリーンを設置することを承知させたのだ。約一〇万人が野外の特別試写会に招待される。このイベントの華々しさと、惜しみない金の使い方に、ジョブズは度肝を抜かれた。彼自身、演出に関してすばらしいひらめきをもっていた。ネクストや、以前のアップルの基調講演は、内容もさることながら、その演劇性を心待ちにするファンが多かった。そんな彼だからこそ、ディズニーがやろうとしていたことの真価を理解したのだ。ジョブズは教訓を胸に、記者会見場をあとにした。ディズニーが陰にいるときは、気をつけろ。

ディズニーに『トイ・ストーリー』をヒットさせる力があるという十分な証拠をニューヨークで仕入れたジョブズは、軍資金を用意することにした。IPOで資金調達に成功すれば、もうディズニーの一請負業者という身分に甘んじ、金を乞い、著作権を放棄してまで契約を結ぶ必要はなくなる。これからは、対等なパートナーとして映画を共同制作すればいい。

その第一歩として二月には、キャットムルが九年前の創設以来ずっと保持してきた（ただしチャック・コルスタッドが代わりを務めていた二年半を除く）社長の肩書きを剥奪した。キャットムルのような無名の人物では、投資家の興味をそそるイメージを打ち出せないと判断したのだ。そして自分が会長兼CEOの座に就き、上級副社長兼CTOのキャットムルと、新しく雇ったローレンス・レヴィから成る「社長室」の三頭体制を敷いた。レヴィはピクサー上場の準備をさせるためにジョブズが特別に雇い入れた男で、最高財務責任者（CFO）として高い評価を得ていた。レヴィはジョブズに欠けていたウォール街の信頼をピクサーにもたらすと考えられた。

「この頃［ジョブズは］一発屋だと思われていたわ」カーウィンは語る。「アップルでのジョブズの成功はまぐれだったというのが、今や世間の常識だった。彼が続いて立ち上げた二つの会社、ピクサーとネクストがその証拠というわけだ。「だからウォール街でピクサーを代表すべき人物は、スティーヴじゃなく、ローレンスだった。ローレンスはこの仕事にうってつけだったの。何と言ってもスティーヴに対応できたし、とにかく頭が切れて、機関投資家の期待を操るのがとにかくうまかった」

キャットムルは、こうした状況に陥った重役が見せるような苛立ちのかけらも示さずに、降格を淡々と受け止めた。彼の夢は、自分の成功ではなく、会社の成功だった。ウォール街によい印象を与えるために必要な措置として、彼は降格を受け入れた。社長交代を知らせるために開いた社員との会合では、冗談めかして言った。社長になりたい人が誰もいなくて、引き受け手が見つからなかったんだ、モリーにさえ断られてしまったよ、と。モリーはその場にいた、会社のマスコット的存在のシープドッグだった。

クリエイティブ担当副社長のラセター、長編映画製作担当副社長のグッゲンハイム、そして副社長兼技術部門統括部長のカーウィンが、経営陣の末席に名を連ねた。

春になって株式公開の準備が進むうちに、社内に不協和音が生じた。陰口、恨み、そして憤慨の詰まったパンドラの箱が開けられた。ピクサーにはこの時点まで分かち合うべき富もなく、富がもたらされる見込みもとくになかった。キャットムルとラセターはそれぞれ年一六万ドルと一四万ドルの報酬を得ていた(4)。これはベイエリアで中流上層階級の快適な暮らしを送るには、十分な金額と言ってよかったが、シリコンバレーやハリウッドの基準からすれば、彼らの地位に見合わないささやかな金額だった。ラセターが乗っていた車は、くたびれた青いホンダシビックだった。

株式公開の準備段階で、ピクサーのストックオプションの割当に関する詳細が明らかになった。[5] 上場に際して、証券取引委員会（ＳＥＣ）に提出する登録届出書やその他財務データを報告する文書を作成し、有望な投資家に配布する事業内容説明書を準備する必要があった。こうした書類は校閲、編集の必要があり、ここで情報が漏洩した。ほんの一握りの人たちが、莫大な株式オプションを低価格で手に入れることになっていた。キャットムル、レヴィ、ラセターが一六〇万株ずつ、グッゲンハイムとリーヴズが八四万株ずつのオプションを取得する。ピクサーの株式が計画通り一四ドルの価格で売却されれば、彼らはたちどころに億万長者になる。

事実が公になると、社員たちは悔しい思いをした。これは金だけでなく、象徴的な問題でもあった。ストックオプションは、一同が会社に注ぎ込んできた何年もの努力をおとしめるかのように思われた。好きで働いているからこそ生まれる仲間意識や、全員でイカした仕事をするためにそこにいるんだという思いが、むなしいものに感じられた。また入社してから日の浅いレヴィの取り分が多いことは、いやでも目についた。

「こういったことをめぐって大騒動があった。ほんの一握りの人たちが、同じ頃に入社してピクサーの発展や『トイ・ストーリー』の制作能力に少なからぬ貢献をしてきた人たちより、ずっと多くのお金を手にすることになったから」とカーウィンは言う。「最初からいてブレーンの一員だった、トム・ポーターやイーベン・オスビー、ローレン・カーペンターたちよ」

平社員もオプションを得たが、株数がずっと少ない上、権利の確定には四年かかった。一〇年前のルーカスフィルム時代からいた社員――一九九一年の再編でピクサーの株式をすべて失った社員――でさえ、権利確定の時計の針をゼロに戻さなくてはならなかった。これに対して、キャットムル、ラセター、グッゲンハイム、リーヴズが受け取るオプションのほとんどは、直ちに権利が確定し、株式に転換できた。

「こう思った。なんてこった、この会社に八年もいたのに、オプションが完全に確定するにはあと四年もいなきゃならない」元社員が言う。「自分が大切にされてるとは思えない、ってね。こういったことが積み重なった結果、こう考えるようになったんだ。俺いったい何やってんだろ？　ここに座って、スティーヴ・ジョブズを金持ちにする手伝いをしてるだけじゃないか、感謝もされずに」

この莫大なストックオプションの付与は、ピクサーがディズニーと一九九一年に結んだ契約に端を発していた。ディズニーは従業員との間で雇用契約を結んでおり、ピクサーにも『トイ・ストーリー』の制作に関わる全員と雇用契約を結ぶよう迫った。ピクサーの経営陣は渋った。雇用契約が会社の文化を台無しにすると考えたからだ。従業員は数年間の契約に縛られてピクサーにとどまるのではなく、自分の意志でとどまるべきだと、キャットムルは信じていた。ディズニーはかなり譲歩したが、それでもディズニーが絶対不可欠と見なした社員については契約を結ぶよう、ピクサーに要求した。このような経緯から、ピクサーは一九九一年のディズニーとの契約によって、「ピクサーの重要な創造的人材」――キャットムル、ラセター、グッゲンハイム、リーヴズと定められた――の雇用を確保するために、彼らと契約を結ぶことを求められた。

この頃雇用契約にも、ディズニーとの契約にも縛られていなかった四人は、非常に強い立場にあった。そこで彼らに署名を促すために、ジョブズは一九九三年二月に四人のために利益分配制度を設けた。(6) ピクサーが映画から得た利益の一六％を「利益プール」に入れ、それを四人に均等に分配するというものだ。二年後、ジョブズが株式公開を計画したときに、彼らは再び有利な立場に立った。ジョブズは、少数のエリート従業員にこれほど手厚い利益分配制度を提供することは、投資家に受け入れられないと顧問に助言されたため、四人にこの制度を放棄させる必要があった。一九九五年四月二八日にジョブズと五人の役員は、この制度を莫大なストックオプションと置き換えることで合意した。レヴィは利益プールに与っていなかったが、オプションの大盤振る舞いを要求できるだけの影響力をもっていた。

特権的なゴールデン・サークルに入れなかった人たちは、不公平な扱いに実務上の理由があったことを知っても、心が静まらなかった。

「スティーヴはじっくり時間をかけて社員をとりなそうとしていたし、私もかなりの時間をかけて、これがみんなのためになるんだと説得して回った」カーウィンは言った。「彼らにとってプラスになることは、全員のプラスになるんだって。中にはやめると言って息巻く人もいたけど」

キャットムル、カーウィン、グッゲンハイムは、この状況に助言を求めるために、パロアルトに車を走らせた。株式公開を取り仕切っていた弁護士、ラリー・ソンシーニに会うためだ(7)。

一九六六年にソンシーニがカリフォルニア大学バークレー校のボールト・ホール法科大学院を卒業したとき、級友たちは彼がなぜそんな道を選ぶのかといぶかしがった。彼らのほとんどが大手法律事務所や政府機関に向かったのに対し、彼は証券取引法の教授の助言に従い、当時法律とビジネスの僻地と考えられていたパロアルトに移った。ソンシーニが研究助手として仕えた教授は、彼の目を起業機会に向けた。中小の技術系企業が、サウスベイやその近くのサンタクララバレーに出現し始めているというのだ(シリコンバレーという名称はまだなかった)。成功した企業は成長資金を求めるようになり、証券取引法専門の弁護士を必要とするようになるだろう。

ソンシーニは三人の弁護士がやっていた法律事務所に、見習い弁護士第一号として採用された。弁護士としての最初の数年間は、半分の時間を新興企業の法務に充て、もう半分を典型的な町弁の飯の種である人身傷害などの問題に充てた。証券分野の業務を拡大しようとする試みは、挫折の連続だった。新興企業のクライアントは、成長して合併や新規株式公開で助けが必要になると、大手法律事務所に鞍替えすることが多かった。だがソンシーニは一〇年間粘り続けて、徐々に新規株式公開の仕事を取り込んでいった。一九七八年にソンシーニは事務所の会長に就任し、ウィルソン・ソンシーニ・グッドリッチ&ロザティと改称した。この二年後に、ソンシーニが著名なIT企業の新規株式公開における顧問を務めたことで、事務所は一躍名声を得た。その企業とは、アップルである。

一九九五年になると、ウィルソン・ソンシーニ法律事務所は、ハイテク企業の上場にかけては他のアメリカの法律事務所の追随を許さない存在になっており、ソンシーニ自身もシリコンバレーの法廷の名物男となっていた。クライアントには新興企業だけでなく、ヒューレット・パッカード、投資銀行、ベンチャー投資家などが名を連ねた。ジョブズにとってソンシーニはただの弁護士ではなく、信頼できる仕事上の相談相手でもあった。(8)

キャットムル、カーウィン、グッゲンハイムは、ソンシーニの事務所で問題を説明した。(9)従業員に何と言えばいいのか？　一体全体どう対処すればいいのだろう？

ソンシーニはおだやかに、何も心配する必要はないと言った。

「いいですか、スティーヴは会社を上場させやしませんよ」彼は説明した。「上場なんて絶対無理です。五〇〇〇万ドルもの負債を抱えていて、収益もないんですから」

「彼は会社を上場させやしません」とソンシーニはくり返した。

この件に関しては、ジョブズはソンシーニの判断を無視した。ソンシーニには彼なりの論理と経験があったが、ジョブズの考えを裏づけていたのは彼自身の揺るぎない意志だけだった。そして最後にはジョブズが正しかったことが判明する。それからまもない八月九日に起こったある出来事が、ジョブズの構想を救った。ネットスケープ・コミュニケーションズの新規株式公開である。この新株発行は、資本市場史の混乱期の始まりを告げた。創設一年でまだ利益も出ていない新興企業の株式を、二八ドルというIPO価格で購入しようとするほど情報に通じていた投資家は、初日の大引けには投資資金を倍以上に増やしていた。ジョブズに必要な先例はそろった。ピクサーは巨額の損失を出してはいたが、ネットスケープに比べればまだ優良企業だったのだ。

『トイ・ストーリー』は九月末までに編集作業を完了し、音楽と音響効果の最終作業のためにランディ・ニューマンとゲリー・ライドストロムに渡されることになっていた。七月末にアナハイムの近くの劇場でテスト試写会を行なったところ、土壇場になってもう一ひねり必要なことがわかり、すでに過酷だった最後の数週間のスケジュールにさらにプレッシャーが加わった。映画の冒頭シーンへの観客の反応が鈍かったため、ラセターはシーンにもっとパンチを効かせようと考えた。またこの時点での映画は、アンディの家の外観のショットと新しい子犬の鳴き声で終わっていたのだが、試写を見たマイケル・アイズナーは、最後はウッディとバズが、子犬が来たという知らせに反応を見せるショットにしなくてはならないと、ラセターに伝えてきた。

ピクサーの運命は、今やある日付にかかっていた。一九九五年一一月二二日、『トイ・ストーリー』の公開日である。ラセターがディズニーで惨憺たるストーリー・リールを見せてから、ほぼきっかり二年がたっていた。その間ストーリーは輝かんばかりに磨きをかけられたが、観客がどんな反応を見せるかは未知数だった。上映会の観客アンケートは励みになったが、観客は評価に最高点をつけたわけではなかった。

ディズニーのマーケティング部隊は、子どもたちを劇場に呼び込むという任務を着々と進めていた[10]。ブエナ・ビスタ・ホーム・ビデオは、『シンデレラ』のビデオ七〇〇万本に『トイ・ストーリー』の予告編を入れ、ディズニー・チャンネルは『トイ・ストーリー』の制作を取り上げた特別番組を放映した。オーランドのウォルト・ディズニー・ワールドは、ディズニーMGMスタジオで連日『トイ・ストーリー』のパレードをくり広げた。ディズニーの消費者製品部門は出遅れたが、映画配給部門のブエナ・ビスタ・ピクチャーズは、宣伝スポンサーとの共同マーケティング契約を確保するのに余念がなかった。映画の宣伝費一億四五〇〇万ドル——実際にかかった制作費の五倍以上である——のうち、ディズニーが負担したのは二〇〇〇万ドルだけで、残りはバーガーキングやネスレをはじめとする消費者製品企業が、ディズニー映画とタイアップする見返りに負担することになっていた。宿敵ペプシコとコカ・コーラも、そろって参入した（ペプシコは子会社フリトレーを通じて、コカ・コーラはミニッツメイド部門を通じて）。バーガーキングは公開一週間前から『トイ・ストーリー』のフィギュアと指人形のおまけつきキッズミールを、一ドル九九セントで販売した。

ディズニーは一一月一九日日曜日に招待客限定で映画を公開した。会場はロサンゼルスの豪華な劇場エル・キャピタンだ。この劇場は、通りをはさんだ向かい側にある、スターの手形があることで有名なマンズ・チャイニーズ・シアターと同じ時代に建てられ、その後改装された。エル・キャピタンの隣のビルに、ディズニーは映画の小さなテーマパークをこしらえた。三層からなるこのアトラクションでは、一〇〇人以上のパフォーマーがいくつものライブショーを行なった(11)。子どもたちが緑の台座に足を固定して、映画のグリーン・アーミーメンのように飛び跳ねるアスレチックコースや、ピザ・プラネットのレストランもあった。

キャットムルは下の二人の子どもを連れて、カーウィンと、子どもを一人連れたピクサーのマネジャーと一緒にプレミアに向かった。早く着いたので、劇場に行く前に、付近を

1995年、『トイ・ストーリー』公開直前に、当時のこぢんまりとした社内映写室に集まったピクサーのスタッフ。最前列（左から）クレイグ・グッド、ジョン・ラセター、スティーヴ・ジョブズ、エド・キャットムル。
（ルイ・サイホヨス撮影／サイエンス・ファクション）

ぐるっと散歩することにした。角を曲がったところで、一行はあるものを見てその場にくぎづけになった。『トイ・ストーリー』グッズでいっぱいの、バーガーキングの店だ。『トイ・ストーリー』のポスターが店内中に貼られ、『トイ・ストーリー』のカップに、『トイ・ストーリー』の皿、キッズミールのおまけの『トイ・ストーリー』の小さなフィギュアがあった。大人たちは、この光景が映画の世界と観客のいる現実世界の間の「第四の壁」を破っただけでなく、粉砕したと感じた。バーガーキングがディズニーと契約したことは漠然と知っていたが、自分たちのウッディとバズが、現実世界に放たれたのを見るのは衝撃だった。このときようやく実感がわいてきた。『トイ・ストーリー』はもう自分たちの映画ではなく、映画のキャラクターは自分たちのキャラクターではない。ウッディとバズは、世界のものになったのだ。

ピクサーにもプレミアの入場証が何枚か割り当てられたが、あとはすべてディズニーの招待客だった。ディズニーの映画担当役員が全員出席し、トム・ハンクスと何人かの声優たち、それにロビン・ウィリアムズなど、『トイ・ストーリー』出演者以外の有名人も顔を見せた。主人公の一人が名前をもらったバズ・オルドリンは、ピクサーの招きで出席した。観客はすっかり映画のとりこになったようだった。バズ・ライトイヤーが階段の踊り場に落ち、壊れたまま横たわっている静かな瞬間には、大人のすすり泣きが漏れた。

数日後、『トイ・ストーリー』が二四〇〇を超える劇場で一般公開される頃には、プレミアを見た評論家が映画に対する見解を表明していた(12)。このときばかりは、どんな皮肉や反対意見もけし飛んでしまったようだった。映画は安心して子どもに見せられるというお墨つきをディズニーに得ていたが、評論家は『トイ・ストーリー』が子どもだけでなく、大人の心もつかむことを直観で察し、どちらのレベルでも作品を受け入れた。ニューヨーク・タイムズ紙のジャネット・マスリンは、「実に見事な擬人化」と「はつらつとしたウィット」を賞賛した。タイム誌のリチャード・コーリスは、最近の多くの実写映画の登場人物が無表情であることを嘆き、ウッディとバズの生き生きとした様子と不完全な心と対比したうえで、『トイ・ストーリー』を「今年の最も独創的な喜劇」と評した。ニューズウィーク誌のデイヴィッド・アンセンにとって、この映画は「華々しいテクノロジーを、きわめて人間的なウィットと結びつける……驚異」だった。映画評論番組の『シスケル&エバート』は、映画を「上出来」と評した。エンターテインメント・ウィークリー誌のオーエン・グライバーマンはこう述べている。「どんな映画を見ても、『トイ・ストーリー』を見たときほど楽しい時間は過ごせそうにない」。ワシントン・ポスト紙のケヴィン・マクマナスはこうだ。「大げさな宣伝を裏切らない映画は初めてだ。『トイ・ストーリー』には派手なべたぼめがふさわしく、必要でさえある……実際、これに匹敵する映画を探すには、全世界が『オズの魔法使』に夢中になった一九三九年にまで、遠く遡らなければならない」

不協和音もなくはなかった。一部の評論家は、華々しいディズニー・ブランドに混乱させられ、ディズニーがこの作品をすべて制作したか、ピクサーにアニメーションだけを担当させたと思い込んだ。またこの映画では男性キャラクターがメインだったため、シカゴ・トリビューンの評論家は、(映画自体は賞賛しながらも)こんな不満を述べている。『『トイ・ストーリー』をこれほど男の子向けの映画にしたのは、『ポカホンタス』への謝罪のつもりなのだろうかと勘ぐりたくもなる……。なぜアンディが唯一もっている女の子のおもちゃが、ボー・ピープのような気どった目をぱちぱちさせた時代錯誤的な女性でなくてはならないのだ？」

感謝祭休暇の興行成績トップは「トイ」ランド

ディズニー映画がダントツで感謝祭休暇の興行記録を塗り替える

一九九五年一一月二七日、デイリー・バラエティ紙、第一面見出し

おもちゃが興行成績でほかを圧倒する

一二月の三連休で二〇〇〇万ドルに一番乗り

一九九五年一二月五日、ハリウッド・レポーター、第一面見出し

『トイ・ストーリー』公開二週めに関する報道

かつてシリコンバレーのみにくいアヒルの子だったピクサー、わずか一年前には、損失を補填する五〇〇〇万ドルの小切手を振り出してくれる相手であれば、ジョブズが誰かれ

かまわず売りつけようとしていたピクサーが、今や運命の逆転を味わっていた。『トイ・ストーリー』は公開直後に全米興行成績で初登場一位に躍り出て、週末までに推定一〇〇〇万ドル（封切りは水曜だった）、三連休でさらに二八〇〇万ドルの興行収入を叩き出した。感謝祭休暇中に公開された映画としては、史上最高記録だった。『トイ・ストーリー』は公開一二日間で、総計六四七〇万ドルを売り上げた。

シンクウェイはウッディとバズのおもちゃを、わずか五ヵ月半という短期間で設計から製造まで奇跡的にこぎつけたが、在庫は瞬く間に棚から消えた。ミスター・ポテトヘッド（ドン・リックルズが声を当てた）の製造元ハスブロは、「ジャガイモ飢饉」に見舞われていると、グッゲンハイムに冗談めかして伝えた。

「正直言って、われわれの小さな映画がとても好意的な批評を受けたことに、すっかり驚いています」ピクサーは簡素な公式ウェブサイトで表明した。「そして、この映画のために行なわれた宣伝と販売促進活動の規模には、みなさんと同じように驚いています。もちろん、社員全員がバーガーキングのキッズミールを買いました！」

ジョブズはピクサーの新規株式公開日を、巧妙にも『トイ・ストーリー』公開一週間後の一一月二九日に設定していた。手続き上、ピクサーはSECの定めた規則により、株式公開を公に宣伝するようなことは何もできない「休眠期間」に入っていた。だが突如として、『トイ・ストーリー』の話題が沸騰したために、そもそも宣伝の必要はなくなった。

ジョン・ラセター、1995年の『トイ・ストーリー』の公開後、主人公たちと。ディズニーの消費者製品部門は、映画制作中はウッディとバズにほとんど関心を払わなかった。ディズニーはキャラクターを玩具会社にあわやライセンスし損ねたが、最後にトロントに本拠を置く小企業が名乗りを上げ、一か八か製造を引き受けた。（© エリック・ロバート／コービス・シグマ）

その日の朝キャットムルとカーウィンは、株式公開の主幹事証券ロバートソン・スティーヴンズ社のオフィスに集まった(13)。しゃれた上階の事務所からはサンフランシスコの町と湾を一望できた。株式の取引開始時に祝杯をあげようと、銀行家たちはジョブズのお気に入りのオドワラのにんじんジュースを手に待っていた。だが肝心のジョブズがいない。車で来るはずなのにまだ到着していなかった。その場にいた人たちはやきもきしてつぶやき始めた。まったく何てことだ、彼は自分の会社のＩＰＯ開始を見逃すことになるぞ。

ジョブズが入ってきたのは、公募価格二二ドルの株式がちょうどなくなろうという時だった。一同がわくわくしながら見守る中、株価は一時間とたたないうちに四〇ドル台をつけた。売り手不在の中、取引が時折中断することもあった。株価は四九ドル五〇セントの高値をつけたあと、終値三九ドルで引けた。銀行の手数料を差し引くと、ピクサーは売却によって一億三九七〇万ドルの資金を調達し、ネットスケープを抜いてその年最大のＩＰＯとなった。

ジョブズはピクサー株式の八〇％を保有していた。アタリの元技師は、四〇歳にしてただの金持ちではなくなった。彼の所有するピクサー株式の価値はＩＰＯを経て一一億ドルを突破した。この金額の丸め誤差が、一〇年前彼がアップルを去ったときにもっていたアップル株式の総価値とほぼ同額だった。

『トイ・ストーリー』は、全米興行収入一億九二〇〇万ドル、世界全体では三億五七〇〇万ドルと、一九九五年度で最高の興行収入を上げた映画となった。またアニメーション映画として初めてアカデミー賞オリジナル脚本賞にノミネートされた。ラセターは「初の３Ｄ長編コンピュータ・アニメーションを生み出した、ピクサーのトイ・ストーリー制作チーム統括の業績に対し」、一九九六年にアカデミー特別業績賞を贈られた（彼は授賞式にお抱え運転手が運転するような高級車、オスカー・メイヤー・ウィンナーモービルで乗りつけた)。

ピクサーとディズニーは、『トイ・ストーリー』から収益と名声以外にも、多くのものを得た。まずキャットムル、ラセターをはじめとするピクサーの面々は、世界初の3D長編コンピュータ・アニメーション映画をつくったことで、長年抱き続けた夢を実現した。さらに長編映画という世界にあっても、自分たちの直観や手法が頼りになることを知った。これは彼らがプロジェクトを構想から成功まで導き通したことから得られた自信だった。また『トイ・ストーリー』は、長編アニメーションでおとぎ話風の筋書きをあえて避け、大人びた問題を抱える大人びたキャラクターを中心に据えても、子どもを楽しませることができる、というラセターたちの哲学の正しさを証明した。この方針は、その後のピクサー映画でくり返されることになる。そして『トイ・ストーリー』によって、完璧主義と創造への情熱というひな型がピクサーに植えつけられたのだった。

「映画をつくりたいっていう、それはもうはっきりした情熱があった」アンドリュー・スタントンはのちに語っている。「あれ以降のすべての「ピクサー」映画は、あの情熱を再現しようとする行為だったのだろう」[14]

同時に長編映画制作におけるディズニーの手法についても発見があった。

「僕たちはディズニーから多くを学んだ」グッゲンハイムは言う[15]。

組織の運営面では、ディズニーがプロジェクトの状態をいつも正しく把握するために、どうやって予算とスケジュールを調整しているかを学んだ。うちもディズニーの組織階層を少し採り入れた。ただし、必要最低限にとどめて、プロジェクトを手がける人数はディズニーよりずっと少なくしたがね。制作面では、「ストーリーが何より大切」という教えを、前より深く理解できるようになった。これはジョン・ラセターがピクサーでずっと説いてきた持論だから、新しい考えというわけじゃないが、ディズニーがそれをどれだけ深く受けとめているかがよくわかった。それに、長編映画はストーリーがずっと複雑だから、ディズニーはこの分野で陥りがちな落とし穴をずっとよく知っていた。

だが皮肉なことに、『トイ・ストーリー』の制作が終わる頃、ディズニーの上級役員の何人かが、ピクサーは当時彼らのつくっていた映画よりも、伝統的なディズニー・アニメーションの「真髄」を体現した映画をつくったと言ってくれたんだ。彼らは渋々ながらも、ピクサーとラセターがそれを成し遂げたことを称えたのさ。

ディズニーもピクサーから学んだ。ディズニーの長編アニメーションは、すでにあちこちにコンピュータ・アニメーションを冒険的に採り入れていた。『美女と野獣』の舞踏場のシーン、『オリビアちゃんの大冒険』の時計台のシーン、『ライオン・キング』のヌーの大暴走のシーンや、さまざまな特殊効果などだ。だがピクサーは『トイ・ストーリー』によって、この媒体に幅広い可能性があることをディズニーに気づかせたのである。

当時は、これを機にディズニーの事業展望に重大な変化が起こったことに、誰も気づいていなかった──ディズニーがはからずも、長編アニメーション映画分野の熾烈な競争に身をさらしてしまったということだ。ドン・ブルース（ディズニーを飛び出したアニメーターで、『ニムの秘密』『アメリカ物語』『リトルフットの大冒険／謎の恐竜大陸』などを監督した）のような成り上がり者たちは、現れてはすぐ消えていった、とディズニー側は考えていた。いろいろあったが、結局はディズニーが長編アニメーションの主だということに変わりはない。これまでずっとそうだったし、これからもずっとそうだろう。ディズニーはセル・アニメーションを支配したように、コンピュータ・アニメーションをも支配する。ピクサーは従順な一業者に過ぎない。世界はディズニーを中心に回っているかのように思われた──しかしコンピュータ・アニメーションという媒体と、『トイ・ストーリー』の驚異的な成功は、それまでの常識をいまにも覆そうとしていたのだ。

8 「まるで全面戦争のようだった」
――『バグズ・ライフ』、『トイ・ストーリー2』

『トイ・ストーリー』公開まで一年ほどに迫った一九九四年の夏、ピクサーのストーリー部門は次の映画に心を移し始めた。一度に一作ずつ全社を挙げて取り組みたいのは山々だが、現実問題としてそれは無理だった。ピクサーと制作会社のハイテック・トゥーンズは一六〇人ほどの従業員を雇っていたが、『トイ・ストーリー』の制作工程の全段階が終了すれば、ほとんどの人員の仕事がなくなる。ほかのスタジオは、こうした人員を次の作品の制作作業が始まるまで放出することが多い。だが安定した雇用関係がかけがえのない人材をつなぎ止めるのに役立つと信じるキャットムルは、「ショー期間中」だけ雇用するというハリウッドの慣行を拒否した。だがこの雇用形態を採用しないとなれば、アーティストや技術者を何らかの制作にあたらせておく必要があった。

『トイ・ストーリー』から外れるクルーは、しばらくの間中小のプロジェクトに割り振ることもできた。だが一般に、長編映画に取り組ませなければ、クルーの人件費が経営を圧迫する。ピクサーが『トイ・ストーリー』のためにつくり上げた制作パイプラインを、できるだけ早く埋める必要があった。言い換えれば、『トイ・ストーリー』の制作完了後、ディズニーの承認を得たストーリーを第二作として制作する態勢をできるだけ早く整えなければならない。

『バグズ・ライフ』のストーリーラインは、アンドリュー・スタントンとジョー・ランフトが昼食を取りながら交わした会話から生まれた。ラセターとストーリー・チームは、昆虫のキャラクターという発想に、前々から魅力を感じていた。昆虫はおもちゃと同じで表面形状が比較的単純なため、当時のコンピュータ・アニメーションの手の届く範囲にあったのだ。スタントンとランフトは、イソップ物語の「アリとキリギリス」にストーリーの糸口を見つけられないだろうかと考えた。

イソップ物語では、キリギリスが春から夏まで歌を歌いながら怠けている間、アリは冬に備えてせっせと食料を蓄える。やがて冬が来て、腹を空かせたキリギリスがアリたちに食べ物を恵んでもらおうとするが、断られる。ディズニーはもっと陽気な、もっとディズニーらしい結末を迎える短編映画『アリとキリギリス』を一九三四年に製作した。ディズニー版では、キリギリスがバイオリンを弾いて食いぶちを稼げるよう、アリの女王が親切に取りはからってくれるのだ。スタントンとランフトはこの寓話について話し合ううちに、キリギリスはアリよりずっと大きい虫なのだから、食料を盗めるじゃないかと思い当たった。そしてこの基本的なアイデアからわき出たシナリオとストーリーラインを、猛烈な勢いでしたためた。

ラセターはこの構想を気に入り、いくつか提案を出した。翌年初めにストーリー・チームが二作めの制作作業に本気で取りかかるまでの間、構想は寝かされた。この年の六月、サン・ラファエルで行なわれた『トイ・ストーリー』の初期のテスト試写会で、チームは昆虫映画をマイケル・アイズナーに売り込んだ。アイズナーの承認を得て、彼らは『バグズ』という題名で七月初めにディズニーにトリートメントを提出した。

第一幕

夏の終わり。黒アリの平和なコロニーが、冬に備えてせっせと食料集めをしています。警報が鳴り響くと、アリたちは隠れる場所を急いで探し、集めてきた食料を隠しました。

突然日が陰りました。バッタの大群が襲来し、暴走族のようにコロニーに侵入してきたのです。土埃が収まると、バッタ軍団のリーダー、ホッパーが怖れおののくアリたちの前に姿を現しました。バッタたちはいつものように夏中遊び暮らし、冬に備えて食料をためるのを怠っていたのです。

「いやぁ、ラッキーだぜ」ホッパーは言いました。「勤勉なちびのボーイスカウトがせっせと働いてくれて。いつもの取引をしよう。おまえたちは夏が終わるまでに食料を集め、俺たちは冬の初霜が降りるころ、取り立てにやって来る。そのために、おまえたちを生かしておいてやる」。臆病なアリたちは、身を守ることができないのです。ホッパーの率いるバッタ軍団は飛び去っていきました。

悔しい気もちでいっぱいのアリたちは、賢い女王アリと話し合いました。女王はコロニーを悪いバッタたちから守ってくれる、強くて利口な虫を雇いましょうと言いました。女王の娘のアッタ姫は、それはとても危険だわ、失敗すればホッパーをますます怒らせてしまうと言って反対するのですが、聞き入れられませんでした。そうして二匹のアリが選ばれ、昆虫王国最強の戦士を探すために、コロニーを出発するのです。

この時点でのストーリーの主人公——というよりは主虫公——は、昆虫サーカスの口達者な団長のイエヒメアリ、レッドだった。サーカスオーナーのノミのフリーが客入り不振でサーカスを閉鎖すると、昆虫たちは昆虫バーに行って悲しみを酒で紛らし、これからどうしようと相談する。コロニーからスカウトに来た二匹のアリたちが話しているのをバーで小耳に挟んだレッドは、仕事にありつくために百戦錬磨のタフな闘士のふりをしようじゃないかと、サーカス仲間を説得する。冬までの間アリのコロニーに寄生し、それからバッタが戻って来る前にこっそり立ち去ろう、と彼らは決めた。

ディズニーはトリートメントにオーケーを出し、一九九一年の契約のオプションを行使すると、一九九五年七月七日にピクサーに通知した。[1]ラセターはスタントンを共同監督に任命した。[2]二人はウマが合い、同じ感性をもっていた。『トイ・ストーリー』制作中に、ラセターはコンピュータ・アニメーション映画の監督の仕事は、一人でやるにはあまりにも大変だと感じた。とくに最後の一二カ月の追い込み期間中は、片づけなければならないすべてのことをこなすのに疲れ果てた。制作パイプラインに送り込まれる大量の素材を、次から次へと開かれる検討会議で評価しなければならなかった。ストレスは相当なものだった。共同監督を置けば、プレッシャーはいくらか軽くなるはずだった。またラセターには、スタントンをこの任務につけることによって、一人前の監督として育てようという腹づもりもあった。

この年の一一月の『トイ・ストーリー』公開時点で、『バグズ』の脚本はまだできていなかったため、クルーはしばらく休んで息抜きをしてから、社内のプロジェクトに散らばっていった。[3]一部のクルーは、ABCテレビの番組『トイ・ストーリーの楽しみ』のために、『トイ・ストーリー』の登場人物を使って一〇秒間と三〇秒間のアニメーション映像を制作した。この映像はABCの土曜朝のアニメーション番組やCMの合間に流された。技術系のクルーは研究開発部門に配属され、『トイ・ストーリー』での経験を生かしてピクサーのソフトウェア・ツールの改良に取り組んだ。あるチームは照明ソフトウェアをアニメーターに使いやすいように改良し、プログラマーの手を借りなくてもショットに照明効果を与えられるようにした。別のグループはメンヴに取り組み、多数のモデルを使った大規模なショットの処理能力を増強した。パム・カーウィン率いるピクサーの新しいインタラクティブ・グループ――『トイ・ストーリー』のCD-ROMゲームを制作していた――も数名を獲得した。バグズのストーリー・チームや美術チームに加わったクルーもいた。

ラセターは虫の視点で世界を眺めるのが参考になると考え、車輪を取りつけた小型ビデオカメラの「バグカム（昆虫カメラ）」をつくらせた。バグカムは棒の端に固定され、草地などを走りながらカメラを回し、昆虫の目から見た映像を送り返してきた。草や葉や花びらが半透明の天蓋のようになって、まるで昆虫たちがステンドグラスの天井の下で暮らしているように見えたことに、ラセターは興味をそそられ、ぜひこの光景を『バグズ』に使いたいと思った。チームは昆虫の世界の愛と暴力を描いたフランスのドキュメンタリー映画『ミクロコスモス』からもインスピレーションを得た。

スタントンは脚本の草案を書き上げてから、ストーリーの柱の一つに迷いを感じるようになった。アリをだますつもりでコロニーにやって来たサーカスの昆虫たちが、残って戦おうと決めることだ。サーカスの昆虫たちが嘘つきで好感の持てないキャラクターになっている気がしたし、性格がこれほどすっかり変わってしまうのは現実的でないように思われた。制作計画ははるか先まで立てられていたが、スタントンはストーリーを仕立て直す必要があると判断した。

スタントンの不安は、取り越し苦労だったように思われる。彼が書いた『バグズ』のストーリーには、サーカス団が「アリたちの共同体意識と家族への思いやり、勤勉さに感銘を受けて」、彼らに敬意を抱くようになる様子が描かれていた。アッタ姫は初めこそレッドに不信感を抱いていたが、アリたちに欠けていた勇気を与えてくれたことで、彼を尊敬するようになる。姫に好意を持ち始めたレッドは、口実を並べてサーカス団の出発を遅らせていた。ある朝とうとう冬の初霜が降りると、サーカスの虫たちはパニックを起こして逃げ出そうとするが、時すでに遅しで、ホッパーとバッタ軍団と鉢合わせしてしまう。レッドは臆病な自分をさらけ出してホッパーにすべてを打ち明けそうになるが、自分を誇らしげに見つめるアッタ姫を見て思いとどまる。レッドがホッパーに脅し文句を浴びせて立ち上がると、自信を取り戻したアリたちは一丸となって応戦する。ホッパーが軍団を連れて戻ってくると、アリたちに仲間意識を抱くようになったサーカスの虫たちは、アクロバットなどのサーカスの離れ業をくり出して、軍団を撃退するのだ。

これは心惹きつけられるストーリーで、ある意味では『トイ・ストーリー』のバズの成長物語にも通じるものがあった。バズが自分の正体を――宇宙飛行士ではなくおもちゃだと――知り、残念な現実を受け入れなくてはならなかったのに対し、レッドは仮面をかぶって本当の自分よりも立派なふりをしているうちに、それが本当の自分になったことに気づくのだ。

いずれにせよスタントンは、スカウトのアリの一匹で、最終的にフリックという名になったキャラクターを中心に、脚本を書き直した。レッドはストーリーから消え、サーカス団の虫たちはアリをだますのではなく、フリックにスカウトされた理由を勘違いしてコロニーにやって来ることになった。ラセターが新しいアプローチを承認すると、喜劇脚本家のドナルド・マッケネリーとボブ・ショーがピクサーに二カ月ほど滞在して、スタントンとともにストーリーに磨きをかけた。

トリートメントから絵コンテを起こす作業は、いくつものストーリーが入り組んでいたせいで一層複雑になった。『トイ・ストーリー』がウッディとバズに焦点を当て、ほかのおもちゃはあくまで脇役だったのに対し、この映画では複数の主要なキャラクター集団について、綿密にストーリーを組み立てる必要があった。

「ストーリー部門泣かせだった」と映画の脚本監督を務めたBZ・ペトロフは語る。「サーカスの虫たちがいるかと思えば、フリックとアリ王国、それにバッタたちまでいるでしょ。そして一つひとつのキャラクターのために感動的な〝キャラクター・アーク〟（ストーリーにおけるキャラクターの成長物語）を描かなくてはならなかった。この頃は映画を八〇

分に収めようとしていた。短時間でこれだけたくさんのストーリーを伝えるのは、ほんとに難しいのよ」(4)

キャラクター設計にも、それまでとは違う難しさがあった。たいていの人は、昔ながらのおもちゃには魅かれるが、本当にリアルな虫のキャラクターを不気味で気もち悪いと感じる。美術部門とアニメーターは虫をじっくり観察したが、自然のリアリズムよりも、映画を受け入れられるものにすることを優先した。「下顎骨や毛で覆われた分節はなくしたが、ある程度のデザインや質感を保って、虫を眺めている気分になるようにした」とスタントンは言う。「観客にキャラクターを好きになってもらいたかったし、気もち悪いと思われたくなかった」(5)

美術部門はアリを親しみやすくするために、直立させて、六本足の代わりに二本の手と二本の足をもたせた。反対にバッタは魅力を薄めるために、足をもう一対加えた。

ラセターはこの映画を、デイヴィッド・リーン監督の『アラビアのロレンス』風の、壮大な物語として思い描くようになった。物語のスケールが大きかったため、ソフトウェア・エンジニアは新しい要求に対応しなければならなかった。その一つが、アリの群集ショットをつくることだ。こうしたショットは四〇〇以上必要で、中には八〇〇〇匹ものアリが集まるシーンもあった。アニメーターがアリを一匹一匹制御するのは現実的に不可能だが、アリは一瞬でも動かないと死んでいるように見える。そのうえ、すべてのアリをまったく同じように動かしてもいけない。機械的な動きは、シーンの雰囲気を台無しにしてしまう。

二人の技術監督の一人、ビル・リーヴズが、この難題に対処するために、アリに自律的な動きをさせるソフトウェアの開発を指揮した。このソフトウェアを使えば、アリは俳優がやるようにさまざまな方向に動いて、ショットに要求される緊張感や喜びを表現しながらも、一四一四は少しずつ違う動きとタイミングで反応する。アリの動きに関しては、アニメーター集団に四〇〇〇種類以上の動きのライブラリをつくってもらい、それをソフトウェアで利用した。こうしてアリが一四一四個性をもった存在として動いているように見せた。群集の効果は、リーヴズが一五年前に発明したパーティクル・システムと同様のコンセプトだった。パーティクル・システムは、自動で動く大量のパーティクルを使って、渦巻く埃や雪といった効果を生み出すものだ。

コンピュータ・アニメーションの自律型キャラクターを使って、動物の集団を描いた映画は他にもある。たとえば『ライオン・キング』（一九九四年）のヌーの大暴走や、『バットマン・リターンズ』（一九九二年）のコウモリの大移動、そして独創的な短編『スタンリーとステラ』（一九八七年）の飛ぶ鳥などだ。しかしピクサーは、集団に感情をもたせた、つまり自律型キャラクターに、それぞれの感情を表す能力を与えたという点で画期的だった。

声優陣には、当時のテレビのホームコメディのスターを中心に起用した。フリックに

『ニュースラジオ』のデイヴ・フォーリー、アッタ姫に『となりのサインフェルド』のジュリア・ルイス＝ドレイファス、ホッパーのまぬけな弟に『スピン・シティ』のリチャード・カインド、サーカス団のナナフシのスリムに『そりゃないぜ!?　フレイジャー』のデイヴィッド・ハイド・ピアース、オオツノカブトムシのディムに『Ｈｅｙ！　レイモンド』のブラッド・ギャレットなどだ。ラセターは芋虫のハイムリックに、原案のジョー・ランフトを選んだ。ランフトがこのキャラクターを演じた試し音声を聞いた、妻のナンシーの勧めである。

ホッパーのキャスティングだけが難航した。ラセターのイチ押し、ロバート・デ・ニーロには断られ続け、ほかの俳優たちも軒並み断ってきた。なぜこれほど多くの人に断られたのかはわからずじまいだった。デ・ニーロをはじめとする俳優たちは、子ども向け映画で怖そうなキャラクターを演じるのが嫌だったのかもしれない。最終的にケヴィン・スペイシーが役を引き受けてくれ、冷ややかでふてぶてしく非情なホッパーを演じた。

ビジネス的には、この映画はピクサーとディズニーの新しい関係の始まりとなった。(6)『トイ・ストーリー』公開の数カ月後、ジョブズは一九九一年の三作品契約を、まったく異なる契約と差し替えるよう、アイズナーに迫った。一九九一年の契約当時、ピクサーは資金繰りが苦しく、ディズニーに製作費を全面的に負担させる見返りとして、興行収入の一〇％〜一五％という取り分に甘んじた。だがＩＰＯのおかげで今やピクサーの懐には巨額の現金があり、映画製作費を負担して、より大きな分け前を要求できるようになってい た。またジョブズにとって同じくらい重要なことがもう一つあった。多くの観客が、『トイ・ストーリー』をディズニー製作映画と思い込んでいたことが、彼にはおもしろくなかった。そこでピクサーの名前を前面に押し出すことを契約で保証するよう求めたのだ。

ジョブズは見返りとして、アイズナーに価値あるものを提供する用意があった。対象作品を増やすことだ。アイズナーにはそれで十分だった。一九九七年二月二四日にピクサーのCFOローレンス・レヴィと、ウォルト・ディズニー・ピクチャーズ&テレビジョンのCFOロバート・ムーアは、四二ページからなる新しい五作品契約に署名し、『バグズ』（当時まだこう呼ばれていた）が最初の対象作品となった。製作費用は両社が同額を折半し、ピクサーは興行収入、ホームビデオ、洋服や玩具などの関連商品の販売によってディズニーが得た利益（配給費用差し引き後）の五〇%を受け取る。ピクサーは映画の製作、広告、販促活動に関する費用を折半する。一四ドルまで下落していたピクサーの株価は、ジョブズとアイズナーが契約を発表した日に五〇%も上昇した。

この夏の株主に向けた年次書簡の中で、ジョブズはこの契約によって得た強力なブランド力が、ピクサーの野心的な構想の一翼を担うと説明した。その構想とは、世の親たちにピクサーを第二のディズニーとして認知させることだ。

映画業界の二大ブランドと言えば、「ディズニー」と「スティーヴン・スピルバーグ」です。「ピクサー」を第三のブランドとして打ち立てたい。それが私たちの願いです。成功するブランドは、消費者の信頼に裏打ちされています。そして信頼とは、消費者がそのブランドの製品を使って有意義な体験をするうちに、自然に生まれるものなのです。たとえばディズニー・ブランドのアニメーション映画について、満足のいく健全なエンターテインメント作品に違いないという信頼を親たちがもっているのは、ディズニーがすばらしいアニメーション映画の製作において、誰もが認める実績を上げているからです。こうした信頼は、親たちにもディズニーにも好都合です。親たちは家庭用エンターテインメント作品を簡単に選ぶことができ、ディズニーは観客をたやすく確実に新作映画に呼び込めるのです。ゆくゆくはピクサーを、ディズニー・ブランドに負けない信頼を象徴するブランドに育て上げたいと、私たちは考えています。しかしこれだけの信頼を得るためには、まずピクサーが映画を製作していることを消費者に知ってもらう必要があるのです。

ジョブズがピクサーのブランドを見直し、ディズニーの対等なパートナーとして位置づけようとする間にも、もう一つの思いがけない事態の展開が、彼を待ち受けていた。アップルコンピュータへの凱旋帰還である。(7) ジョブズが古巣に返り咲くまでには紆余曲折があった。アップルの経営陣は、マッキントッシュの次世代OSを社外に求める必要があると判断した。アップルが検討した選択肢は、マイクロソフトからウィンドウズをライセンスすること、そしてジョブズの会社ネクストの先進的なソフトウェア、「オープンステップ」を手に入れるために、ネクストを買収することだった。最終的にアップルは一九九六年一二月に、ジョブズの会社を四億二七〇〇万ドルで買収することを発表した。当時のアップルCEOギル・アメリオは、アップルの広告塔の役割を果たしてくれることを期待して、ジョブズをアップルの非公式アドバイザーとして招聘した。アメリオは語っている。

「この魅力的な若者が前面に出て、信者たちを取り仕切ってくれると思った[8]」

アメリオは新任アドバイザーを甘く見ていた。ジョブズはアップル取締役会の有力メンバー、デュポンの元会長兼CEOエドガー・ウーラードの信頼をすばやく勝ち取った。翌七月にアメリオはCEOの座を追われ、一九九七年九月一六日にジョブズが「暫定CEO」の座に就いた。年俸は一ドル、ストックオプションは受けとらなかった。

こうした状況の変化に、ピクサーの上層部は胸をなで下ろした。ジョブズの関心がアップルに移ってほっとした。

「スティーヴはあまりにも頭が切れて、あまりにも多くを与えたがり、あまりにもエネルギーがあり余っていたから、ほかにもはけ口が必要だった」とカーウィンは語る。

スティーヴがピクサーに与えたいと思っていたことを、実はピクサーはそれほど必要としていなかったの。そのことをめぐってぎくしゃくしていた……。だからアップルに復帰してくれて、ほんとによかったわ。スティーヴが情熱をそちらに注ぎながら、ピクサーが本当にスティーヴにやってほしいことだけをやってくれるようになったから。つまり、ディズニーをうまく取り仕切って、ピクサーに有利な配給条件を引き出すことよ。

ジョブズの交渉力のおかげで、ピクサーはアニメーションという大きな世界に、ディズニーと対等な地位を確保することができた。だが今やピクサーとディズニーには、手強いライバルがいた。ジェフリー・カッツェンバーグである。カッツェンバーグはディズニー・アニメーションを復活に導いた立役者だったが、その後地位を追われ、心の師であり上司として慕ったアイズナーへの怒りに燃えながらディズニーを去っていた。六年前ピクサーに長編映画に進出する機会を与えたカッツェンバーグが、今では『バグズ』をディズニーの代理に見立て、攻撃目標にしていた。この断絶のきっかけとなったのは、遠く離れたネヴァダ州東部のルビー山脈で数年前に起こった、ヘリコプター事故だった。

一九九四年のイースター連休に、ウォルト・ディズニー・カンパニーのCOOフランク・ウェルズは、古くからの友人をスキー旅行に誘った(9)。山登り仲間のディック・バス、俳

ジェフリー・カッツェンバーグとドリームワークス・アニメーションのキャラクター、シュレック。『シュレック2』のオーストラリア初公開にて。2004年6月9日、シドニー。（パトリック・リヴィエール／ゲッティ・イメージズ）

優のクリント・イーストウッド、冒険ドキュメンタリー映画の夫婦プロデューサー、マイク・フーヴァーとビヴァリー・アン・ジョンソン、ウェルズの成人した息子が参加した。ウェルズとアイズナーは、一九八四年にディズニーのCEOの有力候補として名前が挙がったが、ウェルズが如才なくナンバーツーの仕事を引き受けたおかげで、波紋は収まった。ディズニーに加わってまもなく、元ローズ奨学生でもあるウェルズのバランスの取れた判断力と控えめな態度、外交術、思慮深さは誰もが認めるところとなった。これらはアイズナーに欠けていた資質だった。

旅行の最終日の四月三日日曜日、吹雪が急接近しているとの知らせを受けて、一行は午後早めに切り上げた。二時頃に一行を宿泊先のロッジまで運ぶために、ルビー山脈のスキー場からベル206型ヘリコプターが二機やって来た。ロッジに戻って荷物をまとめ、再びヘリコプターで臨時滑走路まで飛び、そこで待機しているウォルト・ディズニー・カンパニーの社用ジェット機に乗ってロサンゼルスに戻る手はずだった。

ほかの客人が足止めを喰らう心配をせずにすむように、ウェルズ、フーヴァー、ジョンソンの三人は二機めのヘリコプターまで待つことにした。ウェルズの息子のケヴィンも一緒に待ちたいと言ったが、ウェルズは妻のルアンとの約束を持ち出して諭した。週末の間は二人で同じヘリコプターに乗らないと、母さんに約束したのだよ。

でもほんのそこまでじゃないか、とケヴィンは反論した。

「いや、約束したんだ」ウェルズはきっぱりと言った。「私が残るから、おまえは行きなさい」

最初のヘリコプターがバスとイーストウッド、ウェルズの息子を乗せて出発してから数分後に、二機めが到着した。ウェルズ、フーヴァー、ジョンソンは急いでスキーを積み込み、飛び立った。同乗者はスキーガイドを務めたポール・スキャネルと、パイロットのデイヴィッド・ウォルトンだった。ウォルトンは四方八方から霧が迫ってくるのにすばやく気がついた。嵐の前線に突っ込んだのだ。彼はヘリを丘に着陸させ、嵐が過ぎるのを待った。

一時間ほどしてウォルトンはエンジンをしばらく暖機運転し、ヘリの上に積もった雪を落とした。四時半を少し回った頃に嵐はようやく晴れ、ウォルトンは一行を乗せて再びヘリを出発させた。

数分後、計器盤の上部の警告灯が赤く点灯し、警報がビーッと鳴った。エンジンが停止していた。パイロットは冷静に無線でエンジン故障を連絡した。

ヘリコプターの高度が落ち始めると、フーヴァーは妻とウェルズに身構えるように言った。妻は従った。ウェルズはまっすぐ座ったまま、あれこれ質問し始めた。まるでこの状況が、事実調査と思考で解決できる知的問題であるかのように。

「身構えろ」フーヴァーはくり返した。

ヘリコプターが墜落する直前、パイロットはとんでもない事故になるぞ、とでも言いたげに、短い叫び声を発した。

デイヴィッド・ウォルトンとフランク・ウェルズは墜落で即死し、ビヴァリー・アン・ジョンソンは数分後に亡くなった。スキーガイドのポール・スキャネルは、一週間半後に怪我が原因で亡くなった。ただ一人の生存者マイク・フーヴァーは、全身骨折の重傷を負った。

国家運輸安全委員会（NTSB）は、エンジンに雪が入り込んだことが墜落の原因と断定した。ヘリコプターが嵐の中で停まっていた間に、雪がたまったのかもしれない。ヘリコプターに搭載されたアリソン・エンジンは、雪が少しでも入ると失速することが確認されていると、NTSBは指摘した。

翌日の月曜日バーバンクにいたカッツェンバーグは、ウェルズの生前の地位をアイズナーが引き継ぐことをプレスリリースで知って愕然とした。[10] ウェルズの死を悼んだが、ウェルズが会社をやめたら自分を後任にすると、アイズナーが約束してくれたものとばかり思っていた。当時四三歳のカッツェンバーグは、ディズニーとその前はパラマウントで、人生のほぼ半分にあたる一九年間を、アイズナーの右腕として働いていた。彼はアイズナーが自分の忠誠心を買ってくれているという確信にキャリアを賭けていて、アイズナーに右腕として扱われることを当然のように思っていた。しかし今、アイズナーのために成し遂げた並はずれた仕事や業績のすべてが、突然無に帰したかのように思われた。

翌日アイズナーと昼食をとりながら、彼は自分の立ち位置を知りたいと言った。アイズナーがはぐらかすと、その場は険悪な雰囲気になり、カッツェンバーグは昇進できないならやめるつもりだとほのめかした。

「私が腹が立ったのは、彼［カッツェンバーグ］がフランクの亡くなった翌日に、はしたなく厚かましくもフランクの責任と地位を要求し、さもなくば会社をやめるなどと言ったからだ」アイズナーは二週間後、弁護士宛ての手紙に自分の気もちを吐露している。「率直に言って、彼を必要とするポストが社外にそれほどあるとは思えないが、自分に都合よく考えるのはよそう。ジェフリーはきっと成功するだろう。彼がどこかのトップに就くのはまちがいない。しかし彼はいずれ失敗するだろう」(11)

アイズナーはカッツェンバーグを解雇する決心を固めたが、解雇は自分の決めた時期に、万事準備を整えてから実行することにした。その日の遅くになって、彼はカッツェンバーグにディズニーですばらしい将来が待ち受けていると請け合い、そしてその四カ月後にいきなり放り出したのだった。

一〇月一二日にカッツェンバーグは、スティーヴン・スピルバーグとデイヴィッド・ゲフィンとともに、新しいスタジオの設立を発表した(創設者の頭文字をとって、ドリームワークスSKGと名づけられた)。ビヴァリーヒルズのペニンシュラ・ホテルで開かれた記者会見で、三人は設立の目的をくわしく説明しなかったものの、アニメーションでディズニーと激しく競い合うと宣言した。カッツェンバーグは、アイズナーとの確執を一蹴した。

「マイケル・アイズナーと過ごした一九年間は、私の人生で最も貴重な経験でした」とカッツェンバーグは答えている。「彼は私の心の師であり、教師であり、友人でした。彼がいなかったら、私は今この席にいなかったでしょう。私たちは二人とも傷ついたことは事実ですが、もう水に流しました(12)」

カッツェンバーグが去ってから、アニメーション部門の責任を引き継いだロイ・E・ディズニーは、新しいライバルの出現を表向きには気に留めていないように思えた。「アニメーション・ビジネスへの参入を宣言したのは、何も彼が初めてではない」数日後彼はニューヨーク・タイムズ紙に語っている。「アニメーションの制作には、思った以上に金も時間もかかるものだ(13)」

ラセターとカッツェンバーグは、ずっと連絡を取り合っていた。ラセターは忘れていなかった。ほかの映画会社の幹部、ディズニーの幹部さえもがコンピュータ・アニメーションに無関心だったころ、ディズニーでピクサーとの映画契約を先頭に立ってまとめてくれたのは、カッツェンバーグだった。彼がいなければ『トイ・ストーリー』が実現しなかったことを、ラセターは重々承知していた。それにラセターは彼の判断力に一目置いており、彼を独創的なアイデアを得るための共鳴板として利用していた。

一九九五年一〇月に、『トイ・ストーリー』の制作後の作業を監督するためロサンゼルスに滞在していたラセターは、カッツェンバーグのオフィスに立ち寄り、『バグズ』の構想を興奮気味に話した。今にして思えば、カッツェンバーグは『バグズ』の公開がいつになるのかをしきりに知りたがっていたようだという。

この頃カッツェンバーグは、CG制作会社の買収を考えていた(ディズニーと競争するという発言は、本気だった)。買収先として候補に挙がっていたのは、特殊効果やCMを専門に手がける会社で、なかにはとくに高い名声を博していた会社もあった。評価の高い二本の短編映画を制作したクリス・ウェッジが所属する、ニューヨーク州ホワイト・プレインズのブルー・スカイ・スタジオ、『ベイブ』の表情豊かな動物の顔をアニメーション化した、ロサンゼルスのリズム&ヒューズ・スタジオ、マイケル・ジャクソンの「ブラック・オア・ホワイト」のミュージック・ビデオや、ピルズベリーをはじめとする全国的企業のCM、『ザ・シンプソンズ』のエピソードで使われた3Dホーマー・シンプソン、『バットマン・フォーエバー』やディズニーの『エンジェルス』などの特殊効果を手がけた、カリフォルニア州サニーヴェイルのパシフィック・データ・イメージなどである。

カッツェンバーグはパシフィック・データ・イメージ（PDI）を選び、一九九六年三月にドリームワークスがPDIの株式の四〇％を取得することを発表した。ピクサーとPDIは、事実上の兄弟会社だった。PDIは一九八〇年、ルーカスフィルムのコンピュータ部門と同時期に同じベイエリアで設立され、両社の社員は昔からの知り合いでよく行き来していた。一九八八年のシーグラフでピクサーとPDIがビーチ・パーティを共催したことは、両社が気の置けない関係にあったことをよく表していた。ピクサーが一九八九年にテレビCM事業に参入してPDIの競争相手になってからも、友好的な関係は続いた。仕事が殺到して処理しきれなくなると、代わりに引き受けてもらった。両社のリーダーは、生まれたばかりの分野でのパイオニアとして、互いの成功が業界全体を強化し、両社の利益になると考えていた。PDI創設者のカール・ローゼンダール、リチャード・チャン、グレン・エンティスは、ピクサーが『トイ・ストーリー』制作のためにPDIから人材を引き抜いたときも文句を言わなかった。

買収からしばらくたった頃、ラセターやピクサーの面々は、PDIがドリームワークスのために初めて手がけるプロジェクトが、『アンツ』という、バグズと同じアリの映画になるらしいことを業界紙で読み、目を疑った。カッツェンバーグはドリームワークスの幹部、ニーナ・ジェイコブソンがこの企画を売り込むのを聞いて、うってつけのアイデアだと考えたのだ。この頃にはピクサーの『バグズ』プロジェクトは、アニメーションの世界で広く知られていた。

ラセターはカッツェンバーグに電話をかけて抗議した。「ジェフリー、よくもそんなことを……」[14]

「彼は陰謀がどうしたとかいう馬鹿げた被害妄想を口にした。ディズニーに追われているだなんて」ラセターは言う。

「だから何か手を打たなきゃいけないんだと言ってた。それでやっとわかったんだ。僕に対する仕打ちじゃない、ピクサーは彼とディズニーとの闘争の餌食になっただけだと」

確かにカッツェンバーグは、陰謀の犠牲者だった。元上司のアイズナーは、彼がディズニーとの契約で受け取ることになっていた（一億ドルを上回る）ボーナスを、一銭も払わないことに決め、ディズニー取締役会を丸め込んで彼に何の報酬も与えないことを決定したのだ。またアイズナーは競争が熾烈な映画業界で、『バグズ』の封切り日を、ドリームワークス初のアニメーション映画になるはずだった『プリンス・オブ・エジプト』の公開予定日と同じ週にぶつけてきた。

その後まもなく、毎週金曜に開かれるピクサーの全社会議で、ラセターはキャットムルとジョブズとともに全員の前に立ち、厳しい顔でこのニュースを伝えた。ラセターとジョブズは集まったピクサー社員に、こうした事態に気を取られることのないようにと諭した。僕たちは史上最高の映画をつくる。そして勝つのは最高の映画なのだと。ラセターは、スタントンと自分は本当にがっかりしたと、ピクサーの幹部に打ち明けた。カッツェンバーグを理解者であり、創造的精神をわかち合う同志だと思っていたのだ。

カッツェンバーグの仕打ちはそれだけではなかった。やがて、彼が似たようなテーマの映画を製作しているだけでなく、『バグズ』より二カ月近くも早く公開しようとしているという噂が、ポイント・リッチモンドに伝わった。『アンツ』の公開日は、当初の一九九九年三月から一九九八年一〇月に早められた。これがピクサーの公開を邪魔しようとする企てだということは見え見えだった。あくまで噂だが、カッツェンバーグがPDIに潤沢な金銭的インセンティブを与えて、何としても『アンツ』を先行のピクサーよりも早く完成させるよう促しているという話だった。こうして『アンツ』が（『プリンス・オブ・エジプト』に代わって）ドリームワークスによる初のアニメーション長編映画となった。「私たちの耳に入ってきたのは……彼らがあの映画をとにかく短期間で仕上げようとしていて、出来の善し悪しは二の次らしいってことだった」カーウィンは言う。「あの頃は、まるで全面戦争のようだった」[15]

カッツェンバーグは否定しているが、ジョブズとラセターは、ドリームワークスのトップが二人に電話をかけてきて、ある申し入れをしたといって非難した。もし『バグズ』の公開日を変更するようディズニーを説得してくれるなら、『アンツ』の制作作業を中止してもいいというのだ。ラセターは電話を叩き切った。

クルーはアリ映画の戦争には目もくれずにバグズ、まもなく『バグズ・ライフ』と改称される作品の制作を進めていった。この諍いによってカッツェンバーグとラセターの仲は疎遠になったものの、ピクサーとPDIの社員は、コンピュータ・アニメーションの世界で長い時間を一緒に過ごしてきた仲として、古い友情を保った。

ラセターとスタントンはアニメーションの指揮と検討の補佐として、二人の作画監督を置いた。リッチ・クエイドとグレン・マックイーンである（ちなみにマックイーンはピクサーがPDIから引き抜いた社員の一人だった）。最初にアニメーション化されレンダリングされたシークエンスは、サーカス団長ノミのフリーの「地獄の炎」で終わる、サーカスのシークエンスだった。『トイ・ストーリー』のアーミーメンのシークエンスと同様、このシークエンスが最初に制作パイプラインに送り込まれた。ストーリーがどうなっても、最も変更される可能性が低いとラセターが判断した。

アニメーターたちは、再びラセターと仕事ができることを喜んだ。だがそれを除けば、アニメーターにとって『バグズ・ライフ』は一歩後退だった。制作作業は『トイ・ストーリー』の時よりも大変だった上、モデルの反応が鈍かったため単調で退屈だった。問題の根源は、昆虫キャラクターのモデルがおもちゃのキャラクターよりずっと複雑で、しかも数が多いことにあった。『トイ・ストーリー』のモデリング・チームには、ウッディとバズのモデルを最適化する時間の余裕があった。そのためアニメーターはワークステーションで単純なプレビュー・フレームをすばやくつくり、それを使って作業を進めることができた。だが『バグズ・ライフ』では作業が押せ押せになり、モデルに細かく手を加える時間がなくなったため、ちょっとしたステップにも——どんな体の動きやどんな表情を処理するにも——前作より多くの時間がかかった。

『バグズ・ライフ』のキャラクターの表面は、キャットムルがユタ大学の大学院生時代にジム・クラークと共同開発した技法を用いたおかげで、ピクサーの初期の作品よりも実物に近くなった。細分割曲面または細分割メッシュと呼ばれるこの技法は、3D曲面を描画しレンダリングするための方法で、柔らかく、なめらかで、しなやかな曲面を簡単に生成できる。[16] 昔ながらの手法、たとえばキャットムルが博士論文で取り組んだBスプラインなどを使えば、プラスチックなど多くの無機材料をリアルに表現することができるが、肌（人間であれ昆虫であれ）をつくろうとすると、プラスチックのように見える。細分割曲面を使うことで、肌をよりリアルに表現し、また衣服などのしわやひだのある表面をうまく処理できるようになった。

ピクサーの少人数チームが、それまで細分割曲面をアニメーションから締め出していた、実際的な問題を解決した。キャットムルは生まれ変わった手法を『バグズ・ライフ』で使う前に、まず短編映画で検証して披露するよう求めた。こうして生まれたのが一九九七年の短編映画、『ゲーリーじいさんのチェス』だ。老人が一人二役でチェスをする、四分半の映画だった。

『アンツ』と『バグズ・ライフ』の公開日が近づくうちに、ディズニーの幹部はドリームワークスとの闘いについてピクサーの取るべき方針は、黙して語らないことだと結論した。よそのスタジオの映画を批判しても、得るものは何もない。しかしジョブズには、内心煮えたぎりながら黙っているなどということはできなかった。ディズニーの反対も聞かず、メディアのインタビューでカッツェンバーグの戦術をくり返しこき下ろした。「悪者が勝ったためしがない」と彼はロサンゼルス・タイムズ紙に語っている。[17]（「スティーヴ・ジョブズは薬でも飲んだ方がいい」とドリームワークスのマーケティング責任者テリー・プレスはやり返した）。ラセターはこの時期、公の場で『アンツ』をピクサー映画の「低俗版」として片づけた。

「あきれたよ。向こうがうちからアイデアを盗んだのはまちがいないんだから」ラセターはインタビュアーに語っている。「でも、あまり心配していない。もう吹っ切れた」[18]

『アンツ』は一九九八年九月一九日にトロント映画祭でプレミア上映され、一〇月二日に一般公開された。ラセターは、もしドリームワークスとPDIが虫以外のテーマの映画をつくっていたなら、会社を一日閉めて社員全員で見に行けるようにしたのに、と言った。だが事情が事情なだけに、彼自身はこの映画を観ていないと言っている。

『バグズ・ライフ』は追って一一月二五日に公開された。当初一一月二〇日を予定していたが、ディズニーがあとにずらした。別の競合映画、パラマウントの『ラグラッツ・ムービー』との衝突を避けるためだった。

『バグズ・ライフ』も『アンツ』も、主人公はアリの青年だ。厄介な変わり者で、体制順応的なアリ社会になかなか適応できずにいるが、最後にはアリ社会を救って、姫に結婚を承知させる。それでも、二つの作品の違いは歴然としていた。ユーモアに関して言えば、『バグズ・ライフ』が主に視覚的なギャグに頼っていたのに対し、『アンツ』は言葉で笑わせた。ピクサー映画の方が、全体を通じてずっと視覚的に豊かだった。また『アンツ』の脚本は大人向けの表現が多かったのに対し、『バグズ・ライフ』は子どもにもわかりやすかった。カッツェンバーグがハリウッドにもつ深い人脈のおかげで、『アンツ』の声優陣には著名な俳優が名を連ねた。フリック似の主人公、Zの声を当てたのはウッディ・アレン、アリの女王はアン・バンクロフト（『バグズ・ライフ』で同様の役を演じたのはフィリス・ディラー）、アリの姫はシャロン・ストーンが演じた。そのほか主要声優としてダニー・グローヴァー、ジーン・ハックマン、ジェニファー・ロペス、シルヴェスター・スタローンなどの顔ぶれが並んだ。

『アンツ』はスターの威光を借りながらも、また先に公開されたにもかかわらず、昆虫戦争で大敗北を喫した。『バグズ・ライフ』の全米興行収入は一億六三〇〇万ドルで、『アンツ』の九〇〇〇万ドルより八割も多かった。世界全体では、『バグズ・ライフ』は三億五八〇〇万ドルを売り上げ、『アンツ』の一億五二〇〇万ドルの二倍を優に上回った。『バグズ・ライフ』の興行成績は、全米では『トイ・ストーリー』におよばなかったものの、世界全体では並んだ。ラセターは正しかった。ピクサーはエンターテインメント映画の制作に集中すれば、向かうところ敵なしだった。

とは言え、商売敵のために戦いをラクにしてやる必要はなかった。『バグズ・ライフ』以降、ラセターたちは制作中の映画のことは、作業がかなり進むまで決して口外しないことにした。

『バグズ・ライフ』の制作中、ピクサーの制作パイプラインにはさらにもう一つの映画が入っていた。『トイ・ストーリー』の続編に関する話し合いは、『トイ・ストーリー』の公開から一カ月あまりたった頃に始まった。(19)キャットムル、ラセター、グッゲンハイムは、カッツェンバーグの後を引き継いでウォルト・ディズニー・スタジオの会長に就任したジョー・ロスを訪れた。ロスは喜んで提案を受け入れた。

ディズニーはこの頃から、長編映画のヒット作品については劇場公開なしのビデオ続編を制作していた。ロスは『トイ・ストーリー』の続編もこの方法で行きたいと考えた。ビデオ続編ならコストも人員もそれほど必要なく、衝動買いできるほど安い価格を設定できる。ディズニーのビデオ続編の第一弾になった『アラジン』の続編『ジャファーの逆襲』は大当たりし、一億ドルの利益を得たと推定されている。(20)この結果を見たディズニーは自制心をかなぐり捨て、やがて『美女と野獣／ベルの素敵なプレゼント』、『ポカホンタスII／イングランドへの旅立ち』、『ライオン・キング2／シンバズ・プライド』、そしてさらに別の『アラジン』映画で、ドラッグストアの棚を埋めつくすようになった。

『トイ・ストーリー』の続編については、それ以外のことはまだ何もわからなかった。(21)トム・ハンクスとティム・アレンの予定が空いていて、手頃なギャラで引き受けてくれるのか、ストーリーの基礎となるアイデアをどうするか、そしてピクサーがCGで制作するのか、ディズニーがセル・アニメーションでつくるのか。

『バグズ・ライフ』の時もそうだったが、ラセターはこのプロジェクトを、将来の監督を育てるチャンスと考えた。一九九六年初めにロスが続編制作をピクサーに任せることを決定すると、ラセターはすぐに監督業務を割り振った。スタントンは『バグズ・ライフ』にのめり込んでいたし、ラセターが二番手と考えていたピート・ドクターは、すでにモンスターを題材とした長編映画の開発作業に取りかかっていた。そこで『トイ・ストーリー2』については、『トイ・ストーリー』の若いリード・アニメーターで、彼がその仕事ぶりを高く評価していたアッシュ・ブラノンに目を向けた。ブラノンはカルアーツの卒業生で、一九九三年に『トイ・ストーリー』に取り組むためピクサーに入社した。

ストーリーのきっかけとなったのは、ラセターの思案だった。おもちゃはどんなことに心を痛めるのだろう。『トイ・ストーリー』の世界では、子どもに遊んでもらうことがおもちゃの一番の願いだった。ではその反対は何だろう、とラセターは考えた。ほかのおもちゃに取って代わられるのが、一番つらいことなんじゃないだろうか？

『トイ・ストーリー』の草案には、マニアックな玩具コレクターのキャラクターが登場し、あとで削られた。あのアイデアを使う時が来た、とラセターは思った。彼自身、オフィスの棚に飾ってあるおもちゃ、とくにトム・ハンクスのサイン入りのお宝のウッディ人形を、いつも息子たちから必死で守っていた。おもちゃが玩具コレクターによってケースに厳重にしまわれ、二度と遊んでもらえなくなるという構想は、こうして思いついた。おもちゃにとってこれは惨めな運命だ。ブラノンも別の案を出した。ヤードセールにやって来たコレクターが、レアもの人形のウッディを見つけ、アンディの母親が注意をそらしたすきに強奪するというものだ。こうした着想から、『トイ・ストーリー2』が生まれた。

ウッディをセット物のおもちゃにするという構想は、『ティン・トイ・クリスマス』のストーリーの草案がもとになっている。玩具店のセット物の一体だったティニーが、みんなと離れてしまうという設定だった。ウッディのセットのほかのキャラクターは、『ハウディ・ドゥーディ』や『ホパロング・キャシディ』などの一九五〇年代の子ども向けカウボーイ番組を見ているうちに生まれた。「西部劇でおなじみの登場人物を研究してみた」と『トイ・ストーリー2』の開発作業の一年めにプロデューサーを務めていた、グッゲンハイムが言う。「ぶっきらぼうな金鉱掘り《プロスペクター》、アニー・オークレイ（『アニーよ銃をとれ』のモデルになった射撃手）やカラミティ・ジェーン（男装のガンマン）風の、開拓地のたくましい女の子など」

カウガール「ジェシー」のキャラクターが生まれたきっかけは、ラセターの妻だった。ナンシーは、ボー・ピープよりも中身のある、女の子向けのキャラクターを『トイ・ストーリー2』に出してほしいと夫にせがんだのだ。ジェシーは当初プロスペクターのメキシコ人仲間セニョリータ・カクタスという別の姿で、セクシーな魅力でウッディをそそのかして、決意を鈍らせるという設定だった。ジェシーというキャラクターに差し替えられると、ヒロインはもっと強くて率直な性格に変わった。

ストーリーが制作段階に近づいた一九九七年初めには、まだ大きな問題が残っていた。『バグズ・ライフ』が社員に突きつけていた要求の大きさを考えると、果たして『トイ・ストーリー2』を制作する人員を社内で調達できるかという問題だ。解決策の一つは、社内のコンピュータ・ゲーム専門の制作部門で見つかった。双方向製品部門はピクサー全体の三〇〇人のうち九五人ほどを抱える大所帯で、自前のアニメーター、美術部門、技術者を抱えていて、厳しい時間的制約の中でパソコンゲームのヒット作を二つ出していた。一九九六年四月に発売された「トイ・ストーリー・アニメーテッド・ストーリーブック」と、『トイ・ストーリー』のビデオ発売に合わせて同年一〇月に発売された「トイ・ストーリー・アクティビティ・センター」だ。これらのゲームには、ティム・アレンの代わりに声優のパット・フラリーがバズを、トム・ハンクスの弟ジムがウッディを演じた以外は、映画の声優のほとんどが登場する。「ストーリーブック」は、映画級のフルスクリーン・アニメーションを初めて家庭用コンピュータにもたらしたCD-ROMとして売り出された。ゲーム制作部門は、二作の製品開発の合間をぬって、『トイ・ストーリー』にも匹敵する量のオリジナル・アニメーションを制作していた。

ジョブズは、ゲームがビデオ作品のベストセラーのように一〇〇〇万本は売れると考えていた。グループ責任者のカーウィンは、市場の規模はそれほど大きくないと反論した。ゲームは収益性の高いビジネスになっても（製品は合わせて一〇〇万本ほど売れていた）、

『トイ・ストーリー』のようなホームランにはならないと、彼女は主張した。ジョブズはとうとう言った。本当にそうだというのなら、この部門のクルーを全員、次の映画の制作に回せばいいじゃないか。かくしてカーウィンは一九九七年三月に短編映画部門の立ち上げを担当することになり、コンピュータ・ゲーム部門は閉鎖された。ゲームの制作クルーは、初期の『トイ・ストーリー2』制作チームの中核を担った。

プレスリリース

ティム・アレンとトム・ハンクスが
「バズ・ライトイヤー」と「ウッディ」として帰ってくる

一九九七年三月一二日

ウォルト・ディズニー・スタジオとピクサー・アニメーション・スタジオは、アカデミー賞にノミネートされた先駆的な映画『トイ・ストーリー』の続編を、ホームビデオとして制作中であることを、本日発表いたします。この斬新な全編CGアニメーションの続編には、声優としてティム・アレンとトム・ハンクスが参加し、絶大な人気を誇る宇宙飛行士「バズ・ライトイヤー」とひもつきのカウボーイ人形「ウッディ」の役を再び演じます。『トイ・ストーリー2』制作のために、ディズニーの長編アニメーション・チームとピクサーの北カリフォルニアにあるスタジオが、再びチームを組みます。(中略)

『トイ・ストーリー2』はディズニーの成長部門であるビデオ用作品部門の最新作となります」とブエナ・ビスタ・ホームビデオのアン・デイリーは言います。

『アラジン完結編／盗賊王の伝説』と『ミクロキッズ3』の発売を来週に控えていますように、当部門ではこの制作パイプラインにアニメーション映画と実写映画の両方を送り込んで、ヒット作品を連発しています。(後略)」

しばらくするとディズニーは映画の制作ペースに不満を持ち、六月にプロデューサーのグッゲンハイムの更迭を求めた。ピクサーは従った。

グッゲンハイムはピクサーとルーカスフィルムで過ごした一七年間を振り返り、新しい方向に乗り出そうとする集団として働いたときが、一番楽しかったと思った。たとえばデジタル映像編集ソフトの「エディットドロイド」や、第一作の『トイ・ストーリー』の制作などを手がけたときだ。ピクサーが長編映画以外のすべてをそぎ落としてしまった今、その戦略には起業家的な機会がほとんどなくなってしまったと、彼は感じた。株式公開のおかげで経済的にも安泰だったグッゲンハイムは、ピクサーを去った。*

続編のサブ・プロデューサーを務めていたカレン・ジャクソンとヘレナ・プロトキンが、共同プロデューサーに昇格した。ジャクソンは、大きな責任――小さな池の大きな魚になる機会――をエサにして、『バグズ・ライフ』と人員争奪戦をくり広げたときのことを、こう語っている。

「クルーは『バグズ・ライフ』で二〇〇人のうちの一人として働くことも、『トイ・ストーリー2』で五、六〇人のうちの一人として働くこともできた。『トイ・ストーリー2』のポストを埋めるために、社外でもかなりリクルートをしたわ。でも要となるポジションには、どうしても経験を積んだクルーをつけたかった。だからこう言って落としたの。〝この部門の責任者にしてあげる〟、〝あなたをリード・アニメーターにしてあげる〟」(22)

一一月にディズニー経営陣のジョー・ロスとピーター・シュナイダーが、完成したアニメーションを一部含む映画のストーリー・リールを、ピクサーの映写室で見た。(23) 作品の高い品質に感銘を受けた二人は、『トイ・ストーリー2』を劇場公開してはどうだろうと考

＊彼はその後ゲーム会社エレクトロニック・アーツに加わり、オンラインゲーム「マジェスティック」（二〇〇一年）のコンテンツ開発を手がけた後、独立系アニメーション・スタジオのアリゲーター・プラネットを共同設立した。

えた。

この作品が劇場公開向きだった理由は、予想外に芸術性が高かったことだけではない。(24) ふたを開けてみれば、ピクサー映画ではビデオ作品の経済性は期待したほどうまく働かなかったのだ。ビデオ用映画の意義は制作費の安さにあったが、ピクサーの一つ屋根の下で低予算と高予算プロジェクトを併存させるのは難しかった。ピクサー経営陣の創作意欲は、視覚的に最高のレベルをめざさない、スクリーン上で手抜きが見えるような映画の制作を受けつけなかった。コンピュータ・アニメーションも実写映画と同じで、作品の価値を高めるにはコストがかかるのだ。

もっと単純なところでは、ピクサーはクルーを一つの作品の制作作業から、何であれ次の作業へと効率よく移したかった。だからキャットムルとラセターにとって、低予算プロジェクトのために二流の低賃金部門をつくることは受け入れ難かった。制作費の七五％以上を人件費が占めていたため、同じ給料をもらう同じ人材プールですべての映画を制作している限り、制作作業のコストを大幅に下げるのは無理だった。

そして最後の理由として、アニメーション分野の人件費が全般的に高騰していたことが挙げられる。『トイ・ストーリー』では、アニメーションにおける歴史的事件、つまり世界初の全編ＣＧによるアニメーション映画を制作するという魅力ゆえに、比較的安く人材を雇うことができた。『トイ・ストーリー』の質の高さとラセターの名声のおかげで、ピクサーは今も魅力的な働き口ではあったが、競争相手が人材争奪戦に加わった。ドリームワークスが伝統的なアニメーションとコンピュータ・アニメーションの映画を制作していた上、『ライオン・キング』の成功を見てほかのスタジオも自前のアニメーション部門を続々と開設していた。

何度かの話し合いを経て、ジョブズとロスは一九九七年の新しい五作品契約に沿って、『トイ・ストーリー2』の費用と利益を折半すること——ただし『トイ・ストーリー2』は五本の対象作品の一つに数えないことで合意した。ディズニーが契約において続編ではなく、五本のオリジナル作品を求めたのは、テーマパークや商品のために五組の新しいキャラクターを確保するためだった。一九九八年二月五日にジョブズは制作クルーを集めて、映画に関する計画の変更を発表した。

ラセターは秋に撮影が完了するまで、引き続き『バグズ・ライフ』に一心不乱に没頭した。そして手が空くやいなや『トイ・ストーリー2』の監督の任務を引き受け、共同監督にリー・アンクリッチを加えた。『バグズ・ライフ』の編集スーパーバイザーの任務を終えたばかりのアンクリッチは、配置と映像演出に集中した。またブラノンも共同監督としてクレジットされることになった。(25)

それまで『トイ・ストーリー2』のチームは自立していた——業務だけではなく、文字通りの意味でだ。会社のほかの部門と線路で隔てられた、新しい建物にオフィスがあった。

「うちは小さな砂場で勝手に遊んでいた、小さな会社だったわ」ジャクソンは言う。状況は変わりつつあった。

作品を劇場で公開するために、ラセターは一二分程度の素材を追加し、すでにできあがっていた映像を強化しなくてはならなかった。余分の素材は厄介な問題になりそうだった。単なる水増しではいけない。映画の有機的な一部で、以前からそこにあったように思えるようなものでなくてはならない。

時間が足りなくなることを心配したアンクリッチは、公開日を遅らせてほしいとジョブズに掛け合った。やるべきことがあまりにも多すぎる。

「僕はスティーヴのオフィスにいて、こう言った。〝これがすばらしい映画になるってことは、もうまちがいないんです。ただ、与えられた時間でできるとは思えなくて〟」と彼はのちに語っている。「スティーヴはこんな感じのことを言ってくれた。〝いや、やるしかない。この先もいろんなことが目白押しだ〟」おそらく玩具や宣伝用資料を準備している、映画のライセンシーや宣伝のパートナー企業のことを指して言ったのだろう。

ジョブズはアンクリッチを勇気づけようとして言った。「自分のキャリアを振り返ると、こうした最善とは言えない状況でやった仕事に、一番誇りを感じるんだ」[26]

納入予定日まで一年を切っていたため、何カ月もかけてストーリーを考え抜く余裕はなかった。ラセターはその週末スタントン、ドクター、ランフト、そしてディズニーのストーリー部門の数名を、一九世紀につくられたソノマの町広場から六ブロックほど離れた自宅に招待して、「ストーリー・サミット」を主催した。わずか二日間で完成版のストーリーを生み出すという突貫作業だ。月曜日にオフィスに戻ったラセターは全社員を映写室に集めて、改訂版の『トイ・ストーリー2』を最初から最後まで自ら説明した。「誰もが大いに楽しんだ」アニメーターのマーク・オフテダルが言う。「あれは、映画の劇的な転換点だった。すばらしい作品、誰もが参加してアニメーション化に取り組みたいと思うような作品になったんだ」(27)

サミットでは『トイ・ストーリー』から削られたアイデアから、ストーリーの破片を掘り起こした。たとえばある時点の『トイ・ストーリー』の冒頭シーンは、バズ・ライトイヤーのアニメ番組になる予定だった。ラセターはアンディとウッディとの結びつきを描いたシークエンスを優先して、このシーンを『トイ・ストーリー』から外したが、バズ・ライトイヤーのアニメという構想は、その後バズ・ライトイヤーのビデオゲームに進化して、『トイ・ストーリー2』の冒頭シーンに使われた。また『トイ・ストーリー』の草案で、ウッディはバズにアンディのお気に入りのおもちゃの座を奪われてアンディにゴミ箱に捨てられ、何百匹もの蠢くゴキブリに覆われるという悪夢にうなされた。この悪夢は、もう少しマイルドな形に変えられて『トイ・ストーリー2』に登場し、縫い目がほつれたために捨てられるのではないかというウッディの怖れを表すために用いられた。ペンギンの笛つきおもちゃというアイデアも、『トイ・ストーリー』の初期の草案からよみがえった。「ジョンには本当にストーリーを見る眼がある」と語るのは、『眠れる森の美女』を皮切りにウォルトの時代に活躍したディズニーのアーティスト、フロイド・ノーマンだ。彼はピクサーに招かれて『トイ・ストーリー』の続編のビデオ用、劇場公開用、両方のバージョンのストーリーを検討した。

あいつ〔ラセター〕は新鮮な眼をもってやって来て、映画をポンと後押しして、ハードルを少しだけ高くした。われわれのよい映画が、ジョンの指図のおかげですばらしい映画になったんじゃあないだろうか。

たとえば、ウッディがあるシーンで嫌みになりすぎている、といったことが、ジョンにはわかる。今も覚えているんだが、ウッディが貴重な蒐集品としてちやほやされ、大物になることを夢見るシークエンスがあった。リムジンで到着したところを、写真に撮られる。そういう名声や英雄崇拝を夢見ているわけだ。ジョンはそれを見て言ったね。「うん、おもしろいアイデアだけど、僕らのキャラクターに好感が持てなくなる。前にも増して、見栄っ張りになってるじゃないか」そう言って、シークエンスをカットしちまった。(28)

その他の変更点としては、空港の荷物コンベヤーでの追跡シーンで、ビデオ版よりも大がかりな映画セットを使ったこと、プロスペクターを箱に入れたままにしておくというアイデア（「新品同様、未開封」）、そしてジェシーの心に重くのしかかる物語を伝える歌などがある。(29)またラセターはすでにアニメーション化されたすべてのショットを綿密に検討し、あちこちにひねりを求めた。このショットのこのキャラクターには違う表情を、あのショットのカメラアングルや照明設定を変更する、コマの終わりにコマをいくつか追加する、といったことだ。

映画では『トイ・ストーリー』のデジタル・データを使い回した。前作を制作する過程でできあがった、デジタル・バックロット（デジタル処理した背景）が残っていたのだ。だが全社に浸透した完璧主義の文化のせいで、思ったほど再利用はされなかった。キャラクターのモデルは前作と変わらないように見えたが、その実は大幅にグレードアップしていた。

「キャラクターは、キャラクター同士、あるいは映画に登場するほかの物体とも、前よりうまくインタラクトするようになった」モデル制作スーパーバイザーのイーベン・オスビーは当時こう語っている。

キャラクターの頭と胸がうまく交わるようになったから、キャラクターのクローズアップを増やせた。前作では口を大きく開けて丸い形にできなかった。いつも口角に小さなひだができていたんだ。バズとウッディは、顔をもっと細かくコントロールできるようになった。(30)

シェーダー――表面の外観を決定するプログラム――も修正され、細かい改良が加えられた。(31) たとえばウッディの格子縞のシャツとブルージーンズは、『トイ・ストーリー』と『トイ・ストーリー2』では遠目には同じに見えるが、クローズアップでは『トイ・ストーリー2』の方が、より布に近い質感だ。

とは言え『トイ・ストーリー2』は、ほかの作品のモデルは心おきなく借用した。バズ・ライトイヤーの速射ゲームの舞台となったエイリアンの惑星は、『バグズ・ライフ』のアント・アイランドをリメイクしたものだ。ジェシーの歌が流れる間、ジェシーと持ち主の女の子が乗っていたタイヤのブランコを吊していた木も、アント・アイランドにあったもの。おもちゃの修理屋のキャラクターは、『ゲーリーじいさんのチェス』の主人公ゲーリー。ブタの貯金箱のハムがテレビのチャンネルを変えるシーンで、テレビに映し出される映像は、すべてピクサー制作のCMや短編映画だ。

映画は『トイ・ストーリー』から楽曲を一曲引き継いだ。「君はともだち」で、トム・ハンクスと歌手のロバート・グーレが、それぞれ違うシーンで歌った。そしてランディ・

ニューマンによる楽曲が一曲追加された。ターシャ・ウェディーンがアニメーション化したモンタージュにかぶせて、サラ・マクラクランが歌い上げたジェシーのテーマ「ホエン・シー・ラブド・ミー」。そして「ウッディのラウンドアップ」のテーマだ。ランディ・ニューマンの四曲めを聞いた観客もいる。アメリカ国内の観客は、アメリカ国歌「星条旗」が流れるなか星条旗を背景に演説するバズ・ライトイヤーを見たが、海外の観客は、花火と回転する地球儀の前で、「ワン・ワールド・アンセム」というインストルメンタルをバックに演説するバズを見ている。

「ビデオ用作品から長編映画に変わり、その長編を限られた時間で完成させることになったときは、プレッシャーがものすごく高まった」とジャクソン。「家族に会うことも、何もかもあきらめなければならなかったわ。〔スケジュールに関する〕決定が下されてからは、こんな感じだった。〝さあ、公開日が決まった。この公開日に必ず間に合わせる。絶対に上映に間に合わせるわよ〟」

ピクサーの長編映画はいつも最後が大変だ。納期が迫れば、当然残業は増える。その中でも超過密スケジュールの『トイ・ストーリー2』は、格別につらく厳しい経験になった。勤勉と長時間労働は、ある程度までは賞賛に値するが――ラセター自身、短編映画を手がけたときには、孤独な徹夜作業をしたものだ――『トイ・ストーリー2』に来る月も来る月も全力で取り組み続けたことで、クルーにしわ寄せが出始めた。過労のせいでコンピューも出た。

ピクサーは長時間労働をはっきりと推奨したわけではないし、実際には、残業の承認、非承認を通じて社員の労働時間を制限していた。だがすばらしい仕事をしなければという、社員が自らもつ強迫観念が、ほかのどんな制約にも勝ることが多かった。ジャクソンは、「〝あと二日ある〟っていうのは、〝二四時間の二倍をかけてこれをやってほしい〟ってことじゃない」ということを、とくに若い社員にはなかなかわかってもらえないのだと言った。

社員の多くにとって、次の監督の検討会で認められたいという願望に比べれば、労働時間など目ではなかった。検討会とは、アートワークであれモデルであれアニメーション・ショットであれ、自分の手がけているプロジェクトを、ラセターやアンクリッチに検討してもらうセッションのことだ。こうした状況がピークに達したのは、ストレスと疲労のたまったあるアニメーターが、赤ちゃんを車に乗せて仕事に出かけたときのことだ。彼は朝、子どもを保育園に連れて行くことを、妻に約束していた。その日しばらくたってから妻と電話で話しているとき、妻が何気なく保育園に送っていったときの様子を尋ねた。彼はそのときになって初めて、もやがかかった頭で、赤ちゃんのことをすっかり忘れていたことに気づいたのだった。赤ちゃんはまだ駐車場に停めた車の後部座席にいた。救急隊のすばやい行動のおかげで、最悪の事態は免れた。だがこの事件は、無理をしているクルーがいることを、ぞっとするような形で知らしめたのだった。

とは言え、制作の重荷は主観的な問題であって、映画の品質に対する各自の考え方によるところが大きかった。

「アニメーターにとって何が疲れるかといって、先が見えないまま来る年も来る年も制作にかかることほど疲弊することはない。プロジェクトに確信が持てないときはなおさらだ」とは、『バグズ・ライフ』が完了してから『トイ・ストーリー2』に移った、オフテダルの弁だ。「それを考えれば『トイ・ストーリー2』なんかは、あっという間だった。いい映画になるっていう確信があったからだね」

アンクリッチが締め切りに間に合わせる苦労を語る言葉には、映画への誇りがにじみ出ている。「『トイ・ストーリー2』には、いろんな意味で苦しめられたけど――とにかくほんとにつらかったんだ――多分あの映画のことは、一番いとおしく思い出すだろう。力を合わせて、あの不可能なことをやり遂げたっていう意味でね[32]」

一九九九年二月一二日、ピクサーは完成した『トイ・ストーリー2』を、カルアーツで上映した[33]。ラセターをはじめ映画を手がけた四〇人以上の卒業生と学校とのつながりに、感謝の意を表したのだ。学生たちはとりこになった。映画の正式なプレミアはその翌日、『トイ・ストーリー』と同じロサンゼルスのエル・キャピタン劇場で行なわれ、一一月二四日に全米で公開された。

『トイ・ストーリー2』をめぐる紆余曲折から生まれたのは、感動と楽しみの両方を与えてくれる、驚くほど独創的な作品だった。ジェシーがウッディとの出会いで見せた弾けるような喜びと、のちに彼に感じた怒りは、彼女自身のつらい経験から直接あふれ出たものだった。そしてウッディがもうアンディの部屋には戻らないという、それまでの彼からは考えられない決断を下しても少しも不思議に思われなかったのは、ジェシーがウッディにおよぼした影響があったからだ。映画では哀愁を帯びた側面と、おもちゃの敵である玩具コレクターのアル・マクウィギン、おもちゃ屋の新品バズ、ザーグたちを中心とする和やかな喜劇とが、無理なく共存していた。また冒頭のビデオゲームや道路横断の大騒ぎなどの、派手なシーンもあった。

映画は、オリジナルに優るとも劣らない、「世にも稀なる」続編、という評を得た。(34)『トイ・ストーリー2』は、続編にはほとんどあり得ないことをやり遂げた」、ハリウッド・リポーター誌はそう宣言している。「ジョン・ラセター率いるクリエイティブ部門は、前作の実質的なリメイク作品をつくってそれを続編と呼ぶのではなく、原作の楽しい雰囲気を壊さずに、キャラクターをさらに深く掘り下げた」

バラエティ誌は、『トイ・ストーリー2』は「あらゆる点で、前作よりも深みのある充実した映画」であり、前作を超えたとする。

このきら星のような作品に唯一欠けているものは、当然のことだが、新しいものを見たときの驚きだ。四年前、コンピュータ・アニメーションが勝ち取ったフロンティアや、アニメーションという分野全体にもたらされた果てしない可能性を目にして、観客は息を飲んだものだった。だがそうは言っても、この作品からは独りよがりや単調さは感じられない。制作陣は今回キャラクターを家の外に出した。その状況の中で彼らは、生きることの厳しさや死すべき運命を、率直に言って昨今の実写映画の登場人物たちよりも強く自覚するのだ。

たとえこの作品が『トイ・ストーリー』の凡庸な続編だったとしても、十中八九、観客はついただろう。『トイ・ストーリー』のキャラクターはそれだけ愛されているのだから。しかしラセターは自らの打ち立てた過去の業績を、貪欲に超えようとした。そしてその結果『トイ・ストーリー2』はどんでん返しの芸術的成功を収めることができたのだ。アメリカ国内で二億四五〇〇万ドル、世界全体では四億八六〇〇万ドルと、『トイ・ストーリー』や『バグズ・ライフ』を大きく上回る、その年最高の興行収入を上げたアニメーション映画となった。またアニメーション映画としてはディズニーの『ライオン・キング』に次ぐ、史上第二位の興行収入を記録した。

ピクサーはさしあたってはドリームワークスを撃退した。カッツェンバーグのコンピュータ・アニメーション映画第二弾『シュレック』が公開されるのは、一年半先のことだった。そしてピクサーは最初の二作品の成功がまぐれではないことを、改めて世に知らしめたのだった。

9　モンスター・シティの危機――『モンスターズ・インク』

ロリ・マドリッドは社会福祉学の大学院生だった一九九〇年代の半ばから、子ども向けの歌をつくっていた(1)。ハーレムと南ブロンクスの虐待を受けた子どものための治療センターに最初の職を得てからも、曲づくりを続けていた。悩みを抱えた子どもたちが治療の一環として、歌を歌うのを好むことに、彼女は気づいた。子どもたちに自信をもたせたり、かんしゃくをこらえさせたりするための歌もつくった。「見知らぬおうち」という題名の歌は、養護施設の子どもたちが、本当の家族から引き離され、違う場所に住むことについてもっている、本当の感情を吐き出させるための歌だった。治療センターの同僚たちも、マドリッドの歌を使い始めた。

生まれ故郷のワイオミング州トリントンに戻ってからは、童話の執筆に挑戦し、「クローゼットの中に男の子がいるよ」という、詩で表した物語を書き上げた。これは二八行の童話で、モンスターの子どもが寝室のクローゼットに男の子がいたと言って怖がるが、母親が何も怖がることはないのよ、男の子なんてものはいないんだから、と慰めるという内容だった。

一九九九年一〇月末にマドリッドは五、六社の出版社に童話を送った。その中に、サンフランシスコに本拠を置く出版社で、美術、建築、写真関連の本と並んで童話も出版していた、クロニクル・ブックスが含まれていた。クロニクルから返事は来なかった。一社だけが童話に関心を示したが、何も起こらなかった。その後マドリッドはこの童話をミュージカル『クローゼットの中に男の子がいるよ』に仕立て、地元の「ビッグ・ブラザーズ・ビッグ・シスターズ」の青少年指導教育プログラムが、二〇〇一年夏に州を回って上演した。

夏も終わりに近づいた頃、ミュージカルを見た何人かの友人や同僚が、近日公開のピクサー映画『モンスターズ・インク』の予告編を見た方がいいと言ってきた。君の物語をもとにしているのは明らかだ。ピクサーは君の物語を手に入れたに違いない、と彼らは真剣に言った。ピクサーが、君から盗んだのだ。

マドリッド自身も労働祝日の週末に予告編を見て、同じ結論に達した。「映画のスクリーンを見て、自分の原稿そのものを見ているように感じたわ」と彼女は語っている。「ただ、自分の名前がなかっただけ。クローゼットに子ども、モンスター、表情、場面――ストーリーの全体的な感じが、自分の作品にそっくりだった」

彼女は悩んだ。どうして私のミュージカルを今上演するの？　私が映画をまねしたって思われるじゃない。

ミュージカルが上演されたのは最近のことだから、ピクサーが模倣できたはずがない。ピクサーの誰かが、どこかの出版社から彼女の短編を手に入れたに違いなかった。インターネットで少し調べてみると、ピクサーがクロニクルから『モンスターズ・インクの芸術』という本を出したばかりだとわかった。そのうえピクサーはそれまでのすべての本を、ディズニー傘下の出版部門ハイペリオンから出していた。何が起こったかは一目瞭然だと、彼女は思った。クロニクルが一九九九年に彼女の物語をピクサーに渡し、ピクサーはその見返りとしてクロニクルに鞍替えしたのだ。

彼女は弁護士を探し、一〇月にクロニクル・ブックス、ピクサー、ディズニーを相手取って、ワイオミング州シャイアンの連邦裁判所に訴訟を起こした。

この申し立ては、せいぜいよくてこじつけだった。モンスターが子どもを怖がるというのはただの発想であって、誰が使ってもかまわない。実際、ジョン・ラセター自身が学生時代に制作した映画『ナイトメア』も、男の子を怖がるモンスターを題材としていた。さらに書籍出版のならわしを考えれば、エージェントのついていない駆け出しの作家が勝手に送りつけてきた原稿が、編集アシスタントより高い地位の人に一目ですら見てもらえることはまずなく、ましてや大手映画製作会社の手に密かに渡るなどというのは、到底あり得ない話だった。

最後に、ロリ・マドリッドには知り得ないことだったが、クロニクルとピクサーの接触が始まったのは二〇〇〇年八月、『モンスターズ・インク』の制作がかなり進んでからのことだった。当時ピクサーのあるマネジャーが、ピクサーの出版レーベルについて、出版社に打診し回っていた。制作のない期間にスタジオのアーティストたちに仕事を与えるために、彼らの作品を出版するというアイデアだった。構想は立ち消えになったが、ハイペリオンが出版を断った『モンスターズ・インク』の美術本を、クロニクルが二〇〇一年春に拾い上げたのだった。

マドリッドが提示したシナリオがどれほど筋違いでも、映画製作会社はこの種の訴訟を深刻に受け止めなくてはならない。もし訴訟が陪審裁判にまで発展すれば、被告側弁護士は何も保証できなくなる。ピクサーはかつてルーカスフィルムの一部門だったが、クロニクルはルーカスフィルムの『スター・ウォーズ』の本を出版している。ピクサーとクロニクルはどちらもベイエリアの会社だった。そんなことから陪審団が、人の輪のどこかでクロニクルの誰かが実際に一九九九年にピクサーに物語を渡し、物語が『モンスターズ・インク』チームの手に渡ったという結論に達することは、あながちあり得ない話ではなかった。映画がマドリッドによる独創的な表現を侵害していると、陪審団が判断するかもしれなかった。さらに、マドリッドの弁護士ベス・メアリー・ボリンジャーは、その気があればピクサーの資料や電子メールを調査する機会を得るだろう。そうなった場合、ピクサーが何気ない一言のために不利な立場に立たされる可能性はいくらでもあった。

より差し迫った問題として、ボリンジャーは著作権訴訟という最終兵器を用いた。ピクサーとディズニーに訴訟係属中の映画の公開を禁止する仮差し止め命令の発行を、裁判所に要請したのだ。両社は訴えを即座に却下するよう、判事に求めた。だが判事は異議申し立てを押し切り、仮差し止め命令の申し立てに関する公聴会の開催を命じた。公聴会は二〇〇一年一一月一日、つまり全米三二〇〇の劇場の五八〇〇余のスクリーンで『モンスターズ・インク』が公開される予定日の前日に開催が予定されていた。

そんなわけで、映画の監督を務めた三三歳のピート・ドクターと、ウォルト・ディズニー・モーション・ピクチャーズ・グループの五五歳の会長ディック・クックは、風の強い木曜日に、シャイアンの繁華街にある連邦裁判所に出頭する羽目になった。ロサンゼルスの法律事務所イレル＆マネラのスティーヴ・マレンバーグ率いる弁護団と、被告側の地元の弁護士テリー・マッケイを中心とする弁護団がこれに加わった。ボリンジャーが冒頭陳述を述べ、それからマドリッドが昼下がりにかけて証言したあと、マッケイが判事に申し立てる番が回ってきた。

「判事どの、本件の深刻さを侮ることはできません」と彼は始めた。仮差し止め命令は、裁判所がこの段階で課し得る「おそらく最も大胆かつ厳しい救済措置」であり、「取り返しのつかない」影響をおよぼしかねない、と彼は主張した。原告にはこのような措置の正当性を示す重大な義務がある。

「私たちが証拠について知っているのは、次のことです」マッケイは続けた。「原告の作品が模倣されたという証拠は一切ありません。実際、作品の写しが入手されたという証拠は何も……」

「状況証拠はあるかもしれない」と判事が差し挟んだ。

「せいぜい状況証拠です」マッケイは答えた。それは「かなりのこじつけ」だと、彼は主張した。

マッケイは、マドリッドの物語が侵害されたかどうかという問題に移った。「陪審団は二つの作品を並べて検討していただきたい。なぜなら比較できるのは、言葉だけだからです」またボリンジャーの指摘した、モンスターが子どもを怖がる、クローゼットが人間界とモンスターの世界の間の窓口になっている、といった構想は、マドリッドの物語に独自なものではないとつけ加えた。

午後三時を少し回った頃、ドクターが証人台に立った。マッケイが尋問した。

Q　あなたのフルネームを教えていただけますか。

A　ピーター・H・ドクターです。
Q　姓をつづってください。
A　D‐O‐C‐T‐E‐Rです。
Q　職業は何ですか？
A　ピクサー・アニメーション・スタジオの監督です。
Q　ピクサー・アニメーション・スタジオの監督になったのはいつですか。
A　一九九七年頃です。
Q　では、ピクサーのためにモンスターの映画を独自開発する中で、あなたが担った役割について証言して頂けますか。
A　ええ。監督として、構想からストーリー、声優選び、指揮、キャラクター・デザイン、最後の仕上げまで、あらゆることに関わりました。

マッケイはストーリーラインがどのように発展したか、彼に順を追って説明させた。ドクターはストーリーラインは独自のもので、「われわれ自身の子ども時代」を除けば、マドリッドの物語やほかのいかなる情報源にも影響を受けていないと述べた。

裁判長クラレンス・ブリマー二世は、フォード政権時代に裁判官に任命された七九歳の品のよい元州司法長官である。ドクターが主人公のモンスターの声に、ジョン・グッドマンとビリー・クリスタルを選んだことに触れると、プリマー判事は遮って尋ねた。「私の事務官の一人によれば、この方たちは著名な俳優だということですが、そうですか？」

その通りですとマッケイは答えた。

反対尋問でボリンジャーは「ブー」という名の、モンスター・シティにつながるクローゼットのドアを開けてしまった小さな女の子が、一九九九年以降変更されていないかどうかという問題に焦点を絞った。一九九九年初めの描写では、ブーは「大胆で頑固な性格」と「タフな生存本能」を持ち、「モンスターの誘拐犯よりもずっと手ごわい」存在として描かれていた。ボリンジャーに言わせれば、劇中の――または少なくともマッケイが上映したクリップ中の――ブーのキャラクターは、これとかけ離れていた。

Q　それであなたはこの女の子が、タフな生存本能をもっていると言うんですね？

A　そういう面もあります。さっき見たクリップには、それほどはっきり現れていませんが。

Q　映画にははっきり現れているんですか？

A　かなり恐れ知らずで、けんか腰ですね。

Q　どんな状況で、恐れ知らずでけんか腰になるのですか？　彼女が恐れ知らずでけんか腰になるシーンを説明してくれますか。

A　身長二・五メートル、体重九〇〇キロの巨大で青い毛むくじゃらのモンスターに面と向かって、「よけて」というところなんかに、結構表れてますね。それに映画には、彼女が二人のモンスターのことを完全に忘れて、アパートの部屋中を走り回るシークエンスもあります。

ドクターが証言を終えようとしていたとき、ブリマー判事が助け船を出した。「あなたはそれに、五年もの重労働と、莫大な資金をかけてきたのですね？」

「はい」とドクターは答えた。「私のお金じゃありませんが……」

「そしてこれには大勢の人の手がかかっているのですね？」

「その通りです、ええ。たしか四五〇人以上が取り組んでいます。それにそう、私が最初に構想を立ててから完成まで、五年かかっています。これは普通のことです。『トイ・ストーリー』にも四年半ほどかかりましたから」

「では、一夜にしてできるようなものではありませんね」ブリマー判事は続けた。「それに、だれかの詩を読んで、ふと思いついてつくるようなものではないですね」

「まさか、絶対にそういうものではないです」ドクターは同意した。

ディズニーとピクサーがロサンゼルスから連れてきた法廷弁護士のマレンバーグは、ディック・クックを証人台に立たせた。クックは三〇年前、蒸気機関車とモノレールのオペレーターとして入社し、その後出世街道をばく進し、今やウォルト・ディズニー・カンパニーのすべての製作、配給、マーケティングを取り仕切る責任者の地位にあった。マレンバーグは彼に、映画の公開に対する仮差し止め命令の影響について尋ねた。

ディズニーへの影響は壊滅的なものになるだろうとクックは答えた。『モンスターズ・インク』は『ハリー・ポッターと賢者の石』と『パール・ハーバー』とともに、今シーズンの業界の「テントのポール」、つまり超大作映画になるはずだった。公開日は一年近くも前から決まっている。ディズニーは劇場で約四万本の予告編を流し、巨額の広告キャンペーンを展開していた。二週間前ドクターとラセターは、映画のスターたちを引き連れて「大がかりなマスコミ行脚」を敢行した。プレミアや特別映写会にはすでに約三五〇〇万ドルの費用がかかっていた。すべてが一一月二日、つまり明日にピークが来るよう演出されていた。

また五八〇〇本余りの上映プリントが、すでにカリフォルニアとオハイオのテクニカラーの倉庫から出荷され、劇場に到着している。映画を上映するつもりでいる劇場主は、真っ暗なスクリーンを見せることになる。

「一一月二日を選んだのは、それ以降は競争が熾烈になることを考えた上でのことです。感謝祭には『ハリー・ポッター』が、クリスマスにはほかの映画が続々と公開されます」クックは説明した。「映画の重要性に鑑みて、真っ先に公開したかった」

Q　では差し止め命令その他によって映画の公開が遅れれば、最初の週末に影響が出て、それに一一月二日に最初の週末を迎えることで得られたはずのあらゆる利益に影響が出るのは明らかですね？

A　最悪の事態になります。

Q　そしてそのことは、映画の興行成績だけでなく、アメリカのほかの市場にどのような影響を与えるでしょうか？

A　そうですね、逆向きの雪だるま効果で、あらゆるホームビデオ事業、DVD事業に水を差すでしょう。実際、海外にも影響がおよびます。海外事業はアメリカでの興行収入に大きく左右されるからです。その興行収入が奪われれば、映画の成功に大きな、とてつもなく大きな影響が、確実に、本当に確実におよぶでしょう。

さらに言えば、そのほか映画に関連した活動がすべてだめになります。将来的にテレビシリーズにするとか、テーマパークのアトラクションやアイランドにするといった、すべてのことです。

映画にも、果物や野菜の生命と同じライフサイクルがあるのだと、クックは説明した。「前もって綿密に計画を立てて、種まきをし、肥料を与え、水をやり、きちんと育っているかに気を配ります。収穫の時が来れば、時期を逃さずに収穫しなければなりません」

ピクサー映画は収穫期を迎えていた。クックはブリマー判事に、ディズニーが映画会社向けの市場調査を行なうナショナル・リサーチ・グループを雇って、『モンスターズ・インク』の認知度を調べたと言った。「一般の分布からはまったくかけ離れていた。業界用語で言うと、普通の映画が三、四〇%台なのに対し、八〇%台だったんです」

「『モンスターズ・インク』はある意味で、いま熟している果物なんですね？」マレンバーグは尋ねた。

「いま手の中にあって、いま熟していて、いま食べたい桃なんです」クックは言った。「いま食べないと、悪くなってしまう」

マレンバーグはブリマー判事に向き直った。「これで終わります」

ブリマー判事はボリンジャーとマッケイの最終弁論を聞き――ボリンジャーは、ディック・クックに対する反対尋問を放棄した――裁判官席から口頭で判断を伝えた。彼は訴訟の棄却に関する被告側の申し立てを認めなかった。そして仮差し止め命令の四つの要件を一つずつ検討した。マドリッドは、差し止め命令がなければ取り返しのつかない損害を被るだろうか？　彼女は最終的に勝訴する見込みが高いだろうか？　映画の公開が彼女に与える影響は、差し止め命令がディズニーとピクサーに与える影響を上回るだろうか？　最後に、差し止め命令は公益に反するだろうか？　判事は一点一点挙げながら、なぜ映画を予定通り公開するべきだと思われるかを説明した。

最後の公共の利益の問題に来ると、彼はちょっとおどけてこう言った。「私の法務書記が言うには、彼には二歳と七歳になる姪っ子がいて、私がこの差し止め命令を出したらひどくがっかりするだろうと……。そうなれば、国中の子どもたちに、最悪のモンスター判事だと思われるでしょう」

かくして最終兵器は無害化された。ディズニーとピクサーは『モンスターズ・インク』を公開できることになった。その一方で訴訟は継続し、もしもマドリッドが著作権侵害を証明できれば、両社は損害賠償に直面する。

民事訴訟の当事者は「証拠開示手続き」を行なう権利を有する。つまり、相手側に対して質問状に宣誓した上で回答し、社員やその他の証人を宣誓証言に出廷させ、書類を引き渡すことを要求することができる。その後の数カ月にわたって、ボリンジャーはラセターと、『モンスターズ・インク』の制作で共同デザイナーを務めたボブ・ポーリーに宣誓証言させた。ピクサーの公文書保管人クリスティン・フリーマンは、ボリンジャーの要求、とくに「貴社の所有する、『モンスターズ・インク』のストーリーラインに関連するすべての書類」と「『モンスターズ・インク』に関連するすべての芸術、概念芸術を含む作品」という要求に応じて、一〇〇箱分を超える社内ファイルをかき集めた。

二〇〇二年六月二六日、ブリマー判事は手続きを打ち切った。被告の申し立てを受けて、映画は著作権法で保護されないいくつかの一般的なテーマやアイデアを除き、ロリ・マドリッドの二八行の詩とはまったく共通点がないという判断を下したのだ。「これらのアイデアはすべてごくありふれたものであり、またこの映画のキャラクターや、一般的な童話になくてはならないアイデアである」と判決は記している。「こうしたものが著作権法で保護されることになれば……童話の自由な伝承を阻害することは確実で、子どもたちの見る悪夢さえもが著作権侵害になりかねない」[2]

マドリッド訴訟は無事過去のものとなった。ピクサーは訴訟を耐え抜き、勝訴した。だが事態が進展するにつれて、この訴訟が実はもう一つの、さらに大きな問題をはらんだ訴訟の前兆でしかなかったことが判明する。

ピート・ドクターが、のちに『モンスターズ・インク』となる映画に取りかかったのは、皆がまだ『バグズ・ライフ』と『トイ・ストーリー2』に取り組んでいた一九九六年頃のことだ[3]。映画は、ポイント・リッチモンドにあるドクターのお気に入りの店にちなんで、「隠された都市《ヒドゥン・シティ》」というコードネームで呼ばれていた。当初の主人公は三二歳の男で、自分にしか見えないモンスターと戦うという設定だった。その後ドクターはこの案をボツにし、人物キャラクターはしばらくの間男の子になったが、最終的に女の子に落ち着いた。一九九七年二月初め、ドクターはハーレー・ジェサップ、ジル・カルトン、ジェフ・ピジョンとともにトリートメントの草案をまとめた。このトリートメントは、最終版の映画をいくらか彷彿とさせた。ただ『モンスターズ』とだけ名づけられた物語では、サリー（この段階ではジョンソンと呼ばれていた）は職場の出世頭で、子どもたちを怖がらせる仕事をしているという設定だった。最終的に相棒になるマイク・ワゾウスキーは、まだ加えられていなかった。

子どもがなくした片方の靴下を探しに、家の地下室に下りて行きます。すると洗濯物の山の中から、恐ろしいモンスターが現れて、子どもを驚かせるのでした。

ジョンソンという大きな毛むくじゃらの青いモンスターが、ドアから姿を現しました。にせの牙ととんがった鼻とこぶを外して、怖がらせの報告書に記入し、正副三枚にサインしました。（中略）

ジョンソンは作業場を出て休憩室に行って、書類を発送ケージに入れました。発送係がレバーを引くと、ドアがドア保管庫まで運ばれていきます。ジョンソンは仲間のモンスターの隣に座って、次の仕事を待つのでした。トランプをしたり、たばこを吸ったり、おしゃべりをしたりする同僚たちとは違って、ジョンソンは最新の怖がらせテクニックの研究に余念がありません。『アパートの鍵貸します』のジャック・レモンのように、ジョンソンは仕事を生き甲斐とする、熱心できまじめでひたむきなモンスターなのです。

次の怖がらせの仕事から、ジョンソンの歯車が狂い始める。六歳の女の子を誤ってロッカールームに連れ帰ってしまったのだ（女の子はこのとき「メアリー」と呼ばれていたが、その後アンドリュー・スタントンの提案で「ブー」に変わった）。ジョンソンを初めて見たときメアリーは悲鳴を上げるが、しばらくすると落ち着いて、お家に帰してほしいと訴える。ジョンソンは何とかして周囲に気づかれずに女の子を戻してやろうと奮闘する。モンスターの世界に子どもたちは立ち入り禁止なのだ。

二月四日にドクターは最初のアートワークを見せながら、ストーリーをディズニーに売り込み、『モンスターズ』をジョンソンとメアリーの相棒物語として説明した。彼とストーリー・チームはディズニー側から出された提案を持ち帰り、五月三〇日に改良版のストーリーを引っさげて戻ってきた。このときディズニーのキャラクター・デザイナー、ジョー・グラント――ディズニー初の長編アニメーション映画『白雪姫』からの古参――が、『モンスターズ・インク』という題名を提案した。題名はぴたりとはまった。

八月八日付のトリートメントでは、メアリーは怖いもの知らずの七歳に変わっていた。四人の兄たちにからかいや悪ふざけの標的にされるうちにタフになったという設定だった。反面ジョンソンは神経質で、モンスターズ・インクの上司が人員削減計画を発表してからというもの、怖がらせ屋の仕事を失いやしないかと、ピリピリしている。彼は社内一の怖がらせ屋、ネッドをねたましく思う。「ネッドのようなすご腕の怖がらせ屋になれたら、すべてがうまく行き、こんなに不幸せではなくなるのに、と思い込んでいるのです」

主人公にモンスターの相棒をつけるという案が浮上したのは、一九九八年四月六日にバーバンクで行なわれた、ディズニーとピクサーのストーリー・サミットでのことだ。こういうキャラクターは、主人公が自分の苦しい立場について語る相手になるという考えで、グループはまとまった。ドクターは友人の映画監督であり人形操演者であるフランク・オズの父親の名を取って、このキャラクターをマイクと名づけた。

ウッディとバズがそうだったように、サリーとブーも、一九九六年から二〇〇〇年にかけてストーリーが変わるにつれて、劇的に変化した。サリーは守衛から、精製所の労働者、事故で視力を失ったために精製所で働く元怖がらせ屋を経て、『モンスターズ・インク』随一の怖がらせ屋に落ち着いた。体に触手がつけられて外され、クモのような複眼にされてもとに戻された。ブーは大人の男性から少女に変わると、性格も、傲慢で手に負えない少女――O・ヘンリーの「赤い酋長の身代金」に出てくる、誘拐された少年のような――を経て、最終的に映画の穏やかで無邪気な、まだ言葉をよく喋れない女の子になった。ブーは少女に変わったあとも、ある時点ではアイルランド出身で、マイクのことを「ウィー・レッピー・カーン」と呼んではサリーとマイクを不思議がらせることになっていたし、別の時点ではピクサー初のアフリカ系アメリカ人キャラクターという設定だった。

ジェームズ・P・〝サリー〟・サリヴァンの声優には、テレビのファミリー・コメディ『ロザンヌ』で主要な役を長年演じ、コーエン兄弟の映画でもおなじみのジョン・グッドマンが選ばれた。グッドマンはこのモンスターの人柄を、モンスター版全米プロフットボール（NFL）選手と解釈した。「サリーはキャリア一〇年めの経験豊かなラインマンのようだ」と彼は当時語っている。「文句なしに仕事熱心なプロだ」[4]

バズ・ライトイヤーを断ったことを悔やんでいたビリー・クリスタルが、サリーの親友の一つ目モンスターで、怖がらせ屋アシスタントのマイク・ワゾウスキー役を引き受けた。

ブーはストーリー・アーティストの幼稚園児の娘が声をあてた。

『モンスターズ・インク』の制作が始まった二〇〇〇年一一月頃、ピクサーは荷物をまとめ、ルーカスフィルム時代から数えて二度めの引っ越しをした。ポイント・リッチモンドのピクサーがあった一画に関するジョーク――「精製所んとこで左折して」――も、いい加減飽きられていた。約五〇〇名の社員は、交通量の多いハイウェイで隔てられた三つの建物に分散していた。ポイント・リッチモンドのオフィスからの引っ越しを記念する送別会では、誰かが当時公開されたばかりのギャグ映画『リストラ・マン』をまねて、コンピュータを大槌で粉砕するパフォーマンスを行なった。

新しい施設としてジョブズが当初検討していたのは、サンフランシスコの元倉庫スペースだったが、彼にとっても、またイーストベイや、北はマリン郡やソノマ郡に居を構えた多くの社員にとっても不便だった。最終的に、カリフォルニア州バークレー近くのエメリーヴィル（人口六九〇〇人）の商業地区に、二万坪のデルモンテの缶詰工場跡地を確保できた。

当初ラセターは伝統的なハリウッドのスタジオのような、制作中の映画ごとに建物が分かれ、現像のためのバンガローがあるキャンパスにしたいと、強く希望した。だがディズニーで師と仰いだフランク・トーマスと会話を交わしてから、気が変わった。トーマスは、ウォルトがロサンゼルスのハイペリオン・アヴェニューの混み合った建物から、バーバンクの広々とした、めいめいのオフィスや部門別の建物のある、一見楽園のような複合施設にアニメーターを移したときのことを嘆いた。人と人のつながりが薄くなってしまったのだという。(5) それを聞いたジョブズとラセターは、ピクサーの施設を一つの大きな建物として構想し直した。床面積は約二万平方メートルほどを予定していて、長いアトリウムが自然発生的な出会いを促すようになっていた（ちなみにこれを設計したのは、シアトル近郊の大きな湖に面したビル・ゲイツ邸を共同設計した会社だった）。まもなく社員たちは奇抜なテーマに沿ったオフィスをつくった。南国の小屋風のファサードの隣には、旗と郵便ポスト、パラボラ・アンテナの立った郊外風の家が建っていた。

『モンスターズ・インク』は制作面では、主要キャラクターごとに専担のリード・アニメーターがついたという点で、それまでのピクサーの長編映画と違っていた。[6] ジョン・カールスがサリー、アンドリュー・ゴードンがマイク、デイヴ・ドゥヴァンがブーを担当した。カールスは、熊を思わせるグッドマンの声が、キャラクターに驚くほどぴったりだと思った。サリーの途方もない大きさに対処するのは、厳しい挑戦だった。それまでアニメーターは、物体が重いということを、のろのろとした大儀そうな動きを与えることで表していたが、カールスは主人公にそんな方法で取り組めば、映画がまどろっこしくなると思った。彼もサリーの声を担当したグッドマンのように、サリーを運動神経が抜群で、大きくてもすばやく動けるフットボール選手のように考えるようになった。サリーをはじめとする大型モンスターを扱うアニメーターたちの参考になるようにと、ピクサーではバークレーから大型哺乳動物の運動の専門家ロジャー・クラムを招いて、このテーマで講演してもらった。

サリーを生きているように見せるために、技術チームは懸命の努力で毛のレンダリングに改良を加えた。[7] 毛をリアルに見せるという課題に取り組んでいた制作会社は他にもあった。最も有名なのが一九九三年のホッキョクグマが登場するコカ・コーラのCMや、映画『ベイブ』の喋る動物の顔を手がけたリズム&ヒューズだ。だが『モンスターズ・インク』ではそれよりはるかに大量の毛が必要だった。ピクサーの技術者に、毛はいくつかの難題を突きつけた。一つは膨大な本数の毛――サリーには二三二万四一三本もの毛が生えていた――を、そこそこ効率的にレンダリングする方法を考え出すこと。もう一つは、毛の影を毛自体に投影することだった。セルフ・シャドウがなければ、毛や毛髪はべた塗りになり、リアルに見えない（『トイ・ストーリー』の冒頭シーンに出てくる、アンディの幼い妹の髪の毛が、セルフ・シャドウのない髪の一例だ）。いま一つの難題は、アニメーターにあまり負担にならない方法で、毛の向きと動きを制御できるようにすることだった。

「何に限らず、複雑で物理的な動きをするもの――毛髪、布、液体、なんでも――に関しては、細かいところまですべて手作業でアニメーション化する方法は、現実的じゃない」と毛のチームにいたトム・ロコヴィッチは言う。「『物理的な』動きをものにさせる必要がある。つまり髪や布といったものを何らかの物理的モデルに沿って動かすようなシミュレーションを実行する必要があるってことだ」

シミュレーションをそれらしく見せるパラメーターを選ぶには、膨大な作業が必要だ。どれか一つのパラメーターを低く設定しすぎれば、髪の毛は輪ゴムでできたみたいにだらりと垂れ下がるし、高すぎれば数値が不安定になって、髪の毛が「爆発」してしまう。

シミュレーションも大切だが、いつも物理にすべてお任せってわけにはいかない……。たとえば演出上の理由から、「物理」的にはそうならないのに、髪の毛をキャラクターの顔の特定の場所にかぶせたい場合とか。そんなときは、物理的効果を追加する。たとえば目に見えない衝突物や余分な力を加えて、シミュレーションに自分のやりたいことをやらせる。あるいは、シミュレーションの結果を無視して、その特定の場所にかぶさるように指定するか。実際には、その両方を組み合わせている。[8]

毛のシミュレーションの技術は、「フィズティー（FIZT）」（物《フィジックス》理ツールの略）と呼ばれる新しいソフトウェアに組み込まれた。サリーのショットをアニメーション化し、フィズティーでショットのデータを読み取り、サリーの動きだけでなく風や重力の影響をも加味して、毛を加えた。

フィズティーは、ブーのだぶだぶのTシャツの複雑なたわみやしわのある動きも制御した。[9]ピクサーの初期の長編映画では、人物キャラクターの衣服は不自然になめらかな状態を保っていて、キャラクターの体と独立して動くことはなかった。衣服として、キャラクターの肌にテクスチャを描画することもあった。ブーのTシャツを本物のシャツのように動かすために使った技術は、ピクサーの主任研究員マイケル・カースが『ゲーリーじいさんのチェス』のゲーリーのためにつくった、衣服シミュレーション・プログラムを基本にしたものだ。

衣服のアニメーション化という課題は、一見簡単そうだが、衣服がからまないようにするという複雑な問題を解決する必要があった。つまり、衣服の一部がこすれ合うときに（キャラクターが肩やひじやひざを曲げて、衣服がたわむときなど）、布が布を通り抜けないようにすることだ。『モンスターズ・インク』の制作に加わったカースは、デイヴィッド・バラフとアンドリュー・ウィトキンとともに、こうした衣服のぶつかり合いを処理するアルゴリズムを開発し、「グローバル・インターセクション・アナリシス」と名づけた。

『モンスターズ・インク』のショットは非常に複雑だったため――サリーの毛やブーのシャツだけでなく、ラックに五〇万枚のドアが下がったドア保管庫など、セットも手が込んでいた――ピクサーのそれまでのどの作品より高い処理能力を必要とした。『モンスターズ・インク』用に構築されたレンダー・ファームは、サンマイクロシステムズのプロセッサを三五〇〇基搭載していた。ちなみに『トイ・ストーリー2』では一四〇〇基、『トイ・ストーリー』では二〇〇基だった（レンダー・ファームのコンピュータにはそれぞれ二個か四個のプロセッサが搭載されているため、コンピュータ台数はプロセッサの個数より少ない）。実際、ピクサーはそれぞれの映画が必要とした総処理能力を計算してみた。新しい映画のレンダリングに使われたプロセッサは、数が多いだけでなく、高速の新型プロセッサでもあることを考慮に入れて計算したところ、『モンスターズ・インク』にはピクサーのそれまでの三作品の合計を超える処理能力が必要だったことがわかった。(10)

映画は二〇〇一年一一月二日に公開され、好意的な批評に迎えられて、アニメーション映画としては『トイ・ストーリー2』を抜き去り、『ライオン・キング』に次ぐ史上第二位の興行収入を達成した。

ドリームワークスは『モンスターズ・インク』への関心を薄めようという見え透いた魂胆で、最新のヒット作品『シュレック』のホームビデオ／DVD版を、『モンスターズ・インク』の劇場公開日に発売した。その週末の『シュレック』DVDの小売売上高は『モンスターズ・インク』の興行収入を上回り、ホームビデオの勢いの高まりと、ドリームワークス映画の人気を裏づける形となった。ジェフリー・カッツェンバーグは翌年三月に、さらに溜飲を下げたにちがいない。その年新設されたアカデミー賞長編アニメーション部門で初のアカデミー賞を受賞した作品は、『モンスターズ・インク』ではなく、『シュレック』だったのだから。『シュレック』の大人っぽい醒めたユーモアが、アカデミー賞の投票者に受けたのだろう。

『モンスターズ・インク』の公開から一一カ月足らずの二〇〇二年一〇月一日、二件めの著作権侵害訴訟が起こされた。今回も被告はディズニー、ピクサー、クロニクル・ブックス。原告のスタンリー・ミラーは、六二歳の職業芸術家兼イラストレーターで、コンセプト・ポスターやロックバンド「グレイトフル・デッド」のアルバムジャケットで最もよく知られている。作品には必ずスタンリー・マウスという雅号で署名をする。

ミラーは十代の若者だった五〇年代末に、「モンスター・ホットロッド」の漫画を描いたのをきっかけにアーティストの道を進み、ポスターやTシャツ、カレンダー用の漫画を描いて売っていた。彼が六〇年代初めからレパートリーとしているキャラクターに、大きな毛むくじゃらのモンスターと小さな一つ目の相棒があった。どちらのキャラクターも、その後の数十年でさまざまな形に変わっていった。一九九七年にミラーは『疾風怒濤』(*Excuse My Dust*)という題名のアニメーション映画を構想し、アートワークの見本とトリートメント、脚本を作成した。この作品にも、例の大きなモンスターが「フレッド・フライポッガー」、小さな方が「ワイズガイ」という名で登場する。二人はモンスター・コーポレーション・オブ・アメリカの運営するモンスター・シティ（これはミラーの現実の会社名でもある）という町に住んでいる。翌年ミラーは『疾風怒濤』の資料を関係者に配布した。

サリーとフレッド・フライポッガーは、ぱっと見たところ、どちらも二足歩行の毛むくじゃらのモンスターだという以外には、ほとんど共通点はないように思われる。だがマイクとワイズガイは、不思議なほど似ていた。どちらも大きな目玉と口のついた頭から、二本の細長い足が生えていた。またワイズガイにはルクレシアというしっぽの恋人がいて、マイクと恋人のセリアのように、彼女のウエストと彼の頭が同じ高さにあった。さらには訴訟の開示手続き中に、ピクサーの美術部門がミラーのイラストの見本を収集していたことが発覚した。ただし、収集した見本にフレッド・フライポッガーやワイズガイが含まれていたという証拠はなかった。またマイクは、ミラーが『疾風怒濤』を配布したあとでデザインされたこと、イラストを受領した一人がラセターの友人だったことも判明した(この友人は、ラセターに資料を見せていないと宣誓証言している)。

ある意味では、この訴訟で申し立てられたのは、ごく当たり前のことだった。モンスターのアニメーション映画を制作する人は、一目置いているアーティストがモンスターを興味深い方法で表現すれば、そこから影響を受けることもあるだろう。美術と演劇に関しては、ほかの芸術活動と同様、この世にまったく新しいものなど存在しない。シェイクスピアがギリシャの歴史家プルタルコスの著作を参考に、ローマ悲劇を執筆したことはよく知られている。

わけてもピクサーでは、いろんなアーティストの手法を検討することが、ラセターが当初から植えつけた文化の一部をなしていた。『モンスターズ・インク』の前にもあとにも、ピクサー映画にはほかの映画や文学作品から受けた大小の影響がはっきり見て取れたし、それに対して異議を唱える人などほとんどいなかった。ラセターは宮崎駿が自分の作品に影響を与えたと、あちこちで公言している。『トイ・ストーリー』はアメリカの人気の高い相棒映画から発想を得ているし、その基本となるアイデア(おもちゃは誰にも見られていない時に動き出す）と転換点となるいくつかのエピソード（自分がおもちゃだということをわかっていないおもちゃが誕生日プレゼントとして来る、行方不明になる、救出される）を、ラセターの元上司リチャード・ウィリアムズの一九七七年の監督作品『アンとアンディーの大冒険』から拝借している。

『バグズ・ライフ』は、西部劇の名作『荒野の七人』とその原案となった日本映画『七人の侍』に、一九八六年のジョン・ランディス監督作品『サボテン・ブラザース』風の、皮肉でコミカルなひねりを効かせたものだ。『カーズ』の筋書きは、一九九一年のマイケル・J・フォックス主演映画『ドク・ハリウッド』の線に沿っているし、『カーズ』のキャラクター・デザインには一九五二年のディズニーの短編映画『小型クーペのスージー』の影響が現れている。『レミーのおいしいレストラン』の重要なシーン――レストラン批評家が素朴な田舎料理に我を忘れる瞬間――は、マルセル・プルーストの『失われた時を求めて』のマドレーヌ菓子のシーンを、おもしろおかしく脚色したものだ。アルフレッド・ヒッチコックの『裏窓』は、八年置いて公開された二つのピクサー映画に刻まれている。『トイ・ストーリー2』でカメラのフラッシュが武器に使われるシーンと、『レミーのおいしいレストラン』の主人公がアパートでの寸劇を偶然目撃するシーンだ。

芸術は何もないところからは生まれない。ミラー対ピクサー・アニメーション・スタジオの訴訟は、難問を投げかけた。もし『モンスターズ・インク』のキャラクターがミラーのキャラクターをもとにしているというのなら、オマージュや芸術的影響はいったいどこで一線を越えて不正流用になるのだろう？

ミラーと被告側の両方が鑑定人を雇い、二〇〇四年八月に裁判所に報告書を提出させた。被告側の鑑定人の一人は、ジョージ・ワシントン大学の英語学教授で、文学や文化における「怪物」史の権威、ジェフリー・コーエンだった。このテーマに関する著書も、『怪物理論——文化を読む』、『血の物語——中世英国における怪物、ユダヤ人、人種』、『巨人について——性、怪物、および中世』など多数ある。コーエンは、一つ目の生き物ははるか昔から文学作品の怪物の世界に存在すると説明した。アメリカの一ドル紙幣に印刷されているフリーメーソンの神の目、小説『指輪物語』の悪い魔王サウロン、ギリシャ神話の一つ目の巨人キュークロープス、テレビアニメ番組『フューチュラマ』の異星人リーラなどはすべて、マイクやワイズガイのような一つ目の生き物の類例なのだ。「ミラーは長く培われてきた豊かな伝統を引き継いだ」とコーエンは述べている。

またコーエンは、対照的な体型の男性キャラクターを相棒として組み合わせることは、ジョン・ヒューズ監督作品『大災難P.T.A.』のスティーヴ・マーティンとジョン・キャンディや、小説『二十日鼠と人間』などにも見られるとつけ加えている。

しかしスタンリー・ミラーは、一つ目の怪物やでこぼこコンビの物語を、自分が考案したと主張していたのではない。ミラーの生み出したキャラクターのワイズガイが、ピクサーのキャラクターのマイクに影響をおよぼしたかどうかという問題については、コーエンは二つのキャラクターが「モンスターの描写としては、それほど似ているわけではない」という結論を、説明もなく申し立てるにとどまった。

被告側のもう一人の鑑定人スティーヴン・ビセットは、漫画家、イラストレーター、ホラー映画とファンタジー映画の評論家、ヴァーモント州ブラトルバラの年間最優秀賞ビデオショップを受賞したビデオ店の共同経営者と多彩な顔をもつ人物だ。コーエンと同じく、彼も有史以来の一つ目の生き物に関する印象深い考察を披露し、それから唐突にワイズガイとマイクが「実質的にも、またこれらの際立った特徴においても、違う個性をもっており、そのため互いとも、一般的な原型とも異なる」という結論を導いている。

さらにコーエンとビセットはともに、ミラーの毛むくじゃらの怪物には、ビッグフット（北米の伝説上の怪物）や雪男など、多くの先例があることを指摘した。

他方、ミラー側の鑑定人ジェリー・リー・ブライスは違う論法で攻め、『モンスターズ・インク』の主人公たちの進化と、マイクとワイズガイの類似点に着目した。ブライスはカルアーツのアニメーション科を卒業後、ディズニー・フィーチャー・アニメーションを含むいくつかのアニメーション・スタジオで働いた経験があり、当時アート・インスティテュート・オブ・カリフォルニア・サンディエゴ校でアニメーションを教えていた。報告書で彼は、『モンスターズ・インク』のアーティストの中で、それまで一緒に仕事をしたことのある一〇人の名前を挙げている。ドクターもその一人だった。「私はこれらのアーティストの一人ひとりを大いに尊敬しており、彼らとともに仕事をした時間は非常に有意義だった」とつけ加えている。

だが彼の結論は、これほど愛想のよいものではなかった。ブライスはピクサーが開示手続き中に提出した書類やアートワークを検討した上で、「マイク・ワゾウスキーのキャラクターは、スタンリー・ミラーが『疾風怒濤』のテレビシリーズと映画プレゼンテーション用の売り込みのために創作したワイズガイに酷似しているため……キャラクターのデザインと個性は、ミラー氏の独創から着想を得ただけでなく、直接模倣もされたに違いない」と述べた。

彼によれば、マイクは「同じ映画の同じアーティストが創作したほかのキャラクターとは、甚だしく異なる発展軌道」を経て登場したという。サリーとブーが多くの段階にわたって変更されるという、デザインの典型的なプロセスを経ているのに対し、マイクはすべてがそろった状態で絵コンテに登場し、最初からすっかり完成していたように見受けられる、と彼は述べている。またマイクの初期のスケッチが、「はるか昔一九六三年のアートワークで、ミラー氏がペンとインクを使って描いたキャラクターとまったく同じように」描かれていたことは注目に値すると、彼は考えた。

私はこれまで一度たりとも、二人のアーティストがまったく同じような方法でスケッチを描くのを見たことがない。スケッチは筆跡と同じだ。スケッチや筆跡にはそれぞれ独特の特徴とスタイルがある。このような寸分違わぬスケッチが見られるのは、アーティストがほかのアーティストのスタイルをまねて練習し、意識的に模倣しようとするときに限られる。

ブライスはまた、キャラクター・デザインの広い範囲にわたって類似性が見られることが、複製の証拠だと主張した。丸い頭が胴体を兼ねていること、口と目の配置、同じ色合いの緑色の肌、といった明らかな類似点のほか、どちらのキャラクターも通常眉毛があるべきところに皮膚のたるみがあり、耳があるべきところから肩が生えていて、顎関節が肩の真ん前に位置している。マイクとワイズガイは、どちらも異様に長い、足にまで届きそうな細い腕をもっている、と彼は指摘した。

ディズニー、ピクサー、クロニクルは、判事に略式判決を請求した。ミラーが初期のイラストに著作権を確保しておらず、ピクサーが『疾風怒濤』のコピーを入手した証拠がないことを理由に、ピクサー側が法的に勝訴する権利を有しているという判断を求めたのだ。この訴訟を担当したカリフォルニア州北部地区連邦裁判所のジェームズ・ウェア判事は、二〇〇五年五月二日に判決を言い渡した。一番めの問題については、判事は被告側に同意した。ミラーが六〇年代初めからの四〇年間で描いたイラストは、著作権法で保護されていなかった。ミラーにはアーティストとしての才能はあっても、ビジネスマンの才覚には欠けていたようだ。フレッド・フライポッガーとワイズガイの前身を含む作品群は、著作権で保護されなかったか、著作権の更新時期に更新されなかったかのいずれかだった。その結果、ピクサーが『モンスターズ・インク』を制作した時点で著作権法で保護されていたのは、『疾風怒濤』だけだった。

しかし二番めの問題については、ウェア判事はミラーに有利な判決を下した。ラセターの友人（ＩＬＭのアーティスト）が『疾風怒濤』のワイズガイのイラストを見せたことはあり得ると、ウェアは言った。彼が実際そうしたかどうかは、事実に係わる争点だった。したがって誰の言い分を信じるかは陪審団の判断になる。その上、陪審団はたとえピクサーが『疾風怒濤』を参照したという直接の証拠を得られなかったとしても、ワイズガイとマイクの間に「特筆すべき類似性」があると判断すれば、ピクサーがキャラクターを模倣したと推断することはあり得た。ウェアは二つのキャラクターの間に十分な類似性があると判断し、本裁判に進むことができるとした。

訴訟は結論が出ないまま完結した。二〇〇六年一月、訴訟が裁判に進む前に、ピクサーをはじめとする被告側は、非公表の条件の下にミラーと和解した。開示手続き中に提出されたピクサーのアートワークや書類は、宣誓供述書とともに封印された。

ほどなくして被告の鑑定人のコーエン教授は、ほかの研究者と一緒に運営するブログに、目を見開いたマイク・ワゾウスキーの画像と、この訴訟事件に関する慎重な省察を掲載した。

ホットロッドやサイケデリック文化の描写で知られる著名なイラストレーターが、マイクが自分のアニメーション作品の眼球に酷似していると考えたようだ。訴訟は和解したばかりで、あまり多くを語ることは法律上も許されないが、ときには中世研究家がアメリカ実業界に貢献することもある、とだけ言っておこう。私は鑑定人として、有史以来の一つ目の怪物について調査し、報告書をまとめるために雇われた。正直言って、一つ目の怪物があれほど多くいたことには驚いた。それは人間の想像力がいつの時代も、おぞましいほど自律的に動く体の部分に取り憑かれてきたことをよく表わしている。またこうも言える。怪物らしさの中核をなしているのはバラバラの体だ、つまり求心力のある魂によってコントロールされない、予知不能な意志を行使し続ける肉体なのだと。

あれは愉快な経験だったし、五億ドルもの利害が絡む世界をかいま見させてもらった。宣誓証言を行ない、ライムグリーンとアボカドグリーンの違いと、その意義について厳しく追及された。だがもう終わってしまった。

この経験を通じて、モンスターが人を脅かす力を失いそうにないことを、強烈に思い知らされた。[11]

10　エメリーヴィル
――『ファインディング・ニモ』、『Mr. インクレディブル』

『トイ・ストーリー』のストーリー作業のさなかの一九九二年、アンドリュー・スタントンは会社の近くのマリン・ワールドに当時あった海洋水族館と野生動物公園を訪れた。そこで彼は、ピクサーの長編映画としては五作め、自身の監督映画としては二作めになる作品の原点を見つけたのだった。

スタントンは水槽を見つめながら、海の生き物の世界をコンピュータ・アニメーションで再現するという考えに興味をそそられた。また幼い息子との関係について考えたことも、インスピレーションにつながった。

「息子が五歳のとき、公園に連れて行ったんだ」彼は言う。

残業続きで、なかなかゆっくり一緒に過ごしてやれないことに罪悪感を感じていた……なのに散歩中、口から出る言葉と来たら、こんなのばっかりだった。「それをさわっちゃだめ。それをしちゃだめ。ほら、落っこちるぞ」頭の中で、ふと声がした。「息子と触れあうせっかくの時間が台無しだぞ」ってね。このときから、「心配症が高じてよい父親になれない」というストーリーの基本アイデアに取り憑かれるようになった[1]。

『バグズ・ライフ』の制作中に、スタントンは暇を見つけてストーリーの草案をまとめ、一時間もかけてラセターに売り込んだ。疲れ切ったスタントンは、ラセターの反応を待った。長年スキューバダイビングに親しんでいたラセターは言った。「〝魚〟って聞いただけで、やられたよ」

『ファインディング・ニモ』で描かれるのは、カクレクマノミの父親マーリンの物語だ。マーリンはバラクーダ（オニカマス）に襲われ、妻と、一匹を除くすべての子どもを失った。そんなわけで、たった一匹生き残った息子のニモを猛烈に過保護に育てている。しかしニモは初めて学校に行った日にスキューバダイバーに網で捕らえられ、見知らぬ場所に連れ去られるのだ。ニモを取り戻すために、マーリンは忘れっぽいナンヨウハギのドリーに助けられながら、波瀾万丈の旅に乗り出す。その間、歯科医院の水槽に入れられたニモは、脱出を図ろうとする。

この脚本が変化した経緯をたどると、観客に情報を公開すること、または伏せておくことによって、映画のトーンが劇的に変わることがよくわかる。もとの脚本では、マーリンの一つめの悲劇である家族の喪失の物語を、旅の合間に小出しに見せていた。映画の冒頭で、マーリンが妻を初めて見たときのことや二匹の出会いが、フラッシュバックで描かれる。しばらくして、マーリンと妻がイソギンチャクに守られた新しい家に移り住んだ時の回想シーンが、フラッシュバックとして現れる。少したって、もうすぐ父になるマーリンが妻の出産準備を手伝うシーンのフラッシュバックが入る。それから親になった二匹が数百個の卵を満足そうに眺めるシーンも。そして最終幕となる第三幕の漁船シーンで、マーリンがバラクーダの襲撃で心に痛手を受けたせいでニモに対して過保護になったことを、ようやく観客は知るのだった。

ストーリーのプロセスがかなり進んでから、スタントンはフラッシュバックの構造が気に入らなくなった。ごちゃごちゃしすぎているし、これでは観客がマーリンを好きになるはずがない。映画の終わり近くにならないと、なぜそこまで臆病なのかがわからないからだ。マーリンの過保護な態度はうっとうしく思えるだけだろう。スタントンは五回あったフラッシュバックを、冒頭の短いシークエンスの一つに減らした。バラクーダの襲撃を物語る（が直接は見せない）シークエンスだ。

「ジャジャーン！　そのとたん、マーリンに好意を感じるようになった」とスタントンは言う。「セリフの一つも、読み方も変える必要はなかった。いきなり、気に障らなくなった。感情移入できるようになったんだ」[2]

当初マーリンは、『マグノリア』などに出演していた俳優のウィリアム・H・メイシーが声を当てることになっていた。[3]だがメイシーがセリフを収録してから、スタントンはこの役にはもっと軽いタッチがほしいと考え、代わりに喜劇役者のアルバート・ブルックスを起用した。スタントンはマーリンの相棒ドリーの役を、エレン・デジェネレスを念頭に置きながら書いた。妻がデジェネレスのテレビショー『エレン』を見ていたとき、たまたま彼はエレンが「一つの文章を言い終わるまでに五回気分を変えるギャグ」をやっているのを見た。その瞬間から、ドリーとデジェネレスは、頭の中で切っても切れない関係になった（エレンに電話をかけて役を検討してくれないかと頼んだとき、あなたのためにつくった役だから断られたら落ち込むよと言った。彼女はこう答えた。「そうね、それなら引き受けた方がよさそうね」）。

ドリーのキャラクターは、ただのボケ役を超える存在だった。[4]スタントンによると、ドリーは忘れっぽいせいで子どものように無邪気な存在になっている。ニモを探す旅の間、マーリンにとってはドリーが子ども代わりだった。ドリーの相手をすることで、彼女の危険を顧みない向こう見ずな行動を、多少なりとも辛抱して受け入れることを学び、息子を見つけたときにはよりよい父親になっていたのだ。

スタントンは、マーリンとドリーの精神的なつながりについても語っている。ドリーは文字通りの〝エンゼル〟フィッシュだった。「主人公にとっての闘いは、相手を信頼することによって怖れを乗り越えることだった。そしてドリーは、悩みにとらわれずに自分を解放する方法を教えてくれる天使《エンジェル》、つまり助力者を象徴していた」キリスト教系の映画サイトによるインタビューに答えて、彼はこう言っている。

またピクサーがつくるような映画に精神的、宗教的な側面を加えるには、微妙なニュアンスが肝心だと述べている。「僕が思うに、クリエイティブな世界で宗教的な事柄に深入りしたり、隠れた意図を持ち込んだりすると、創造性や質が損なわれがちだ……。だから自分が大義に貢献しているだろうかと悩んだりせず、いつも清く正しい行動を取っていればいい」(5)

『ファインディング・ニモ』の水中という設定は、それまでのピクサー映画にはなかったため、(6)歩行や身振りのアニメーション、室内外の光と陰の交錯といったおなじみのコンセプトの多くを放棄するか、構想し直す必要があった。制作チームは新しい着想を求めて、『ピノキオ』や『王様の剣』などのディズニー映画からとった水中シーンの上映会を行なった。

スタントンと製作総指揮を担当したラセターは、思案の末に自然主義的なアプローチを取ることにした。アーティストやアニメーター、エンジニアの参考になるように、海洋学者ジャック・クストーのドキュメンタリーや、アイマックス方式の映画『ブルー・プラネット／碧い惑星の神秘に迫る』、それに『ジョーズ』や『アビス』を上映した。社内には一一五リットルの魚飼育用の水槽を設置して、海水魚を放った。またラセターの計らいで、水中の環境を理解するために、数人のメンバーが社費で実際にハワイの海でスキューバダイビングを体験した。

ここで社内教育部門のピクサー大学が役に立った。通常この部門は、社員が技術を磨いたり視野を広げる手がかりになるような、一般的な芸術や技術関係の講座を提供するほか、スタジオの記録保管所を運営している。また映画の開発過程で生じる実際的な問題に対処することもある。『ファインディング・ニモ』の開発が始まって間もない頃、ピクサー大学のマネジャーを務めるエリース・クレイドマンは、まだほんの少人数だったプロジェクト・チームに講義をしてくれる海洋生物の専門家を探す任務を与えられた。

偶然にも彼女の家の賃借人の一人、[7]アダム・サマーズというバークレーの博士研究員が、この分野に博識だということがわかった。そこでピクサーに来て一時間話をしてくれないかしら、と声をかけた。なぜピクサーが関心をもっているのかと聞かれると、ただこう答えた。「それは言えないの」（ピクサーは『アンツ』対『バグズ・ライフ』のような状況を極力回避しようとしていた）。サマーズはやってきて、スタントンを含む七、八人を相手に講義をし、二時間半後に高揚した気分で帰って行った。それは彼がピクサー・ファンだったからではなく（アニメーション映画は一本も見たことがなかった）、社員の関心の高さに感銘を受けたからだった。

「あんな生徒は初めてだった」サマーズは言う。「これまでに教えた、一番優秀な大学院生のクラスのようだった。三、四分話すか話さないうちに、必ず誰かが手を挙げて質問する。そうやって、ありとあらゆる方向に関心が移っていった」

二週間ほどたってから、クレイドマンから定期的に来てほしいという話があった。彼は機密保持契約書にサインさせられ、映画についての説明を受け、テストシーンをいくつか見せてもらった。彼は水生コンサルタントとなり、会社に出向いては映画に登場する魚種の外観や振る舞いについて相談に乗った。

「彼らは自分たちのやっていることの間違いや悪いところを探してほしいと、本気で考えていたようだ」と彼は回想する。「もし魚があり得ない動きをしていたら、ぜひ教えてくれと」

制作チームは専門的な正確さから逸脱することもあったが、ストーリー上どうしても必要な場合だけだった。最初ドリーは尾を振らずに泳いでいた(8)。実際にこの魚種は尾ではなくヒレを使って泳ぐ。だがそれでは本物らしく見えないとラセターが反対し、映画のドリーは尾を動かしている。またサマーズは、カクレクマノミの夫婦は、強い方のメスが死ぬと、残ったオスが性転換してメスになると説明したのだが、マーリンは映画ではメスにならない。ある時などサマーズが魚の習性の描写について強硬に異議を唱えていると、キャラクター・デザインを担当した美術監督リッキー・ニエルヴァがなだめてこう言った。

「あのなぁ、アダム……それを言うなら、魚はそもそも喋らないんだぜ」

本物の魚には、表情豊かな顔もない。表情の豊かさは『ファインディング・ニモ』では決定的に重要だった。魚のキャラクターには、身振りをするための腕も肩もないからだ。魚に演技をさせ表情豊かに見せるために、デザイナーは基本的に魚のような外観を残しつつも、目を正面に移して柔軟な唇を与えることで、顔にいくらか人間味を加えた。

だが全般的にいって、リアリズムへのこだわりは狂信的なほどだった。マーリンとドリーがクジラに飲み込まれるシーンの下調べとして、美術部門の二人がマリン郡の北部海岸で座礁して死んだコククジラの体内によじ登って入った[9]。魚の筋肉や心臓、えら、浮き袋などの生体構造を知るために、死んだ魚を解剖したクルーもいた。サマーズは世界的権威を何人も連れてきた。スタンフォード大学のマーク・デニーが波に関する講義を行ない、カリフォルニア大学サンタクルーズ校のテリー・ウィリアムズがクジラについて、バークレーのマット・マクヘンリーがクラゲの推進力について、バークレーのミミ・ケールが藻や海草の動きについてくわしく説明した。海中には半透明な、つまり完全に透明でも完全に不透明でもない物体が多いことから、デューク大学のゾンケ・ジョンセンを呼んで水中の半透明感について話をしてもらった。モス・ランディング海洋研究所のマイク・グレアムから、ケルプ（藻の一種）は珊瑚礁には生えないという指摘を受けると、スタントンは珊瑚礁のシークエンスのデザインからケルプをすべて取り除くよう指示した。

海の様子一つとっても、新しい挑戦だった。映画のための技術開発が始まって間もないころ、技術監修のオーレン・ジェイコブが率いるチームは、リアルな水中環境を特徴づける視覚的手がかりを、すべて選び出してみた。観客の視点から見たこうした手がかりとは、水中に降り注ぐ独特の光線の筋や、海底に差し込む光、水中の浮遊物の小さなかけら、寄せては返す波を受けてゆらゆら揺れる海草、深さとともに色があせていく海の暗闇といったものだと、チームは考えた。それから選び出した効果を生成するためのソフトウェア・ツールをいくつか開発した。まずはフィズティー――モンスターズ・インクの毛と布のために開発したプログラム――に改良を加え、水の動きをシミュレーションできるようにした。

だがテスト映像を見たスタントンは、あまりにもリアルで生々しいと感じた。技術チームが水中の世界を見事に再現したため、コンピュータ・アニメーションのテストは現実と見分けがつかないほどだった。困ったことに、写真のような海の中では、喋る魚はすっかり浮いてしまった。エンジニアはツールを調整して、いわゆる「ハイパー・リアリティ」に戻した。これはピクサーの社内用語で、写実的ではないが現実感のある、定型化したリアリズムを指している。

実際の制作作業をしやすくするために、技術担当者は六つの部隊に分かれ、それぞれがセットの模型制作、シェーディング、水中効果、そして他のシーンの要求に取り組んだ。珊瑚礁班は、映画の最初のシーンの舞台となった珊瑚礁を手がけた。サメ／シドニー班は潜水艦のシーンと、マーリンとドリーがとらわれるクジラの体内、シドニー港の水上シーンを担当した。水槽班は歯科医院の水槽のシーンを手がけた。海洋班は、とくに東オーストラリア海流のカメの群れ、クラゲのシークエンス、深海でアンコウに追われるシーンなどを担当した。学校／群れ班は魚や鳥が群れをなすシーンをつくり、カメの波乗りでも協力した。キャラクター班は約一二〇種の海洋生物と人間、鳥のキャラクターをつくった。

『ファインディング・ニモ』は二〇〇三年五月三〇日に公開され、カッツェンバーグ時代のディズニー映画『ライオン・キング』を、アニメーション映画の興行収入ナンバーワンの座から引きずり下ろした（ただしインフレ調整後の金額では、『ライオン・キング』が国内外ともに最高位を守っている）[10]。この映画はアカデミー賞長編アニメーション賞を受賞した。ロサンゼルス・タイムズ紙のケネス・トゥーランは「五発五中」のピクサーは、「今やハリウッドで一番頼もしい制作部隊になった」と述べている[11]。インターネット・マガジン『スレート』のクリス・サレントロップは、ピクサーが最新作をヒットさせたことで、ピクサーの打ち立てる記録はそれ自体「事件」になったと、いみじくも指摘した。「『ファインディング・ニモ』はピクサーの通算五〇〇本めのホームラン、三〇〇〇本めのヒット、三年連続の優勝である」[12]

『ファインディング・ニモ』の制作は二〇〇二年九月、日本のアニメーション映画監督、宮崎駿の訪問によって中断された。[13] 宮崎は日本国内で絶大な人気を誇り、またとくに『ルパン三世／カリオストロの城』『となりのトトロ』『もののけ姫』などで、世界中のアニメファンにも知られる監督だ。大人から子どもまで誰でも楽しめる映画をつくる宮崎の才能に、ラセターは若いアニメーターだった頃から触発されてきた。ラセターは二〇年ほど前、宮崎がディズニー・フィーチャー・アニメーションのスタジオを訪れた時に会っている。またアニメーション・フェスティバルのために訪日した一九八七年には、宮崎の制作会社スタジオジブリを訪れ、『ルクソーJr.』と『レッズ・ドリーム』を見てもらった。当時コンピュータ・アニメーションに懐疑的だった宮崎は、ラセターの鮮やかな手並みに感心した。そしてラセターが『トイ・ストーリー2』のプロモーション・ツアーで再び訪日したとき、二人の間に友情が根を下ろした。

二〇〇二年にラセターは、ディズニーが配給する宮崎作品『千と千尋の神隠し』の英語吹き替え版の製作総指揮を務めた。ラセターはこれをきっかけにアメリカの観客が宮崎作品に興味をもってくれればと考えていた。エル・キャピタン劇場での『千と千尋の神隠し』のアメリカ初公開から数日たった九月一三日の朝、ラセターは宮崎をピクサーに招待して「ミヤザキ・デイ」を主催した。スタジオのだだっ広い吹き抜けには『千と千尋の神隠し』の特大の垂れ幕がかけられた。灰色のスーツに身を包んだ六一歳の白髪の監督は、ラセターが建物の設計を説明するのを聞きながら、スクーターでビュンビュン通り過ぎる若い社員たちを無表情に眺めていた。

ラセターは、個性的に飾られたアニメーターの仕事場に宮崎と通訳を案内した。最後が五五七号室、アンドリュー・ゴードンのオフィスだった。ワーナー・ブラザースのルーニー・テューンズ部門出身のゴードンは、ここへ移ってきたとき、オフィス内の小さなドアが、空っぽの小部屋に通じていることに気がついた。この空調シャフトのための空間を、彼は別のものにつくり替えた。

宮崎が見守る中、ゴードンは肘掛けイスを邪魔にならない場所にどけて、「五五七・一号室」に変わった部屋へと続く、低い入り口を見せた。不思議に思った宮崎は入り口を這って進み、ラセターも続いた。窮屈な空間は、レトロ風のラウンジ――〝ラブ・ラウンジ〟と小さなネオンサインがうたっていた――につくり替えられていた。壁はヒョウ柄やシマウマ柄の布地で覆われ、青い豆電球がいくつも垂れ下がり、上品なピンナップガールの写真とベルモット酒のポスターが飾られ、古いロックンロール音楽が流れていた。純粋な想像が生み出した場所に自分がいることに気づいた宮崎は、ようやく肩の力を抜いて、まいったというように笑った。

ラセターはそれから彼を自分のオフィスに連れて行った。床から天井まで壁一面にびっしりおもちゃが詰め込まれていた。ラセターが「宮崎神社」と呼ぶ一画には、宮崎作品のキャラクターの特大ぬいぐるみが飾られ、『となりのトトロ』のポスターが貼ってあった。昼食後、ラセターは社内シアターに全社員を集めて『めいとこねこバス』の上映会を開いた。社員は笑ったり喜んだりしながら見入り、照明が戻ると総立ちで拍手を送った。

翌朝、そろって年代物の車の愛好家である二人は、ソノマの駐車場で待ち合わせ、ラセターの所有する一九五二年型ジャガーＸＫ１２０ロードスターのオープンカーを交代で運転した。ソノマヴァレー空港では、ヴィンテージ・エアクラフト社が田園地帯の空中ツアーのために、ボーイング製ステアマン複葉機を用意して待っていた。宮崎とスタジオジブリのプロデューサーが真っ赤な航空機、ラセターが緑と黄色の航空機に乗り込むと、パイロットは高度一〇〇メートルに一行を案内し、青々とした葡萄園の上空をゆっくりと弧を描いて飛んだ。

その日の午後、ラセターは宮崎とプロデューサーと通訳を、グレン・エレン近郊のラセター家の葡萄園に招待した。ソノマは都会だが、グレン・エレンは田舎だ。宮崎は、この敷地に一年ほど前から住んでいたラセターの両親に紹介された。三八年間続けた美術教師の仕事をやめて引退生活を送っていた、八四歳の小柄な母親のジュウェルは、力強い握手で宮崎を驚かせた（「アーカンソー出身なんですよ」と息子は説明した。「だから強いんだ！」）。息子に人なつっこい物腰を引き継いだように見える父親のポールは、僕が一番影響を受けた人だよと言って息子が日本人の監督を神妙に紹介するのを聞いておもしろがった。

「本当かい？」彼は言った。「嬉しいね、この子に誰か一人でも影響を与えた人がいると聞いて」

次の日ラセターと宮崎はピクサーに戻って、チャリティの催しに参加した。小児糖尿病研究基金への寄付を募る、『千と千尋の神隠し』の上映会だった。息子がこの病気と診断されて以来、ラセター家はチャリティに取り組んできた。上映後の歓迎会で、一人のピクサーの監督が宮崎のところにやってきた。身だしなみのよい、二〇代半ばにも見える男だが、実際の年齢はもう二〇歳ほど上だった。

「昨日、僕のストーリー・リールを見てもらえましたよね？」ブラッド・バードは言った。ラセターは、バードの作品のリールを前の日に宮崎に見せたと請け合った。この映画は春に『ファインディング・ニモ』が公開されれば、ピクサーの次の公開作品になる予定だった。

バードは珍しく遠慮がちに、不安そうな声でたたみかけた。「僕がやろうとしていること、少しでもわかってもらえましたか？」彼は尋ねた。「それとも、ただのアメリカのナンセンスに思われましたか？」

宮崎は通訳を通してにこやかに答えた。「あなたがアメリカ映画でやろうとしているのは、とても冒険的なことだと思いますよ」

宮崎駿は控えめな表現をすることが多かった。

ピクサーは最初の数作を立て続けに大ヒットさせ、ますます大きな名声と商業的成功を得ていたが、ラセターは六作めで根本的な方向転換を画策していた。映画の成否を論理的に説明できないことが多いハリウッドでは（脚本家ウィリアム・ゴールドマンは「〈成功する秘訣など〉誰にもまったくわからない」という名言を遺している）、ヒット作を出した映画会社はたいてい、観客がうんざりするまで、できるだけ長い間続編を量産し続ける。だがラセターは『モンスターズ・インク』の制作中と、『ファインディング・ニモ』の制作に入って間もない二〇〇〇年春の二度にわたって、ピクサーの成功の金型を惜しげもなく捨て去った。一度めは社外から監督を招いた（それまでの監督は全員生え抜きだった）。そして二度めはその監督が温めていた、人間、いや超人のキャラクターだけを使うという、ストーリーの構想を受け入れたのだ。

ブラッド・バードは一九五七年にモンタナ州カリスペルに生まれ、オレゴン州コーヴァリスで育った。幼少からアニメーションに興味を持ち、一一歳のとき初めてのアマチュア作品になる「ウサギとカメ」の寓話の改作を描き始め、二年後に完成させた。彼もウォルト・ディズニー・スタジオと文通していて、全米中の志を同じくする学生の一人としてディズニーに誘われ、コーヴァリス高校在学中に、カルアーツに新設されたキャラクター・アニメーション課程に出願した。

ここで机を並べたラセターとバードは、当時子ども番組に成り下がっていたアニメーションには、もっと大きな可能性があると固く信じていた。「ブラッドは一晩中スコセッシやコッポラについて語り、ああいうことをアニメーションでやるにはどうしたらいいだろうかと、夜通し語っていた」とラセターは言う(14)。

ラセターのように、バードも卒業後ディズニーに入社して、そこでの経験に失望し、やはりラセターのように追放された。八〇年代初めの一時期、仕事を求めてルーカスフィルムのコンピュータ部門に出入りしていたこともある。ディズニーをやめてから進路に迷った彼は、アニメーション映画の企画を売り込もうと、貯えを投じてテスト映像を自主制作した。その一つ、崩壊した家庭の悩める飼い犬を描いた『ファミリー・ドッグ』がスティーヴン・スピルバーグの目に留まり、彼のテレビシリーズ『世にも不思議なアメージング・ストーリー』のエピソードの脚本を書くために雇われた。九〇年代には、アニメシリーズ『キング・オブ・ザ・ヒル』『ザ・クリティック』『ザ・シンプソンズ』などの制作に関わった。

だがハリウッドでは次から次へと希望をくじかれた。テレビの仕事をしながらも、いつか自分の映画を劇場のスクリーンで上映したいという野心をもっていたバードは、ハリウッドのスタジオにありがちな、始動と停止をくり返す気苦労の多い開発プロセスに悩まされ続けた。一九九三年に企画されたニュー・ライン・シネマ（インデペンデント系の映画製作会社）の実写コメディ『ブラザーズ・イン・クライム』には、監督として短期間関わった。九〇年代半ばに『ザ・シンプソンズ』の仕事が終わったあとで取り組むためのプロジェクトとして、いくつもの会社に企画を持ち込んだ。テッド・ターナーの築いたメディア帝国のアニメーション部門に、何本もの映画を売り込んだ。未来的なフィルム・ノワールに影響を受けて『レイ・ガン』というストーリーを構想したり、ウィル・アイズナーのコミックシリーズ『ザ・スピリット』の映画版を企画したこともある。

「映画を滑走路に乗せようとしたのに、離陸許可が得られなかった」と彼は語る。「ボスがクビになる。で、新しいボスは、当然前任者がやってたことに関わりたがらない。あるいは、僕の企画とどことなく似た映画が、興行的に撃沈したりね」(15)

学生時代の仲間にも、どんどん先を越されていった。彼の自主制作映画『ファミリー・ドッグ』をもとに『アメージング・ストーリー』のエピソードがつくられ、スピンオフ作品としてシリーズ化されると、自分の功績は無視されて、シリーズの共同制作を担当したティム・バートンばかりがマスコミに取り上げられることに、彼は歯がみする思いだった。(16)

一九九五年にターナー・ピクチャーズと結んだ契約は、待ちに待った監督業への突破口を開くかに思われた。だがバードのキャリアでは、そう簡単に事は進まなかった。一九九六年にターナーがワーナー・ブラザースに吸収合併されると、再び行き詰まったように思われた。映画の製作主任はターナーをやめ、別の会社に移ってしまった。

だがその余波の中で、突破口がとうとう現れた。ワーナー・ブラザースはオプション契約を取得した別の物語、イギリスの詩人テッド・ヒューズの童話の映画製作を、バードに任せたのだ。(17) これは一九六八年に「アイアン・マン――鉄の巨人」として発表された物語で、金属を食べる巨大なロボットと農家の息子との友情物語に、反戦メッセージが込められていた。ロック・バンド「ザ・フー」のメンバー、ピート・タウンゼンドが、この童話をもとにしたアルバムを一九八九年に発表し、興味をもったワーナー・ブラザースがオプション契約を取得した（ちなみにヒューズは一九九三年に短い続編として、水質汚染防止をテーマにした寓話『アイアン・ウーマン』を発表している）。

プレス・リリース

ターナー・ピクチャーズ、脚本家・映画監督のブラッド・バードと制作契約

一九九五年一月一六日

ターナー・ピクチャーズ（TP）が、ブラッド・バード氏と非独占的制作契約（ファーストルック契約＝企画を最初に見る権利を有する）を結んだことを、TP社長デニス・ミラーが月曜日に発表いたしました。

バード氏は二年間の制作契約における条件に基づいて、TPのためにアニメーション映画を開発、制作します（中略）。

バード氏は次のように述べています。「ターナーは、これまでにまったく類を見ないストーリーやスタイルを開発する自由を与えてくれました。従来のアニメーションの領域にとどまらない映画を制作するという構想を、私たちは共有しています」

バード氏は最近ではフォックスの『ザ・シンプソンズ』で監督を務めたほか、全米シングル・チャートとミュージック・ビデオ・チャートでナンバーワンに輝いた、『ドゥ・ザ・バートマン』の製作総指揮を務めました。NBCで放映されたスティーヴン・スピルバーグのテレビシリーズ『世にも不思議なアメージング・ストーリー』では、オリジナル・エピソード『ファミリー・ドッグ』の脚本、監督、制作を担当しています。

バード氏はフランシス・フォード・コッポラとジョージ・ルーカスと共同で、

マイケル・ジャクソン主演の七〇ミリ3D音楽映画『キャプテンEO』の脚本を執筆しました。またスピルバーグ監督映画『ニューヨーク東8番街の奇跡』では、共同脚本を担当しています。

バードは監督の任務を引き受け、伝統的なセル・アニメーションと、ロボットの3DCGアニメーションを組み合わせた。映画の舞台を五〇年代末の冷戦の恐怖が影を落としていたアメリカに設定し、ストーリーの悪役を、物語の空想的な「宇宙こうもり天使ドラゴン」から、アメリカ政府の工作員に変えることで、ストーリーの反戦メッセージを徐々に強めていった。ワーナー・ブラザースは、ディズニーがアニメーション映画に投じる半分の予算と一年短い制作期間しか与えなかったが、完成した映画『アイアン・ジャイアント』は、傑作として広く知られるようになった。

だが不幸なことに、映画が公開された一九九九年当時、ワーナー・ブラザース・アニメーションの長編映画事業は混迷していたため、映画のプロモーションはほとんど行なわれなかった。『アイアン・ジャイアント』が上映された映画館は、ほとんどが空か、ガラガラだった。バードは意気消沈した。

彼はハリウッドに売り込み攻勢をかけていたころにつくったストーリーを、まだ温めていた。その中に、スーパーヒーローの家族が一般市民に身をやつして生きていくというものがあった。彼はこの作品を、自分が少年時代を過ごした六〇年代の漫画やスパイ映画へのオマージュと考え、2Dセル・アニメーションとして映画化したいと思っていた。この頃彼に重くのしかかっていた個人的な問題が、ストーリーにも影を落としている。草案を書いていた九〇年代の半ば、バードは三〇代後半にさしかかっていた。妻との間に三人めの子どもが生まれたばかりで、キャリアと家庭での責任との板挟みに不安を抱きながら葛藤していた。彼は映画制作に対してとても高い志をもっていた。だがこの志を実現するには、家族生活を犠牲にしなければいけないんだろうか？　それではファウストの契約よりたちが悪いじゃないか？　もし家庭での責任がさらに重くのしかかる中年になっても、キャリアでまだ納得のいく成功を収めていなかったら、目標を縮小して自分に折り合いをつけるべきだろうか、それともきれいさっぱり諦めるべきだろうか？　こうした沈思黙考のすべてが、スーパーヒーローの物語にしみこんでいった。

『アイアン・ジャイアント』の上映に期待したほどの観客が集まらないことがはっきりすると、バードはラセターと再び連絡を取り、スーパーヒーローの物語を売り込んだ。ラセターは受け入れ、ピクサーは二〇〇〇年五月四日にバードとの複数作契約を発表した。(18)

バードがピクサーに来たとき、ストーリーの家族構成はすでにできあがっていた。父親と母親は、父親の中年の危機に心を悩まされている。二人には引っ込み思案な一〇代の娘、負けん気の強い一〇歳の息子、赤ちゃんの息子がいる。バードがそれぞれに与えたパワーは、家族の原型《アーキタイプ》をもとにしていた。

父親は家庭でいつも強くなければならないと思われているから、怪力をもたせた。母親はいつもみんなに引っ張りだこだから、飴菓子のように伸びるようにした。ティーンエイジャー、とくに女の子は、不安定で身構えているから、透明になってバリアを張れるようにした。一〇歳の少年は、じっとしていられない、まさにエネルギーの塊だ。赤ちゃんは未知の大きな可能性を秘めている。(19)

バードのストーリーでは、スーパーヒーローの黄金時代――スーパーマンやスーパーウーマンが一般市民を不運な事故から守り、新聞や雑誌で偉業を称えられた時代――は遠い過去のものになっていた。ヒーローの生活から足を洗うことを、政府がすべてのスーパーヒーローに強制したため、主人公の家族は(赤ちゃんを除いて)、ある意味で自分自身をなしている大切な一部分から切り離された状態で暮らしている。ボブ・パー――元ミスター・インクレディブル――は、過去にすがり、過去の栄光に思いをはせながら、家庭でも保険会社の退屈な職場でも、抜け殻のような状態で過ごしている。ヘレン・パー――元イラスティガール――は逆に、今だけを生きている。スーパーヒーローとしての過去を、

「なかったこと」にすれば、すべてがうまくいくと信じているのだ。娘のヴァイオレットと息子のダッシェル（ダッシュ）は、特殊能力を使うことを禁じられながら成長した。彼らが名乗る「パー」という苗字さえ、自分たちが平均的だということを標榜している。

この一家の復活──自分たちの本当の姿を取り戻すこと──のきっかけとなるのが、驚くほど型破りな二人のキャラクターだ。その一人、エドナ・モードは、スーパーヒーロー用特殊服の専属デザイナーだったが、今やただのスーパーモデルの洋服をデザインすることに甘んじている（「昔は神のためにデザインしたものよ」と彼女は言う）。バードは彼女を理工系の素養がある人物として構想し、のちにドイツ人と日本人のハーフという設定にした。この二国は、バードが考える技術的偉業の象徴だった。[20]

エドナ・モード役を何人かに断られたバードは、自分で声を担当することにした。セリフの試し音声でとくに評判のよい社内クルーを声優に抜擢するというピクサーの慣行が、このときも採用された。それまでも、ストーリー・アーティストのボブ・ピーターソンが『モンスターズ・インク』のお節介な事務員ロズと、『ファインディング・ニモ』の歌う教師ミスター・レイを、アンドリュー・スタントンが『ニモ』のお調子者のサーファー野郎、ウミガメのクラッシュと『トイ・ストーリー2』のザーグを、ジョー・ランフトが『ニモ』の水槽の掃除係のエビのジャックと『バグズ・ライフ』の芋虫ハイムリック、それに『トイ・ストーリー2』のペンギンのウィージーを、それぞれ担当している。『Mr.インクレディブル』ではバードのほかにも、アニメーターのブレッド・パーカーとバド・ラッキーが、それぞれベビーシッターのカーリと政府役人のリック・ディッカーを担当した。インクレディブル家の生活をあるべき軌道に戻したもう一人の重要人物が、バディ・パインだ。彼は才能ある発明家で、少年時代ミスター・インクレディブルを崇拝していた。だがミスター・インクレディブルを手伝おうとして断られて以来、崇拝はすべてのスーパーヒーローに対する蔑みと憎しみに変わった。大人になってシンドロームという偽名を名乗ってからは、パー一家にとって恐ろしい脅威となり、そのせいでボブとヘレンは、自分たちの現在と過去を受け入れざるを得なくなるのだ（ちなみにバードの最初の売り込みでは、よくいるクールな悪役ゼレクが主で、二番手の悪役シンドロームは映画の序盤で死ぬことになっていた。だが売り込みを聞いたラセターが、ゼレクよりシンドロームを気に入ったため、シンドロームが中心的なキャラクターになった）[21]。

バードはほかのピクサーの監督とはいろいろな点でまったく違っていた。社外から来ただけでなく、映画監督として初期の制作には見られなかった手法をとり入れた。それまでのピクサーの映画は、監督が二、三人と脚本家が大勢ついているのがつねだった。だが『Mr.インクレディブル』は監督兼脚本家が一人で、バードが名実ともにその役割を担った。だが絵コンテの使い方ですら、悪意はないものの、やや独裁的だった。ほかのピクサーの監督は、単にシーンのセリフや感情を説明するために絵コンテを使い、キャラクターの動きや照明、カメラの動きなどの演出プランの詳細を詰めるのは、ほかの部門に任せていた。バードは『Mr.インクレディブル』については、『アイアン・ジャイアント』でと同様、絵コンテそのものが詳細を規定し、ほかの部門はそれをそのまま実行に移すべきだと言い張った。

『Mr.インクレディブル』の人物キャラクターは、技術クルー泣かせだった。『トイ・ストーリー』の二作と『ファインディング・ニモ』、また『モンスターズ・インク』にも、人間は脇役として登場したが、人間だけしか出てこない映画はバードの作品が初めてだった。その上バードは技術的に難しいからといって妥協するようなことは決してなかった。ミスター・インクレディブルは、絶対に筋肉隆々でなくてはならない。『モンスターズ・インク』の技術チームは、ブーの髪の毛を扱いやすくするために、ピート・ドクターに頼んでお下げ髪にしてもらった。だがヴァイオレットは絶対に顔が隠れるような長い髪でなければならなかった。それが彼女の人格の一部だというのだ。

キャラクターの肌は、いわゆる「表面下散乱」を生み出す技術のおかげで、それまでになくリアルになった。人間の肌は完全に不透明ではない。肌が肌らしく見えるのは、光の一部が内層まで届き、そこで散乱してから反射するからでもある。そのため肌を普通の固体表面と同じようにレンダリングすれば、不自然に見える。スタンフォード大学の研究者ヘンリク・ヴァン・ジェンセンが開発した表面下散乱を再現するアルゴリズムを使うことで、人間の肌をより効果的に模倣できるようになった。

だが人間の肌はリアルすぎてもいけない。人間の描写が実物に近づくにつれて、観客はますます魅力を感じるようになるが、人間に非常に近いが完全に人間ではないほどになった時点で、いきなり嫌悪感をもつようになることがよく知られている。「不気味の谷」として知られるこの現象は、日本のロボット工学者の森政弘によって、早くも一九七〇年に提唱されている。なぜそうなるのかは解明されていないが、人間に近い外観が、何らかの原始的な嫌悪感を引き起こすようだ。そのため『Mr.インクレディブル』のキャラクターでは、意図的に漫画風の外観を選び、毛穴や毛包など人間の肌の詳細な部分を省略した。

キャラクター・デザインを担当したのは、バードがワーナー・ブラザースから連れてきたトニー・フュシールとテディ・ニュートンだ。彼らのデッサンを技術チームがコンピュータ・モデルに変換し、動きを定義する制御ポイントのついたモデルを構築したが、そのためにはキャラクターの解剖学的構造を正確に理解することが何より大切だった。そこで骨格の上に脂肪、筋肉、肌を重ね、それらが互いの動きに応じて反応するモデルをつくって、人体構造を大まかに模倣した。もっとも、『ファインディング・ニモ』のクルーがモデリングの参考に魚を解剖したのに対し、『Mr.インクレディブル』のクルーは、医学部のテキスト『グレイの解剖学』で我慢しなければならなかった。

『Mr.インクレディブル』の難題は、人間のモデリングだけではなかった。「あの映画で一番つらかったのは、〝一番つらいこと〟がなかったことだ」と技術監修を務めたリック・セイヤーは語っている。「ブラッドはメニューにあるもの全部を山盛り注文し、それをすべて提供したんだ。火、水、空気、煙、蒸気、爆発、それにもちろん、人間だ……。髪の毛らしい髪の毛を生やして、それらしく動くようにして、衣服をやって、それをキャスト総勢についてやる。まさにピクサー大全だった(22)」

制作が進行するにつれ、バードはいわゆる「ピクサーの死んだ目」をすっかり見慣れてしまった。「正真正銘の技術の天才たちが真っ青になって、〝こいつ、自分が何言ってんのかわかってんのかよ〟とでも言いたげに、顔を見合わせるんだ(23)」

バードの要求は、ピクサーの能力を超えることすらあった。バードは映画の終わり近くのショットで、赤ちゃんのジャック＝ジャックを立て続けに――正確には五回――変身させることに決めた(24)。その一つが、ベトベトしたものへの変身だった。セイヤーはベトベト効果をつくるには、技術担当者グループの二カ月分の作業が必要だと見積もった。この頃の制作は、二カ月という時間がとてつもなく貴重な段階にさしかかっていた。セイヤーはプロデューサーのジョン・ウォーカーに泣きついた。そのウォーカーをワーナー・ブラザースから連れてきたバードは、ジャック＝ジャックの変身を「たったの」四回にして、『Mr.インクレディブル』はベトベトの赤ちゃんなしですませようという提案に、大いに異議を申し立てた。この問題をめぐって二カ月もの間、怒号が飛び交う話し合いを重ねた末に、とうとうバードが折れた。「ブラッドにこう言ったんだ。〝できることならベトベトをつくってあげたい。でも変身は四回で十分だ！　たのむよ！〟ってね」

『Mr.インクレディブル』はピクサー初のPG（保護者の指導が望ましい）指定映画として、二〇〇四年一一月五日に公開された。観客も批評家も、バードの完璧主義に報いた。バラエティ誌は「ピクサーの革新的で途方もない成功を収めた一連の驚異的なコンピュータ・アニメーション映画の中でも、最も野心的で、ジャンルを押し広げる作品」と評し、「『Mr.インクレディブル』ほどうっとりするほどしゃれた、現実逃避的な作品はざらにはない」と述べている。

『Mr.インクレディブル』が、とくにアラン・ムーアのアメリカン・コミック『ウォッチメン』に多大な影響を受けているという指摘が、多くのコミック愛好家から上がった。『ウォッチメン』の世界では、『Mr.インクレディブル』と同じく、コスチュームを身につけたヒーローが社会から追放され、誰かに滅ぼされそうになる。シンドロームは『ウォッチメン』のキャラクター、ロールシャッハと似たところがある。ロールシャッハは赤毛の殺し屋で、少年時代に最愛の人物に拒絶された。シンドロームのような純粋な悪役ではなく、自警団員という設定だが、バードのキャラクターはムーアを基にしているのではと邪推したくもなる。さらに、『Mr.インクレディブル』にも、『ウォッチメン』にも、マントをこ

『Mr.インクレディブル』の製作ジョン・ウォーカー、監督ブラッド・バード、製作総指揮ジョン・ラセターが、2004年10月24日に開催された招待者限定上映会後のパーティで、スーパーヒーローとしてカミングアウトしたところ。（ケヴィン・ウィンター／ゲッティ・イメージズ）

き下ろすキャラクターが出てくる。『Mr.インクレディブル』に影響をおよぼしたと思われる作品は、もう一つある。驚異的な能力を発揮することを禁じられている少年ダッシュの苦境が、一見カート・ヴォネガットの小説「ハリソン・バージロン」を基にしているように思われるのだ。バードはインタビューに答えて、たまたま似ているだけで、自分はどちらの作品も読んでいないと述べている。

映画はドリームワークスの二作品（『シュレック2』と『シャーク・テイル』）を抑えて、アカデミー賞長編アニメーション賞に輝いた。ピクサーはこの部門で二年連続受賞となった。バードはスーパーヒーロー物語に定着したスタイルを採用し、それに新しい息吹を吹き込んだとして、映画愛好家に賞賛された。

注目すべきは、人気の高い映画批評サイト「エイントイットクール・ドットコム」の反応だ。サイトの運営者で当時三三歳だった映画愛好家のハリー・ノウルズは、がむしゃらな情熱が若き日のバディ・パインを彷彿とさせ、流れるような赤毛がシンドロームにそこはかとなく似ている（「ブラッド・バードは超天才」とノウルズは映画の予告編がインターネット上で公開された九月半ばに書いている。「みんなバードを賛美しよう。記念碑を建てて……ラシュモア山の大統領像を、バードの美しく立派な頭部の巨像に彫り直そう！」）。サイトの専属評論家「モリアーティー」（ドリュー・マクウィーニー）も熱狂的に語った。「もう何度もこの映画を見ているが、記憶に焼きついた場面や、鳥肌が消えないいくつもの瞬間にやられて、ぞっこん惚れてしまった」。彼はバードの脚本を「名匠ビリー・ワイルダーとI・A・L・ダイアモンドの最高作品と同じくらい鋭く辛辣」とし、バードの「セリフと本当の家族らしいふるまいをつくり出す、非の打ち所のないセンス」を賞賛した。また別の評論家「クイント」（エリック・ヴェスプ）は、映画愛好家にこう伝えている。「これ以上望めないほどすばらしい……映画はあまりにもぼろ儲けで、ハリウッドの経理屋を総動員しても、売上を勘定できるかどうか」

ノウルズ自身は、『Mr.インクレディブル』については珍しく二週間ほど沈黙を保ち、それからやっと議論に参入した。「今まであの映画について何も書かなかったのは、ただ──おかしな話だけど──何て書けばいいのかわからなかったからだ」

完璧だ。まったくもって完璧な映画と言うしかない……シンドロームはお前だろうっていうメールを山ほど受け取った。それは全然オッケーだ。本当に俺なのかどうかはわからないが、彼が「マニアにはたまらないね」って言うとき、実を言えば俺もたまらないと感じてた。ブラッド・バードは最高のアニメ映画を二本もつくった……それも驚くなかれ、ここ一〇年の最高の二作品だ。

ピクサーが『Mr.インクレディブル』で六勝めを上げている間にも、ジョブズは配給パートナーであるウォルト・ディズニー・カンパニーのトップと、誰もが知る確執の渦中にあった。この確執の顚末は、ピクサーの未来と、そしてディズニー・アニメーションの未来を書き換えることになる。

11　帰郷――『カーズ』、『レミーのおいしいレストラン』

ウォルト・ディズニー・カンパニーのCEOマイケル・アイズナーは、一九九〇年代末になると、ピクサーとドリームワークス・アニメーションの興行成績を見て、アニメーションの将来が3DCGにあると確信するようになった。ディズニーは、コンピュータ・アニメーションと特殊効果を手がける最先端のスタジオ「シークレット・ラボ」を、バーバンク空港近くのロッキードの航空機工場を改装した建物に設立した。新しいスタジオが初めて手がけた映画『ダイナソー』は、CGで制作した喋る恐竜と実写背景を組み合わせたもので、二〇〇〇年に公開されるとそこそこヒットしたが、莫大な製作費を正当化するほどの興行成績は上げられなかった。コンピュータ・アニメーションの分野でピクサーから独立しようとするディズニーの最初の試みに、暗雲がたれ込めた。

シークレット・ラボが手がけた二つめのプロジェクトは、『ワイルド・ライフ』という映画だった[1]。クラブで夜な夜な浮かれ騒ぎ、踊りながら過ごす若者たちを描いたもので、ディズニーの基準からすれば慎みのない映画だった。スタジオは制作準備段階に数百万ドルを費やし、何人もの脚本家に脚本を書かせ、詳細な絵コンテや念入りなテスト映像を制作した。

『ワイルド・ライフ』のストーリー・チームに加わったディズニーのベテラン・アニメーター、フロイド・ノーマンは、なぜこんな題材が選ばれたのだろうと首をかしげた。テスト映像は技術的には申し分なかったが、シナリオはディズニーの家族向け映画から完全に外れているように思われた。脚本は品のない性的なほのめかしに満ちていた。プロデューサーや監督は、雇い主が誰なのかわかっているのだろうかと、彼はいぶかしがった。ドリームワークスでも、ワーナー・ブラザースでも、コロンビアでもなく、ほかでもないウォルト・ディズニー・カンパニーだというのに。

二〇〇〇年八月に、ディズニー・フィーチャー・アニメーションの会長就任一六年めを迎えていたロイ・ディズニーが、映画のストーリー・リールの定期検討会のために、アイルランドの古城から飛行機でやってきた。彼は驚愕し、その場でプロジェクトを打ち切った。翌年、シークレット・ラボは閉鎖された。

ディズニーは2Dセル・アニメーション映画の分野でも、それほど健闘していたわけではない。相次いで公開した作品──『ラマになった王様』（二〇〇〇年）、『アトランティス／失われた帝国』（二〇〇一年）、『トレジャー・プラネット』（二〇〇二年）――は、どれも期待はずれの興行成績に終わっている。ウォルト・ディズニー・スタジオを支えていたのは、ピクサーとの製作契約と、『パール・ハーバー』など数少ない実写映画のヒット作品だけだった。

ディズニーとピクサーは、その後も互いとの関係から利益を得ていたが、両社のCEOには当然のように、軋轢が生じた。二人の生い立ちは、これ以上ないほど対照的だった。パーク・アヴェニューの資産家の息子として何一つ不自由なく育ったアイズナーと、中流階級の下層の両親に育てられたジョブズ。エリート経営者のアイズナーと、元ヒッピーのジョブズ。だが彼らの確執の本当の根源は、生い立ちの違いや、共同事業にありがちな意見の不一致などにはなかった。それは、二人の共通点にあったのだ。二人はともに攻撃的なまでに会社の利益を主張し、傲慢なまでに頑固で、意見の衝突を自分への個人攻撃ととらえる傾向にあった。

二人は一九九〇年代の間は、両社の事業上の必要から生じる衝突を、少なくとも書類上ではうまく解決していた。アイズナーはジョブズの要求に応じて、一九九七年にピクサーに映画の共同所有権を与え、より大きな利益を配分する新しい契約を結んだ。またジョブズの方でも、この契約を厳格に守ってほしいというアイズナーの要求を呑んで、不本意ながらもディズニーが確保する五作品から、続編である『トイ・ストーリー2』を除外した。

二人の関係に転機が訪れたのは『トイ・ストーリー2』公開後、続編の興行収入に気をよくしたアイズナーが、ピクサーに『トイ・ストーリー3』の制作を求めたときのことだ。(2)ジョブズはディズニーが『トイ・ストーリー2』で、いわばボーナス映画をすでに一作得ているようなものだと主張した。それに、続編を例外扱いする根拠の一つ──続編の興行成績は前作を下回ることが多い──が、ピクサーの場合にはあてはまらないと考えた。『トイ・ストーリー2』は『トイ・ストーリー』をはるかに超えるヒットになったのだから。一方アイズナーは自社に有利な契約条件に乗じて、商品やテーマパーク用のアトラクションを確保するために、ピクサーにできるだけ多くの完全オリジナル作品を制作させようとした。ピクサーが『トイ・ストーリー』の三作めを制作する場合、その映画は『トイ・ストーリー2』と同様に扱われ、一九九七年の五作品契約の対象作品が事実上七作品にまで拡張されるべきだというアイズナーの頑なな姿勢に、ジョブズは苛立った。アイズナーはジョブズの怒りを買っただけでなく、『トイ・ストーリー』をもう一作つくりたがっていたラセターまでも敵に回した。

アイズナーとジョブズとの関係は、その後さらに悪化した。二〇〇二年二月二八日の朝、上院商務・科学・運輸委員会に出席したアイズナーは、映画の不正コピーについて証言した。(3)アイズナーの用意した声明文は、ほとんどが当たり障りのない、回りくどい官僚的な文体で書かれていたのだが、その後の質疑応答では口を滑らせた。「コンピュータ業界の

〝キラー・アプリ〟は、著作権侵害です」アイズナーは断言した。「彼らは短期的な成長の条件が、海賊版コンテンツにあると考えているのです」

アイズナーの見るところ、ある技術系企業があからさまに著作権侵害を推進していた。

企業、コンピュータ企業の中には、広告で――しかも全面広告やサンフランシスコやロサンゼルス中の広告看板でですよ――ほら何でしたっけ、「リップ、ミックス、バーン」なんて言ってる会社もありますね……。つまり奪い取って、ミックスして、焼けますよと広告で煽って、コンピュータを売っているんです。言い換えれば、この特定のコンピュータを買えば、不正コピーをつくって友人にばらまけるというわけです。

これは紛れもなくアップルと同社の「リップ、ミックス、バーン」広告キャンペーンに対する攻撃だった。アイズナーが「リップ」という用語を誤解していたのは明らかだった。合法、非合法を問わず、何らかの目的のためにCDやDVDから音楽や映像をコンピュータにコピーするという意味の「リップ」――を「リップ・オフ(奪い取る)」と混同していた。ディズニー・フィーチャー・アニメーションの社長トーマス・シューメーカーはほどなくして、このコメントを個人攻撃と取って激高したスティーヴ・ジョブズから電話を

受けた。「マイケルがいま俺に何をしたか、わかってるのか？」とジョブズは息巻いた。(4)

ジョブズは『トイ・ストーリー3』やアイズナーの証言、そしてアイズナーのピクサーに対する高圧的と思われる態度に、苛立ちを募らせていった。その夏、彼はスタジオの会長ディック・クックの仲介でロイ・ディズニーに接触し、夕食の席で不満をぶちまけた。

ロイはジョブズの話に理解を示した。彼はそもそも一九八四年にクーデターを指揮してアイズナーをトップに起用した仕掛け人であり、アイズナーがフランク・ウェルズとジェフリー・カッツェンバーグを従えていた一〇年の間に会社を復活に導いた功績を高く買っていた。しかしそれ以降、アイズナーへの敬意は薄れていった。ロイは、アイズナーの重箱の隅をつつくような管理スタイルや、ディズニーのテーマパーク（とくに新しくつくられたディズニー・カリフォルニア・アドベンチャー）に十分な資金を投じていないこと、短期的利益を優先する全般的な姿勢が気に入らなかった。その上アイズナーが自分の行動を監視するために、ディズニー・フィーチャー・アニメーションに密偵を送り込んだことを知って、アイズナーに個人的にも不信感を抱くようになっていた。(5)

ジョブズはロイに率直に不満をぶちまけた。そして飛びつきたくなるような殺し文句でロイを口説いた。ピクサーが一九九七年の契約の義務を完了した後は、ピクサーはディズニーのために映画を制作しない――アイズナーがいる限りは。「アイズナーがいる限り、絶対に契約は結ばない」ジョブズはそう伝えたのだった。(6)

ロイと彼のビジネス・パートナーのスタンリー・ゴールドは、ウォルト・ディズニー・カンパニーの取締役会に名を連ねていた（ゴールドはロイの私的な投資顧問会社シャムロック・ホールディングズの社長だった）。彼らはほかの取締役たちに、ピクサーとの関係が危機に瀕しているようだと伝えた。もちろんジョブズはこうなることを計算した上で、ロイに接触を図ったに違いない。二人はアイズナーの怒りを招かないよう、ロイがジョブズに会ったという事実は伏せた。

アイズナーは少なくとも表向きは、意に介していないようなそぶりを見せた。八月二二日に取締役たちに宛てた電子メールに、彼はまもなく公開される映画の感想を書いている。翌年夏に公開を予定していた『ファインディング・ニモ』を、まるでピクサーが失敗して当然と言わんばかりに、否定してかかった。「来年五月公開予定のピクサーの新作『ファインディング・ニモ』を昨日観た。この作品はピクサーの今後を占う試金石になるだろう。悪くはなかったが、これまでの作品には到底およばない。もちろん彼らはすばらしいと思いこんでるがね」[7]

ふたを開けてみれば、『ニモ』は全米アニメーション映画史上最大のヒットとなり、アカデミー賞長編アニメーション賞を受賞した。

二〇〇三年春、ジョブズはアイズナーに新しい契約の条件を提示した。[8] だがあまりにも一方的な条件だったため、第一回めの提示というより、完全な決裂の前触れのように思われた。ジョブズの提案では、ディズニーはもうピクサーの長編映画から上がる利益の分け前には与らず、配給費用として七・五％を得るにとどまる。またディズニーの独占配給権は五年で消滅する。

ジョブズはさらに、一九九七年の契約の対象となる最後の二作品である、当時まだ制作されていなかった映画――『Mr.インクレディブル』と『カーズ』――も新契約に移行されるべきだと主張した。彼の案では、ディズニーはこの二作品に対して配給費用として利益の一〇％から一五％を得るが、それ以外はびた一文も受け取らないことになる。この点に関してだけでも、ディズニーは今後の作品の配給権を得る見返りに、二作品に対してすでにもっていた数億ドルに相当する権利を失うことになる。ジョブズがディズニーに示した唯一の譲歩は、ディズニーがピクサーの将来のキャラクターを、ピクサーの既存キャラクターと同様に、ディズニーのテーマパークで自由に使用できるようにすることだけだった。

ピクサー映画は四作連続で大ヒットを収め、この時点で世界全体の累積興行収入が一七億ドルを超えていたほか、一億本以上のDVDとビデオテープを売り上げていた。観客はピクサー・ブランドを信頼していた（ジョブズが一九九七年に強く要求した、ピクサーのブランディング強化策が功を奏したのだ）。非の打ち所のない業績を収め、無借金経営で、五億ドルを超える現金を保有するピクサーは、ディズニーへの依存をかつてないほど弱めていた。ジョブズの見るところ、大手映画会社ならどこでも強力な宣伝・配給を提供してくれそうだった。ジョブズは五月までにソニー・ピクチャーズ・エンタテインメントと、またワーナー・ブラザースと20世紀フォックスの親会社とも話をした（フォックスはピクサーのライバル、『アイス・エイジ』を制作したブルー・スカイ・スタジオを所有していたため、選択肢としてあり得なかった）[9]。

しかしアイズナーにはまだ持ち札があった。一九九一年と一九九七年の契約によれば、ディズニーは『トイ・ストーリー』とそのキャラクターの完全な所有権をもつほか、どのピクサー映画についても——ピクサーが関与するとしないとにかかわらず——続編を制作する権利を有していた。ラセターはディズニーが『トイ・ストーリー3』や『ファインディング・ニモ2』などを乱作することを考えただけでもたまらなかった。彼にとって作品は自分の子どものようなものだったが、アイズナーが多少なりとも心を込めて続編にあたってくれるとはとても思えなかった。アイズナーの下でディズニーが制作する続編は、何より金儲けのたねと化してしまうだろう。

「『シンデレラII』をつくったやつらなんだぜ」ラセターはのちに二〇〇二年制作のビデオ用続編を指して、辛辣に語っている[10]。

ジョブズはロイ・ディズニーに働きかけたように、ディズニー取締役会にも裏ルートから接触しようとした。二〇〇三年夏に元アメリカ副大統領のアル・ゴアが、アップルコンピュータの取締役に就任した。ゴアはディズニーの取締役ジョージ・ミッチェル元上院多数党院内総務と連絡を取って、ジョブズがアイズナーに不満をもっていることを伝えた。[11]ミッチェルは、ピクサーとの交渉はどうなっているのかと、アイズナーに質した。ゴアの関与を知ったアイズナーは苛立った。

しかしこの出来事は、せいぜい困惑を招いたに過ぎなかった。アイズナーは取締役会の信頼と忠誠を一身に集めていたのだ。ロイ・ディズニーとスタンリー・ゴールドだけが反乱分子として、他の取締役たちを相手に、事あるごとにアイズナーの報酬や実績を批判していた。だがロイはまもなく取締役会から追放されることになる。彼にその知らせを伝えたのは、数年前に取締役会に加わった公益事業会社の元社長ジョン・ブライソンだった。

感謝祭の一週間前、ブライソンはワインバーでロイと酒を傾けながら、あなたは任期満了後は再任されないと告げて、ロイを驚愕させた。[12]七二歳のロイは役員の定年年齢を超えていた。

そのルールが当てはまるのは社外役員だけで、取締役会の役員には適用されないのだとロイは指摘した。彼はまだディズニー・フィーチャー・アニメーションの会長だった。委員会はすでに会合を開いて決定したのだと、ブライソンは告げた。ブライソンが議長を務める、取締役会の統治委員会のことだ。

ロイは仰天した。そして妻と子どもたち、ゴールドをはじめシャムロックの信頼できる顧問たちと話し合った結果、二〇〇三年一一月三〇日に取締役会と副会長職からの辞意を表明した。彼は辞表が全米のマスコミにファクスされると同時に、アイズナーに手渡されるよう手配した。

「君は、ディズニーでフランク・ウェルズと組んで仕事をした最初の十数年間は、すばらしい成績を残した。そのことについては敬意を表する」ロイは書いている。「だがフランクが一九九四年に思いがけず亡くなってから、会社は進むべき方向を見失い、想像力をなくし、遺産を失ってしまった」

アイズナーのピクサーに対する扱いは、ロイが指摘した数々の失敗に含まれていた。

すでに言ったように、あるいはスタンリー・ゴールドが君たち取締役に宛てた手紙に書いたように、この七年間に会社は君の統率の下で、幾多の失敗を犯した。

一、ABCプライムタイムの視聴率は何年もの間低迷していて、ABCファミリーチャンネルは番組編成に失敗した……。

二、君が誰に対しても細かい点まで干渉しすぎるせいで、社内の士気がすっかり失われてしまった。

三、君はテーマパーク事業への投資に関して臆病だ。カリフォルニア・アドベンチャーでも、パリでも、そして今や香港でも、君は建設を「安上がり」にすませようとした。結果は見ての通りで、入園者数にもはっきり表れている。

四、お客様、投資家、従業員、配給業者、納入業者など、ディズニーに関わる誰もが、ディズニーが貪欲で魂を失い、長い目で見た価値向上を図るより「あぶく銭」を稼ぐことにしか興味がないことを見抜いている。そのせいで会社は社会的な信用を失ってしまった。

五、ここ数年、クリエイティブな人材の流出が絶えない。これは今なお現実に起こっている問題で、会社に大きな損失をもたらしている。

六、君はとくにピクサーやミラマックスや、ディズニーのコンテンツを配信してくれるケーブルテレビなどの創造力あふれる企業と、建設的な提携関係を結ぶことに失敗した。

七、君は事業の引き継ぎに関して、明確な計画を一向に立てようとしない。

ロイはこう結論づけている。「マイケル、辞任すべきなのは私ではなく、君だ」

ほどなくしてロイに賛同する数人のディズニー・フィーチャー・アニメーションの社員――アニメーター一名、脚本家一名、監督一名――からの公開書簡がインターネット上に掲載され、ディズニーのアニメーションに関わった現役および元従業員に署名を呼びかけて、数カ月で数千人の署名を集めた。この書簡によれば、アイズナーの下では「ウォルト・ディズニー・スタジオの成功をもたらした、視覚を通じて物語を伝える力とユーモア、性格を描き出すアニメーションが、あたりさわりのない標語づくりや陳腐なジョーク、紋切り型の言い回しに置き換わり、観客の心を動かせなくなった」という。

ゴールドもロイに続いて数日後に辞表を提出した。こうしてロイの父親が共同創設した会社の部外者となってしまった二人は、一九年前に自分たちが送り込んだ経営者を追放する方法について考え始めた。

その一方で、新たな配給契約をめぐるディズニーとピクサーの意見の食い違いは、依然解消されていなかった。アイズナーに契約要求を突きつけてから一〇カ月ほど経った二〇〇四年一月二九日の午後、ジョブズは突然交渉打ち切りを発表した。ディズニー代表として、ディック・クックは果敢にも平静を装った。「人材をつなぎ止めることは誰にもできない」と彼はウォール・ストリート・ジャーナルに語っている。「創造性や技術や物語を伝える力に鍵をかけるなんて、誰にもできない[13]」

確かにその通りだが、ここ何年かディズニーの社内制作映画の不振が続いていて、唯一まともな成功を上げたのが二〇〇二年の『リロ＆スティッチ』だけだということも、紛れもない事実だった。セル・アニメーションは時代遅れだというアイズナーの信念をくんで、ディズニー・フィーチャー・アニメーションはすでに大半のアーティストを解雇し、フロリダ州オーランドの『リロ＆スティッチ』を制作したスタジオを含む、自前のアニメーション部門の大部分を閉鎖していた。コンピュータ・アニメーション部門の残党が、『チキン・リトル』と『ロビンソン一家のゆかいな一日』（映画化タイトルは『ルイスと未来泥棒』）に取り組んでいた。

アイズナー自身は、表立っては穏やかに対応した。「ピクサーとはこれまですばらしい協力関係を築いてきました。スティーヴ・ジョブズ氏並びに、ジョン・ラセター氏率いる優秀な制作チームの今後の成功を祈ります」とは、同じ日の午後に彼が出した声明だ。「私たちは互いに受け入れられる条件で、今まで通り成功に満ちた提携を続けることもできました。しかしピクサーは、独立企業として成長するという、独自路線を選びました。その判断は理解できるものです」

またアイズナーは声明の中で、ディズニーがほかのコンピュータ・アニメーション・スタジオと結んでいる配給関係（第二次世界大戦中の伝書鳩の映画『バリアント』を制作していたヴァンガード・フィルムと、『ライアンを探せ！』を共同制作していたコンプリート・パンデモニウムとCOREの長編アニメーション部門）、社内で制作中のコンピュータ・アニメーション映画、そして近日公開予定の2Dアニメーション『ホーム・オン・ザ・レンジ／にぎやか牧場を救え！』についても触れた。

発表当日、ジョブズはディック・クックに、ピクサーが手を引くことを知らせる儀礼的な電話をかけてから、二本めの電話をロイ・ディズニーにかけ、アイズナーがいる限りウォルト・ディズニー・カンパニーとは二度と契約を結ばないことを改めて誓った。「交渉」とその決裂は、要はディズニーのCEOに恥をかかせることだけを狙った、完全な茶番劇だったのだ。

ロイの頭の中では、『オズの魔法使』の東の悪い魔女が、アイズナーの象徴になっていた。「悪い魔女が死んだら、また一緒になろう」とロイはジョブズに言った。[14]

ピクサーの四半期決算に関する電話会議は、翌週に予定されていた。[15] この会議は、モルガン・スタンレーやドイツ銀行といった企業の投資アナリストに対して、ジョブズとピクサーのCFOアン・メイサーが経営状況を説明するものだった。企業の関係者とアナリストが、企業情報について一対一で言葉を交わすことを証券取引委員会（SEC）が大幅に規制した二〇〇〇年以来、こうした会議はCEOが投資家にメッセージを伝え、質問に答えるための重要な手段となっていた。

まずジョブズとメイサーがピクサーのうらやむべき財務状況をくわしく説明し、それからジョブズがディズニーとの関係という議題に触れた。ジョブズは開口一番、アイズナーが『ファインディング・ニモ』を批判したという、ロサンゼルス・タイムズ紙の記事を引用した（このとき映画はすでに公開され、興行記録を塗り替えていた）。ピクサーが転落に向かっていることをアイズナーが確信しているというくだりを読み上げたジョブズは、自分を含め何人かのピクサー社員が、ディズニーの関係者から同じ話を聞いたと言った。「ご承知の通り、現実はちょっと違っていた」とジョブズは皮肉を込めて言った。

またピクサー映画の宣伝・配給をうまくこなせる大手映画配給会社が、ディズニーのほかに少なくとも四社はあるとジョブズは言った。「この五日間で、四社すべてのトップから直々に電話をもらった。全員がピクサーとの提携に、きわめて強い関心を示した」

また彼は、ディズニーが制作面で果たしている役割に、ほとんど価値を認めないと言った。「実を言えばここ何年もの間、ディズニーとはクリエイティブな協力関係はほとんどなかった」と彼は語った。「たとえばピクサーの最近の三作品と、ディズニー・アニメーションの最近の三作品を比べて、どちらの方がクリエイティブな作品を生み出す能力が高いか、自分の目で判断してみてほしい」

議題がマーケティングに移ってからも、ジョブズはディズニーの最近の公開作品を酷評し続けた。

「マーケティングは重要だ。これまでディック・クック率いるディズニーの有能なチームと、気もちよく仕事をしてきた」彼は言った。「だがどれだけマーケティングをしても、失敗作をヒットに変えることはできない。ディズニーのマーケティングとブランドをもってしても、ディズニー・アニメーションの最近の二作品、『トレジャー・プラネット』と『ブラザー・ベア』を成功に変えることはできなかったように」

クックへの賛辞は、傍目には本心に見えたが、抜け目のない政治的駆け引きでもあった。クックは、現行の契約で残っているあと二本の映画の宣伝を担当する予定だったからだ。ジョブズは一つだけ悔やまれることがある、と認めた。ディズニーがピクサー映画の続編を制作するかもしれないことだ。「ディズニーが続編をつくると考えただけでむかむかする。ディズニーがつくった『ライオン・キング1と½』（邦題『ライオン・キング3／ハクナ・マタタ』）や『ピーター・パン』の続編なんかを見ると、こっちが恥ずかしくなってくる」

ジョブズが施策を発表したときのウォール街の反応を見る限り、ピクサーの投資家は事態を楽観視していたように思える。翌日ピクサーの株価は小幅高となったのに対し、ディズニーの株価は二％下落した。それでも一部のアナリストからは、「ピクサーは、家族向けエンターテインメント作品の世界最高の宣伝会社と結んでいた、成功に満ちた提携関係を打ち切ることが、なぜ得策になると考えたのだろう」という疑問の声が上がった。

「ディズニーは、実はノーと言うべき立場にあったのではないかと、私には思えるんです」とプルデンシャル・エクイティ・グループの古参アナリスト、キャシー・スティポニアスは言っている。

ただの単純な配給契約ではなく、興行収入でより多くの取り分をもらった方がいい

2003年5月18日にディズニーのエル・キャピタン劇場で行なわれた『ファインディング・ニモ』のプレミアに到着した、ピクサーCEOスティーヴ・ジョブズ、ウォルト・ディズニー・スタジオ会長ディック・クック、ピクサー・クリエイティブ担当上級副社長ジョン・ラセター。クックの上司であるディズニーのCEOマイケル・アイズナーは、映画はピクサーの期待を裏切り、失敗して当然だと言った。ふたを開けてみれば『ファインディング・ニモ』は、アニメーション映画史上最大のヒット作となった。
（ダン・スタイバーグ／ゲッティ・イメージズ）

んじゃないの、というか、ぜひそうしたいと考えるんじゃないの？………。なぜこういう計算になるのか……どうしたら帳尻が合うのか、どうしてもわからないんです。

子どもっぽいけんかに理由を求めた方がよかったかもしれない。実のところ、ジョブズの決定はどれも「計算ずく」というより、マイケル・アイズナーへの嫌悪から来ていた。

一方アイズナーは、二つの前線で防衛戦をくり広げていた。一つはケーブルテレビ会社コムキャストが二月一一日に発表した、六六〇億ドルの敵対的買収提案だ。同社はディズニーの過去六年間の株価の低迷と、ロイの大々的に取り上げられた退任がもたらした株主間の不協和音に乗じたのだった。

もう一つの、ずっと危険が少ないように思われた攻撃は、ロイがスタンリー・ゴールドとともに立ち上げた、「セイブ・ディズニー（ディズニーを守ろう）」キャンペーンだった。彼らの目標は、マイケル・アイズナーの解任だった——とは言え、取締役会にはもうこの問題に耳を傾けてくれる人すら残っていなかった。ロイが三月に開かれる次回の株主総会に新しい取締役の推薦リストを提出するには、もう遅すぎた。ロイにできることと言えば、取締役会の会長選出選挙でアイズナーが再選をめざして立候補する際、彼と、とくに目に余ると感じた数人の取締役に対して不信任票を投じるよう、株主に呼びかけることしかなかった。

ロイがディズニーのCEOロン・ミラーを追放した二〇年前に比べると、状況は様変わりしていた。一九八四年にロイの企てを支援してくれたディズニーの大株主のバス家は、もう株式を売り払っていた（実のところ同社の個人筆頭株主は、アイズナー自身だった）。それにアイズナーには現職の優位があり、会社の資源を利用して対抗することができた。

これに対して「セイブ・ディズニー」の実体は、ただのウェブサイトと、ロイ・ディズニーとスタンリー・ゴールドの発言でしかなかった。大手上場企業はセイブ・ディズニーのような株主運動を、日常的に抑え込んでいた。

だがロイの陣営は、アイズナー陣営の知らないことを直観で察していた。ロイの「ディズニー」という名前と、インターネットの力とが組み合わさることによって、ディズニーの無名の顧客や小規模投資家にまでメッセージを届ける力をセイブ・ディズニーがもったことだ。シャムロック・ホールディングズはロイが辞職した翌日、セイブ・ディズニー・ドットコムのドメイン名を登録した。ウェブサイトでは、アイズナーがウォルト・ディズニー・カンパニーの遺産を浪費しているとして、その経営姿勢を激しく糾弾する、ロイの熱情のこもった公開書簡を、誰でも読むことができた。全国的メディアがロイのキャンペーンを取り上げ始めると、サイトには記事へのリンクが追加され、いまや時の勢いがロイ側にあり、アイズナーの失脚が必然であるような印象を与えた。これに対してディズニーのウェブサイトは、投資家情報のページでさえ、キャンペーンには触れずじまいだった[16]。ディズニー側がまともに取り合えば、キャンペーンに正当性を与えてしまうとでも思ったのだろうか。ディズニーはこの対応によって、インターネットに情報を頼る人たちの目にはロイ側の主張しか触れないという状況を、自らつくってしまった。

同時にロイとスタンリー・ゴールドは委任状争奪戦という、伝統的な戦術をとって、機関投資家や議決権行使助言会社に直接接触した。最初の突破口が開いたのは二月一一日に有力な助言会社ISSが、数ある根拠の中でもとくに「ピクサーとディズニーの離婚」を挙げて、アイズナーへの支持を保留するよう顧客に推奨したときだ。その後の数週間でロイとスタンリー・ゴールドは、ミューチュアル・ファンド大手のフィデリティとT・ロウ・プライス、そしてカリフォルニアを含む六州の従業員年金基金に働きかけて、再任を支持しないことを取りつけた。

三月三日の朝、ディズニーの数千人の株主がフィラデルフィア・コンベンション・センターに吸い込まれていった。出席者はアイズナー、ロイ、ゴールドのスピーチを聞き、ディズニーのCFOと部門責任者から業績が順調だという説明を受けたあとで、驚くべき知らせを耳にした。四三%もの株主が、アイズナーに不信任票を投じたというのだ。大手企業のCEOに対する不信任票の割合としては、過去最高だった（のちに集計し直したところ、四五%を超えた）[17]。

同じ日の夜、改悛した取締役会はCEOと会長職の分離を発表した。会長にはアイズナーに代わってジョージ・ミッチェルが選出された。だが取締役会による施策はこれ止まりで、アイズナーが取締役会の「満場一致の」支持を得て、CEOにとどまると発表された。翌月にはコムキャストが買収提案を取り下げ、敵対的買収の脅威は消え去った。だがセイブ・ディズニーはそう簡単には消えなかった。ロイとゴールドはその後も優位を見せつけ、次回の株主総会で再度挑戦すると誓った。アイズナーは信任票と会長職を失ってから六カ月たった二〇〇四年九月に、二年後の任期切れをもってCEOを退任する考えを示した。翌年三月にアイズナーは取締役会から圧力をかけられ、任期満了を待たず一年早く辞任することに応じた。アイズナーの後任選びのために、取締役会はインターネット競売大手イーベイのCEOメグ・ホイットマンと、社内のナンバー・ツーで、社長兼COOのロバート・アイガーを面接した。二〇〇五年三月一三日にジョージ・ミッチェルは、アイガーが一〇月一日をもってウォルト・ディズニー・カンパニーの次期社長に就任すると発表した。

一九五一年二月一〇日生まれのロバート・アイガーは、高校時代ウォルター・クロンカイトのようなニュースキャスターになることを夢見ていた。イサカ大学で放送学を専攻し、『トワイライト・ゾーン』の脚本家ロッド・サーリングの下でテレビ番組の脚本について学んだ。一九七三年に優等で卒業した後、地元のテレビ局に天気予報官とレポーターとして一年勤めたが、そのうちカメラの前で働くことに飽き足らなくなり、またニュースキャスターとしての自分の資質に疑問をもつようになった。一九七四年にABCで初歩的なスタジオ制作の仕事に就き、二年後にABCスポーツに入社してからは出世街道を上っていった。

アイガーはABCでニュースとエンターテインメント界の経営の荒波にいきなり投げ込

まれ、がむしゃらに泳いだ。ディズニーがABCの親会社キャピタル・シティーズ／ABCを買収した一九九六年当時、アイガーはキャピタル・シティーズの社長兼COOだった。アイズナーは彼を手放さなかったばかりか、ディズニーの海外事業を統括させ、二〇〇〇年初めにナンバー・ツーに昇格させた。

五四歳のアイガーは、かつてなりたいと夢見ていた、信頼できるアンカーマンの風貌を保っていた。彼はそれまで外交手腕と政治的立ち回りを何度となく発揮していた。最近では香港ディズニーランドの開発計画に関して、中国政府と合意にこぎ着けた実績がある。これはディズニーにとって、中国市場進出に向けた戦略的突破口となった。ディズニー上層部は、中産階級が急拡大している中国とインドを最優先すべき市場と見ていた。二〇〇五年の株主総会では、タージマハルのドームにミッキーマウスの耳を合成した写真のスライドが上映され、ディズニーの野心を表していた。

アイガーは中国とはうまくやっていたが、スティーヴ・ジョブズとうまくやれるかどうかはわからなかった。中国の指導者に比べて、ジョブズははるかに独断的だった。それでもアイガーは、アイズナーが失敗したピクサーとの配給契約を、自分はまとめることができると確信していた。ミッチェルがアイガーの昇格を発表した日、彼はジョブズとラセターに電話をかけた。申し出を行なうためではなく（アイズナーの退任までまだ六ヵ月を残していた）、就任の報告がてら挨拶するためだった。

アイズナーはピクサーの続編制作を進めていた。ディック・クックは二〇〇四年三月の株主総会で、ウッディとバズはディズニーの制作する続編の中で「永遠に生き続けるだろう」と発表した。手始めが『トイ・ストーリー3』で、すでに制作作業が進められていた。アイズナー自身この数カ月後に産業協議会の席で、ディズニーが『モンスターズ・インク』と『ファインディング・ニモ』の続編にも取り組んでいることを明らかにした。同時に、ドリームワークス・アニメーションがその年の夏に『シュレック』続編の公開を予定していることについて「やや困惑している」と述べ、「ここではくわしく言えない理由から、ディズニーはこの夏は続編を公開しない」と言った。(18)

ディズニーはその後、ピクサー映画の続編をつくるために、閉鎖したシークレット・ラボに代わる別のデジタル・アニメーション部門を設立した。倉庫を改築したスタジオは、所在地のグレンデイル通りの番地を取って、「サークル・セブン」と名づけられた。(19)二〇〇五年三月当時、サークル・セブンでは約四〇人が『トイ・ストーリー3』に取り組んでいた。映画の脚本は、バズ・ライトイヤーが台湾の工場に送り返されるシーンから始まった。サークル・セブンは単なる計略、つまりジョブズを威圧し、交渉の席に着かせるためにつくられたポチョムキン村（見せかけ）だろうと、一部ではささやかれた。この説はディズニーの上層部によって否定されたうえ、翌年には人員が四倍に増員されたことで、信憑性が薄れた。

アイガーはアイズナーのあとを引き継ぐと、アイズナーがジョブズに対して取っていた方針と訣別することをただちに示した。ジョブズがアップルコンピュータを率いていたおかげで、そのチャンスが訪れた。ジョブズ復帰後のアップルはめざましい復活を遂げ、その物語は広く知れ渡った。ジョブズが一九九七年に暫定CEOとして返り咲く前年、アップルは一〇億ドルを超える損失を計上していた。「僕なら会社を閉じて、株主に金を返すよ」と、デル・コンピュータの創設者マイケル・デルは冗談めかして言ったものだ。しかしジョブズはアップルの売上を倍増し、黒字体質に戻した。しかも、「クールの代名詞」のイメージを守りながらである（ジョブズが肩書きから「暫定」を取ったのは、復帰後二年以上たってからのことだった）。

驚くことに、アップルの二〇〇五年の売上の約四〇％が、四年前には存在すらしなかった製品によってもたらされた。音楽プレーヤーのiPodだ。二〇〇一年一〇月二三日に発売されたiPodは、中身はほとんどが既成部品の組み合わせだったが、洗練されたユーザ・インターフェースをもっていた。[20] デジタル音楽プレーヤーとしては最初のものではなかったが、おそらく最も直観的に使える、最もしゃれた製品だった。数百万人に上るiPodユーザは、昔の若者が初めての車に夢中になったように、この機器に惚れ込んだ。ジョブズは大手音楽レーベルを説得して、オンラインで楽曲を販売する許可を取りつけ、二〇〇三年四月二八日に二〇万曲以上の楽曲を取りそろえてiTunesミュージック・

ストアをオープンした。

アイガーに、そして間接的にはピクサーにお鉢が回ってきたのは、二〇〇五年秋のことだ。動画再生機能つきの音楽プレーヤーというアイデアを、何年もの間鼻にもかけなかったジョブズが、とうとう最初のビデオiPodを発売することにした。このとき、ビデオコンテンツをどうするかという問題が持ち上がった。音楽業界は著作権侵害やCDの売上が奪われることを警戒して、楽曲のダウンロード販売に慎重な姿勢を崩していなかったが、ハリウッドの重役たちは、映画やテレビ番組のデジタル・コンテンツのオンライン販売に、これに輪をかけて消極的だった。そのうえジョブズは、取引を求めてあわてて映画会社に接触しないよう自制していた。それまでもアップル製品の発表前に情報漏洩に悩まされていたが、今回は何としても避けたかった。アップル愛好家の運営するウェブサイトには、内部関係者から漏洩した情報がしょっちゅう掲載される。実際、ジョブズは業を煮やして、アップルの噂サイトの一つ、「シンクシークレット・ドットコム」を一三歳で創設した、ハーヴァード大学の一九歳の学生を訴え、別の二つのサイトの管理人兼所有者を勾引しようとしたほどだった。

今回ジョブズはとっておきのニュースを自分の胸にしまっておいた。一〇月一二日、サンノゼのカリフォルニア・シアターを埋め尽くした観客に、ビデオiPodを紹介してから、プレゼンテーションを終えると見せかけて、ふと思いついたかのように言い足した。

「実は今日、もう一つ発表がある《ワン・モア・シング》」

これはいつものジョブズのサービス精神だった。アイガーがサプライズゲストとして壇上に加わると、ジョブズはiTunesミュージック・ストアが『LOST』や『デスパレートな妻たち』といったヒット番組を含む、ABC放送とディズニー・チャンネルの五つのテレビ番組のエピソードを販売することを明かした。ネットワーク局の番組を放映の翌日に、しかもCM抜きで購入するのは、iTunesが初めてとなる。

「アップルとの関係の進展を、この場でお伝えできるのを嬉しく思います」アイガーは観衆に告げ、茶目っ気たっぷりに言い足した。「ピクサーじゃなく、アップルとですがね」(21)

ジョブズが新しい機器のために看板番組を確保できたことに、業界アナリストからは驚きの声が上がった。(22) 彼とアイガーは、この取引を一週間足らずで取り決めたのだ。アイガーが、香港ディズニーランドのようなバンク・ショット（ビリヤードで直接的玉を狙わずに、周りのクッションに当てて跳ね返らせてから的玉に当てること）を狙っていたのは明らかだった。香港のテーマパークは、上海に建設されるであろう第二のパークとともに、中国でディズニーのキャラクターへの需要を刺激し、あわよくば世界最大の人口を抱える市場にディズニーのテレビ局を開設する許可を政府から得る布石になるかもしれない。それと同じように、ディズニー番組を販売する許可をアップルに与えれば、ジョブズとの関係を深め、あわよくばピクサーとの契約更改にこぎ着けられるかもしれない。だがこれはまだ単なる希望に過ぎなかった。

ラセターは一九六〇年代から七〇年代初めにかけて、南カリフォルニアの車文化の中で育った。身近なところでは、父のポールがシボレー販売店の整備主任で、ラセターも一六歳の時にそこで商品補充係のアルバイトをしたことがある。大人になった彼は、ロスっ子らしくカーマニアになっていた。九〇年代初めのまだ薄給だった頃でさえ、通勤用に実用的な車を一台と、楽しみのために中古のいかしたスポーツカーを一台所有していたほどだ。ピクサーの株式公開でふところが豊かになってからは、車の蒐集を始めた。彼のコレクションには異国風の車に混じって、全米自動車競争協会(NASCAR)の廃車があった。『ティン・トイ』と『トイ・ストーリー』が、ラセターの玩具への生涯にわたる熱い思いから生まれたように、ラセターがやがて車のキャラクターの映画を製作するのは、必然だったのかもしれない。

ラセターは一九九九年に『トイ・ストーリー2』のすべてをなぎ倒すような猛烈な作業を終えてから、ストーリー部門のトップを務めるジョー・ランフトと、新しい映画の原案を練っていた。翌年夏にラセターが妻のナンシーと五人の子どもたちを連れて全米横断旅行に出たことで、映画は実現に一歩近づいた。ラセターは仕事も計画もない二カ月を過ごし、戻ってきたときには車映画の筋をつかんだと確信していた。主人公が友情の大切さを学び、生活のペースを落として毎日をゆったり楽しむようになるというものだ。

ラセターは全米のレース場を回り、レーシングの指導を受けた。そしてジョー・ランフトとジョーゲン・クルビアンとともに、人間のいない世界を舞台にしたストーリーのトリートメントに取り組んだ。ストーリーでは、車を擬人化したキャラクターたちが、仕事を持ち、友情やロマンスを経験し、ストックカー・レース（市販車による自動車レース）の観戦を楽しんだりしている。あるとき新入りの自惚れ屋のレーシングカーが、カリフォルニアで開催される大事なレースの会場に向かう途中、トレーラーから落ちてしまう。ラセターが最終的に「ライトニング・マックイーン」と名づけたこのレーシングカーは、ラジエーター・スプリングスに迷い込む。この町はかつて栄えていたが、州間高速道路が迂回したために忘れ去られていた。映画は単純に、『カーズ』という題名をつけられた。

二〇〇一年にラセター、ランフト、プロデューサーのダーラ・アンダーソンと制作チームの六人ほどが、ラジエーター・スプリングスのキャラクターや町の外観をつくる手がかりにするため、オクラホマシティに飛んで、そこからルート66に沿って九日間の調査旅行に出かけた。[23] 一行の中に二人の制作デザイナー、ウィリアム・コーンとボブ・ポーリーがいた。グループは四台の白いキャデラックに分乗し、ルート66の歴史専門家マイケル・ウォリスがガイドとして先導し、無線機で説明した。道中、一行はスナップ写真を撮り、写生をし、地元の住民と話し、あとで地面の色を合わせられるように土の見本の採取までした。

「町に寄っては、地元の人たちにすばらしい話をたくさん聞かせてもらった」ポーリーは回想する。「床屋で髪を切ってもらったり、かき氷を食べたり、〝ビッグ・テキサン〟で二キロのステーキに挑戦したりしながら、たっぷり話を吸収したものさ」

アマリロのステーキハウス、ビッグ・テキサンは、二キログラムのステーキを一時間以内に完食すれば無料になるのが売りだった。町外れのキャデラック・ランチには、テールフィンが空に向いたキャデラック一〇数台が地中に半分埋められている。映画にはこれに似せた山脈が登場する。実際、テールフィンの形をした花から、タイヤの溝形の飛行機雲に至るまで、映画で描かれた自然風景のほとんどが、何らかの形で自動車の世界からアイデアを得ている。

ランフトがカンザス州の道ばたで見つけたものが、あるキャラクターのもとになった。捨てられさびついたレッカー車に、ランフトはのちにメーターと名づけられるキャラクターの原型を見た。メーターはライトニングと仲よくなる陽気な田舎者のキャラクターで、町の住人たちとともに、ラセターが人生から学んださまざまな教訓をライトニングに授ける（メーターという名前は、ラセターがノースカロライナ州シャーロットのロウズ・オートレース場で、トラック内のキャンピング場を訪れたときに知り合ったレースファン、ダグラス・〝メーター〟・キーヴァーからもらった）。

ラセターは二〇〇二年九月に妻の誕生日を記念して、研究と楽しみを兼ねて、ソノマのインフィニオン・レース場の夜間のドラッグ・レースを二人で楽しんだ。ナンシーは六〇年代のセダンを引いたキャンピングカー、彼はラウシュ・レーシング（NASCARの名門チーム）から買い入れた、チェリオスのロゴ入りの明るい黄色のNASCARレーシングカーに搭乗した。かなりの差をつけてスタートしたナンシーが、観客からの大きな声援に応えて、一着でゴールインした。

ラセターのたゆまぬ研究へのこだわりは、映画のキャラクターの外観にもおよんだ。彼はカリフォルニア州ペブル・ビーチでのクラシックカーの展示会「コンクール・デレガンス」や、デトロイトの大規模な北米国際自動車ショー、それにフォードとゼネラル・モーターズの設計センターにも足を運んだ。デザイン・チームはスタジオから通りを下ったところにある外国車のショールーム、ファンタジー・ジャンクションで何時間も粘って車を研究した。これまた近所のマニュエルズ・ボディ・ショップでは自動車塗料の重ね塗りについて学び、傷んだ車体の表面を調べた。

「ある日マニュエルのところで、古いぼろぼろのクロームバンパーを見つけて、これ頂けないかしらって聞いてみたの」とシェーディング・アート・ディレクターのティア・クレーターが言う。「彼がきれいに拭こうとするものだから、思わず叫んだわ。〝だめよ、拭かないで！〟まさに探し求めていたものだった。腐食、キズ、くすんだ汚れ、さび、ふくらみが全部一つのバンパーにあったんだから！」[24]

ライトニングの声は、映画『シャンハイ・ヌーン』に出演して以来ラセターの息子たちの憬れの的だった、オーウェン・ウィルソンに決まった。ライトニング・マックイーンとメーター、悪役のチック・ヒックスは、完全にピクサーのデザインだったが、その他の車のほとんどがクラシックカーだった。町の医者兼裁判官ドック・ハドソン（ポール・ニューマンが声を担当）が一九五一年型ハドソン・ホーネット、車体ペイント・スタイリストのラモーン（チーチ・マリンが担当）が一九五九年型シボレー・インパラ・ロー・ライダー、タイヤ屋のルイジ（トニー・シャルーブ）が一九五九年型フィアット500。そしてヒッピーのフィルモアとサージ（ジョージ・カーリンとポール・ドゥーリィ）が一九六〇年型フォルクスワーゲン・マイクロバスと一九四二年型ウィリス社のジープだ。ライトニングを牽引するマック（七作連続でピクサー映画に声優として参加したジョン・ラッツェンバーガーが担当）は、一九八五年式マック・スーパーライナーだった。

ラジエーター・スプリングスのキャラクターには、現代のモデルが一つある。女主人公サリー・カレラ（ボニー・ハント）は二〇〇二年型ポルシェ911カレラだ。[25] サリーに関して、ピクサーはロサンゼルスに本拠を置く北米ポルシェ・カーズの映画支援事務局、スタジオ・サービシズの協力を得た。ポルシェはこのプロジェクトに911を数回貸し出してくれた。一度はモデリング部門に、一度はアニメーターに、それにエンジン音をサウンドトラック用に録音するルーカスフィルムのスカイウォーカー・サウンドにも。またピクサーはポルシェに911を一台もらい、車の改造ショップでサリーの実物大のレプリカにした。このレプリカは、ライトニング・マックィーンのレプリカとともに、宣伝ツアーに出た。サリーの名字に「カレラ」を提案したのは、スタジオ・サービシズの社長ハワード・バックだ。

現実の車を基にしたキャラクターでさえ、車をそっくりそのまま模倣するわけにはいかなかった。劇中の車には、目と口と性別が必要だった。口は車のバンパーやグリルに組み込まれた。ラセターは目は魂の窓だからと、ヘッドライトの位置ではなく、窓ガラスにつけることにした。そうすれば表情が豊かになり、人間味が増すはずだと考えた。それにヘッドライトを目にすると、どことなく蛇のように見えてしまう。女性の車は、丸みを帯びた車体と女らしい口で区別した(やせこけた古いT型フォードのリジーは例外だった)。

モデリング部門は、車のスキンの下層では同じ標準リグ(骨組)――制御ポイントのついた同じシャシーとサスペンション――を各キャラクターのサイズに合わせて調整したものを基にして、すべての車をつくった。[26] リグは、車の動きを地面に合わせるようにプログラミングされていたため、アニメーターが注意を払わなくても車輪は自動的に接地を保った。また物理法則がプログラミングされていたため、カーブでは傾き、でこぼこ道ではガタガタ揺れた。アニメーターはこの作業もソフトウェア任せにして、キャラクターの演技に集中することができた。

ラセターは、ピクサー作品では初めてレンダリングのプロセスにレイトレーシングを採用することに決め、そのおかげで映画はかつてないほどのリアリズムを実現した。[27] ピクサーなどが通常用いていたほかのレンダリング技法では、反射面には近くの物体の像が映らなかった。それに標準的な手法では、複雑なシーンでリアルな影をつけたり、光がガラスや水などの素材を通るときに正しく屈折させたりすることができなかった。そのため技術担当者は観客が違和感を感じないようなイメージをつくるために、ちょっとした細工を施していた。たとえば『トイ・ストーリー』では、バズのヘルメットが光を反射する場面で、反射の代わりに特殊効果を事実上貼りつけたものをほんの一部だが使っている。

レイトレーシングは、光線を実際とは逆方向に、カメラから光源へとたどることによって描画する方法で、光の効果を正確にシミュレートすることができる。この仮想の光線（視線）が物体の表面――たとえば車体のペイント――にぶつかった地点から、光線を反射させたり透過させたりして、さらに光線を追跡することで、コンピュータが実現し得る最も現実に近いイメージを生成する。この技術は二五年以上前から知られていたが、映画制作ではほとんど使われなかった。なぜならCGの基準から言っても、処理に膨大な時間がかかるからだ（一九九〇年のシーグラフのパネルで紹介されたジョークを一つ。「電球を一つ取りつけるのに、何人のレイトレーサーが必要か？」「一人でいいが、八時間かかる」)[28]。レイトレーシングのせいで、『カーズ』のひとコマ（上映時間にして二四分の一秒分）のレンダリングに、平均すると一七時間もかかった（一週間ほどかかるものもあった）。だがその甲斐あって、コンピュータ・アニメーション映画にはあり得なかった、視覚的な本物らしさがもたらされた。

長期の激務が終わると、スタジオは二〇〇六年三月一一日土曜日にオークランドのアールデコ調の劇場を借り切って、『カーズ』の完成パーティを開いた。クルーは夜中から朝までぶっ通しで騒ぎ、それから待ち通した。公開はまだ何カ月も先だった。

『カーズ』の制作が終わりに近づいていた頃、ひときわ長く複雑な進化を経た別の映画がてんてこ舞いの忙しさを迎えていた。この映画、『レミーのおいしいレストラン』が生まれたのは、ピクサーの監督ヤン・ピンカヴァが、ストーリーの基本的なアイデアを思いついた二〇〇〇年の初めのことだ。「家のキッチンで妻とストーリーの案を出し合ったときのことはよく覚えてるよ」彼は言った。「シェフになりたいネズミ、っていう漠然としたアイデアがいきなり頭に浮かんで、その場でこれはいけると思った[29]」

一九六三年プラハ生まれのピンカヴァは、ソ連によるチェコスロバキア侵攻を受けて一九六九年に家族でイギリスに移住した。ロンドンのアニメーション会社で何年か働いてから、一九九三年にCMの監督としてピクサーに入社した。彼の作品の一つ、リステリンの

CMは、ピクサーに栄えあるカンヌ国際広告祭クリオ賞を初めてもたらした。また彼が監督した一九九七年の短編映画『ゲーリーじいさんのチェス』は、ピクサーの二つめのアカデミー賞短編アニメーション賞を受賞している。その後彼は『バグズ・ライフ』と『トイ・ストーリー2』のアニメーションとストーリーワークにも関わった。

『レミーのおいしいレストラン』の構想は、冒険的とはいかないまでも、大胆な試みだった。それまで映画でネズミを使うのは、主に気味悪さを演出するためだった。七〇年代初めの映画『ウィラード』とその続編『ベン』、一九八九年の『インディ・ジョーンズ／最後の聖戦』などがその例だ。ウォルト・ディズニー自身が手がけた『わんわん物語』でも、赤ちゃんの部屋に忍び込んだネズミは害をなす存在として描かれ、赤ちゃんを守ろうとする犬たちに殺される。キッチンに自由に出入りするネズミを主人公として考えるには、発想の飛躍が必要だった。

ピンカヴァは三月末にストーリーの最初の骨子を完成させ、ピクサーのストーリー部門のジム・カポビアンコと共同で脚本を執筆した。二〇〇三年二月、ピクサーはこの映画を同社の第八作め、そしてディズニーとの契約が切れてから初めて公開する作品として承認した。映画は公開予定時期にちなんで「プロジェクト二〇〇六」というコードネームで呼ばれた。ピンカヴァは脚本家のエミリー・クックとキャシー・グリーンバーグとともに脚本をさらに練り上げた。

「二〇〇四年の夏には、僕はもう長期戦でへとへとで、助けが必要だった」

ピンカヴァにとっては願ってもないことに、一〇月に同僚のボブ・ピーターソンが共同監督として加わった。ピーターソンは社内で万能選手として重宝されていた。声優、脚本家、ストーリー・アーティスト、なんでもござれだ。最近ではアンドリュー・スタントンを手伝って、『ファインディング・ニモ』の脚本の手直しもしていた。

だがピンカヴァが愕然としたことに、スタジオはストーリーの全権をピーターソンに与えた。ピンカヴァはキャラクターやセットのデザインなど、制作準備のその他の側面を引き続き担当することになった。

二〇〇五年六月にピーターソンは、社内でやや茶化して「ブレーン」と呼ばれているグループの会合でストーリーを披露した。これはラセター、スタントン、ピート・ドクター、ジョー・ランフトといった錚々たる監督やストーリー監修者の集団で、定期的に集まって制作中の作品に助言を与えていた。しかしプレゼンテーションは不調に終わり、ラセターは新しいストーリーを失敗作と見なした。

ピーターソンはプロジェクトを去った。ピンカヴァは映画の指揮権を取り戻そうとしたが失敗し、翌年ピクサーをやめた。

ブラッド・バードはブレーンの一人として、映画の進展を最初から折にふれて見守っていた。二〇〇五年七月、待ちに待った休暇の二日めを過ごしていたバードに、今すぐ戻って『レミーのおいしいレストラン』の責任を引き受けてほしいという電話が、ジョブズとラセター、キャットムルから次々とかかってきた。

映画は二〇〇七年夏に公開が予定されていた。バードに与えられた猶予は一八カ月。この間にストーリーを書き直し、制作をおおかた完了しなくてはならない。ラセターが『トイ・ストーリー2』で与えられた時間よりは長かったが、大して変わらなかった。それでも、バードは使える資産を引き継いでいた。キャラクターと最も重要なセットのデジタルモデルは構築済みだった。バードはピンカヴァの考えた主要キャラクターを残すことにした。野心家のネズミのレミーに、レミーと手を組む不器用な雑用係アルフレッド・リングイニ、それに手厳しい厭世的な料理評論家のアントン・イーゴ。またピンカヴァの考えたユーモラスな仕掛けもそのまま使うことにした。レミーがリングイニの頭の上に乗っかり、髪の毛を引っ張って彼の動きを操作するのだ。

バードはレミーの憬れのシェフ、オーギュスト・グストーのキャラクターを故人にした。グストーはテレビの再放送とレミーの想像の中にだけ登場し、『スター・ウォーズ』のオビ゠ワン・ケノービのような、精神的支えの役割を果たすことになった。またレミーの兄と父は残したが、レミーの母やその他のきょうだいとの関係を削ってストーリーを単純にした。「原案の感情的な核が［バードの］趣味に合わなかったんだ」とピンカヴァは言う。

レミーのキャラクターは大幅に変えられた。物怖じしないストレートな性格で、自分の料理の才能と情熱に迷いなく従い、夢の実現を妨げる障害を乗り越えようとするキャラクターになった。そのほかの複雑な側面は削ぎ落とされた。レミーはネズミという アイデンティティと葛藤し、家族の価値観に背き、また敵であるはずの人間の世界に受け入れられたいという願望が無謀であることを自覚しながらも、認められたいと渇望し、キッチンで日陰者として生きることに虚しさを感じている。こういった気持ちが高じて、とうとう「カミングアウト」する、という設定だったんだ。

バードはピンカヴァのストーリーの、一人の脇役に興味をもった。男ばかりの厨房の紅一点、女性シェフのコレットだ。こうした状況は珍しいのだろうかと調べてみたところ、実はそうでないことがわかった。フランスでは、本格的な料理は男の領分と考えられていて、そこに居場所を求める女性は、高い壁を乗り越えなければならないのだという。バードはコレットに当初よりずっと大きな役割を与えた。希望をくじかれたコレットは、やがてレミーとリングイニと手を結ぶようになる。

制作前の準備段階で、映画のチームはメンバーの入れ替わりを経ながらも、今ではピクサーのトレードマークとなったリサーチを行なった。まずナパ・ヴァレーの名店、フレンチ・ランドリーの厨房の様子をしっかりビデオに撮り、ピンカヴァとプロデューサーのブブラッド・ルイスは、そこで見習いとして働いた。のちには正確を期するために、バードと数名のクルーがパリまで出向き、六日間かけて町並みやレストランを見学した。効果チームは、ネズミたちが雨水管の濁流に流される、初めのシークエンスの下調べとして、サクラメント郊外を流れるアメリカン川の急流下りに挑戦した。

バードのストーリーは、『リトル・マーメイド』以降の長編アニメーションにおなじみの「自分に自信を持とう、家族をたたえよう」といったテーマを、ある程度踏襲していた。だがバードは『Mr.インクレディブル』でやったように、映画の構想をより冒険的な方向に向けた。誰もが才能に恵まれているとは限らない。ある領域では自分に自信をもつべきでない人（やネズミ）もいる。

何より、『レミーのおいしいレストラン』の脚本が掲げた信条は、どんな分野であっても、創造的人材が存在するならば、その人材は大切なものとして扱われなくてはならない、というものだった。それをおろそかにすれば、衰退がやってくる。たとえば創設者の名声に寄りかかって、過去のアイデアを使い回すだけのレストランは、ゆっくりと、しかし確実に廃れるだろう。

このシナリオは、ラセターとバードがカルアーツ卒業後に経験したウォルト・ディズニー・スタジオを、また彼らの目から見たマイケル・アイズナー体制末期のディズニーを表す隠喩だった。アイズナーの後継者は、ラセター率いるチームをディズニーの厨房に呼び戻すために、どれだけの代償を支払い、どのようなリスクを取る用意があるのかを、まもなく決断することになる。

ウォルト・ディズニー・カンパニーがピクサーを買収するという案は、それまで何度も浮上していたが、持ち上がるなり却下されるのがつねだった。ピクサーがまだルーカスフィルムの一部門だった八〇年代半ばにも、ジェフリー・カッツェンバーグが検討し、却下している。また『トイ・ストーリー』と『バグズ・ライフ』の端境期の一九九七年初めにも、カッツェンバーグの後任のジョー・ロスが、買収案をアイズナーに売り込んだことがある。そのうえロスは、当時まだアップルに返り咲いていなかったジョブズを、アイズナーの直属の部下となるディズニーの社長兼COOとして迎え入れるべきだと強く勧めた。[30]アイズナーはこの案を一顧だにしなかった。バロンズ誌の二〇〇三年一〇月号のカバーストーリーは、ピクサー株に悲観的な見解を示し、買収はありそうにないと断言している。「五〇億ドル超とも言われる価格が、ディズニーのバランスシートを圧迫し、利益を希釈するおそれがあるからだ[31]」

アイガーは二〇〇五年九月に香港ディズニーランドの開会式に出席してから、買収を本気で考えるようになった。パレードの行進を見ながら、「ここ一〇年間のディズニーのアニメーション作品から生まれたキャラクターが、ピクサーのものを除けば、一つもパレー

ドに出ていないことに気づいた」という。(32)

この経験を通して、アイガーはウォルト・ディズニー・カンパニーがアニメーション映画では落ち目になっていることを悟った——しかもそれはディズニーの最も重要な事業で、かつては不朽の名作を生み出し、テーマパークのアトラクションや商品にキャラクターを提供し、音楽部門に数多くの楽曲をもたらし、そして何よりもディズニーをディズニーたらしめていた事業だった。

アイガーの懸念はそれだけではなかった。ディズニーの市場調査が、気がかりな傾向を示していた。一二歳以下の子をもつ母親たちは、いまやディズニーよりもピクサーのブランドを高く評価していたのだ。(33)

パレードから数週間後の一〇月二日に開かれたディズニー取締役会の通常会合で、アイガーは初めてピクサー買収を提案した。(34)取締役会の承認を得たアイガーは直ちにジョブズに連絡を取った。一〇月から一一月にかけて、二人はこの動きのよい点、悪い点を徹底的に洗い出した。そしてエド・キャットムル、ジョン・ラセターをはじめ、両社の幹部を巻き込んで、買収が実際に起こった場合、とくにピクサーの創造性あふれる文化を壊さないために、統合後のアニメーション・スタジオがどのような形で運営されるべきかという点に重点を置きながら、検討を重ねた。こうしたやりとりを終えて初めて、両社は買収価格に関する協議を始めた。

香港で真実を悟ってから四カ月たった二〇〇六年一月二四日火曜の夕方、アイガーは対応策を明らかにした。ディズニーは、自社株二億八七五〇万株（当時約七四億ドルに相当）の株式交換でピクサーを買収することで合意した。厳密に言えば、買収には株主による承認が必要だったが、ジョブズがピクサー株の四九・八％を所有していたため、問題となるのは彼の票だけだった（次の大株主、ロサンゼルスに本拠を置く投資会社TCWグループの保有率は一五％に過ぎなかった）。

ディズニーとピクサー・アニメーションは、バーバンクとエメリーヴィルのそれぞれのスタジオに留まるが、キャットムルが合併会社の社長に、ラセターが新会社のクリエイティブ担当CEOに就任することになった。またラセターは、ウォルトが一九五二年にディズニーランドを設計、建設するために設置した部門で、現在ディズニーの世界中のテーマパークその他の施設を担当している、ウォルト・ディズニー・イマジニアリングの主席制作アドバイザーを兼務する。この肩書きは、ジャングル・クルーズの元スキッパーであり、テーマパークの新しいアトラクションと新作映画のタイアップを提唱していたラセターの希望を尊重して与えられたのだろう。

発表の翌日、キャットムルとラセターはバーバンクに飛び、ディズニー本社の第七スタジオに向かった。だだっ広い建物の中で、ディズニーのアニメーション・スタッフの一団五〇〇名ほどが、新しいボスに紹介されるのを待っていた。二人が人混みをかき分けて前に出ると拍手喝采がわき起こり、アイガーとクックが二人を紹介すると拍手はさらに大きくなった。ラセターは、二三年前に自分を解雇したスタジオの救世主として歓迎されたのだ。

ラセターの目を借りて商業的成功を収めることを、ひいては過去数年の度重なるレイオフに終止符を打つことを、この場にいたディズニー社員が望んでいたのはまちがいない。だがこの拍手は経済をはるかに超えたものに送られていた。ラルフ・グッゲンハイムが九〇年代初めに『トイ・ストーリー』の人員集めをしたときに気づいたように、創造性を問われる仕事に携わる人たちは、重要なプロジェクトに関わることに価値を置いている。長編アニメーションで言えば、よく知られた映画や、同業者が一目置く映画、友人や家族の間で人気の高い映画、記憶に残る映画、将来金字塔的作品と呼ばれるであろう映画だ。ラセターなら、ディズニー・アニメーションをかつてのような重要な映画に戻せるに違いない。

この数年前、ロイ・ディズニーに賛同して、ディズニー従業員の公開書簡を共同執筆したデイヴ・プリキスマは、新体制に対する思い入れ――控えめに言えば――を表す新しい手紙を、インターネット上に掲載した。

「恐怖の塔《タワー・オブ・テラー》」の壁は崩壊し、「オーガ王」はもうウォルトの王国を脅かしていないようだ！　人民が王国を奪還し、暴君たちの生首が通路に転がった。ゆるぎない、堅実な未来を確保するために、慈悲深い新しい指導者たちが権力の座につけられた。幸せな小さい王国を、再び太陽が照らし始めたようだ。(35)

買収が完了するのは数カ月先だったが、ラセターとキャットムルはさっそく部門を始動させた。まず最近解雇されたディズニー・アニメーションの逸材たちを呼び戻した。たとえば『ヘラクレス』、『アラジン』、『リトル・マーメイド』の共同監督を務めたロン・クレメンツとジョン・マスカー、『ポカホンタス』の共同監督エリック・ゴールドバーグなどだ。それから『トイ・ストーリー3』の企画が進められていたサークル・セブン・スタジオを閉鎖し、一六八名のアニメーターとスタッフのほとんどを、ディズニーのほかのアニメーション・プロジェクトに配置転換した。

買収は五月五日にピクサー株主の承認をもって正式に完了した。ピクサーが一〇億ドルを上回る現金を保有していたため、ディズニーが実際に支払った金額は六三億ドルだった。ピクサーの収益を考えれば法外ではないが、それにしても莫大な金額である。ちなみにこの額は、リゾート、ABCやESPNをはじめとする放送網やケーブルテレビ網、消費者製品のライセンス事業、映画ライブラリなどを含む、ディズニー帝国全体の時価総額の一〇％以上に相当した。そのうえディズニーがピクサーの既存の映画とキャラクターの著作権をすでにもっていたことを考えれば、六三億ドルで手に入れたのは、主にジョン・ラセターをはじめとするピクサーの人材の働きだけ、ということになる。そしてその人材のうち、雇用契約で拘束されていたのは、ラセターただ一人だった。一般的な基準からすれば、ジョブズはアイガーとディズニーの株主から、金を巻き上げたことになる。

だが一般的な価値基準にとらわれたのでは、ウォルト・ディズニー・カンパニーにとってなぜピクサーがこれほど重要なのかを理解できない。合併を正当化するためにきまって「相乗効果《シナジー》」という考えが持ち出されるが、この件に関して言えば、単なる言葉の綾ではない本物の相乗効果があった。アニメーションはウォルト・ディズニー・カンパニーの心臓であるだけでなく、血液であり循環系でもある。買収完了から数週間たって、アイガーはアイズナーがホストを務めるCNBCの新番組に出演し、買収を敢行した理由の一つとして、この依存関係を指摘した。[36]

アイズナー　私にはどうしてもできなかったピクサー買収を、君はスティーヴ・ジョブズ相手にやったね。買収に踏み切ったのは、アニメーションが将来を左右する鍵だと思ったからだ。それが理由だったのだろう、だって高かったからね？

アイガー　そう……アニメーションがディズニーに途方もない価値をもたらすことはご承知ですよね。トップとしてそれを経験されていますから。あなたの時代の『リトル・マーメイド』に始まって、『ライオン・キング』はもちろん、その後の映画でもずっと経験された通りです。『ライオン・キング』はいろんな点で、その最高峰だった。こういった映画がもたらし得る価値は、莫大です。しかもわれわれの世代どころか、何世代にもわたって永続する価値なのですからね。

去年は、一九五〇年に公開した『シンデレラ』のDVDを再発売しました。世界全体で、たぶん一〇〇〇万枚を超える売上があったんじゃないかな。

そして私はあなたや〔キャピタル・シティーズ／ABCの会長兼CEOの〕トム・マーフィーなどから、会社の能力の境界を知ることの大切さを学びました。ディズニーにはアニメーションの才能がある。でも同時に、ディズニーには優れた指導力が必要だと痛感したんです。私は自分がアニメーションで指導力を発揮できるとは思わない。だがピクサーの面々にならそれができると確信しました。それに彼らには非凡な才能もある。

そんなわけで、ご存じのように高い買い物でしたが――これでも控えめな言い方なんでしょうがね――ウォルト・ディズニー・カンパニーの株主にとって、長い目で見て正しい選択だと思ったのです。

アイガーはほどなくして、ピクサーの新作映画に観客が反応する様子を、実際にその目で見る機会を得た。買収完了から一月ほどたった六月九日に『カーズ』が公開されたが、興行的にも、批評的にも、可否が相半ばする結果となった。ただし、これはあくまでピクサー自身の前作と比較した場合の話だ。公開週末の興行収入は六〇〇〇万ドルと、ピクサーにとっては『トイ・ストーリー2』以来の最低記録となり、ピクサー始まって以来の興行成績不振に終わるのではという推測を呼んだ。推測はある意味で的中した。『カーズ』は『バグズ・ライフ』と『トイ・ストーリー』以降のピクサー映画の中で、実際に国内外ともに最低の興行収入を記録した。ラセターの題材の選び方が、この結果に関係していたことは否めない。カーレースは少女より少年受けするテーマだったし、とくにアメリカ国外の観客にとってNASCARのレースは、F1（フォーミュラワン）に比べ知名度が低かった。ともあれ、期待はずれと言っても、相対的なものでしかない。『カーズ』はピクサーの基準から言えば苦戦したが、それでもディズニーの『パイレーツ・オブ・カリビアン／デッドマンズ・チェスト』に次いで、その年の興行成績第二位となった。

批評に関して言えば、『カーズ』はピクサー映画として初めて、評論家やインターネットの映画評論サイトから辛口の反応を洪水のように浴びせられた。[37] レースシーンの迫力や、砂漠の景観の美しさと見事な構図は申し分なかったが、ピクサーの他の作品に見られたきらめきが脚本に欠けていると感じた人が多かった（ライトニング・マックイーンが、初めてサリーを見て恋に落ちるシーンで叫んだ言葉は「ほう、ポルシェだ！」だった）。映画批評をまとめて公開しているサイトのロットントメイトーズ・ドットコムで、『カーズ』はピクサー映画として初めて支持率が九〇%を下回った（七六%）。シリコンバレーの地元紙サンノゼ・マーキュリー・ニューズは「退屈を感じた初めてのピクサー映画だった」と嘆いた。フィラデルフィア・インクワイアラー紙は「ピクサーはとうとう駄作を世に出すようになった」と宣言した。アニメーション評論家で、『Mr.インクレディブル』ファンのマイケル・バリアーは、「陳腐な表現、不合理な結論、人種その他の偏見」を理由に、『カーズ』を「明らかに最悪のピクサー映画」と片づけた。だが賛否は分かれたものの、『カーズ』は同じ年に公開された他のアニメーション映画に比べ、批評に関して言えばまだ健闘した方だった。

実のところ、アニメーション映画の公開本数や、アニメーション映画に参入する制作会社の数は、うなぎ上りに増えていた。『トイ・ストーリー』公開後の一〇年間では、アメリカで一年間に公開されるコンピュータ・アニメーション映画はせいぜい四本で、ほとんどがピクサー、ドリームワークス・アニメーション、ブルー・スカイ・スタジオの作品だった。ところが二〇〇六年になると市場は急に主に子ども向けのコンピュータ・アニメーション映画であふれ、航空交通管制が必要なほどになった。『カーズ』のほか、アニマル・ロジックが制作した『ハッピー フィート』、ブルー・スカイ・スタジオの『アイス・エイジ2』、DNAプロダクションの『アントブリー』、ドリームワークス・アニメーションの『森のリトル・ギャング』、アードマンの『マウス・タウン／ロディとリタの大冒険』、ニコロデオンの『バーンヤード／モーモー牧場は大騒ぎ!?』、ソニー・ピクチャーズ・イメージワークスの『モンスター・ハウス』『オープン・シーズン』、そしてCOREフィーチャー・アニメーションが制作し、ディズニーが配給した『ライアンを探せ！』など。さらに多くの制作会社が乱戦に加わろうとしていて、翌年の公開作品のリストはこの年と同じか、それよりも長くなりそうだった。

この傾向を、商業主義の流れとして嘆くのは簡単だ。ハリウッド中の重役が、金のにおいを一斉にかぎつけたのだと。確かにその通りだ（「リスクは低く、将来性は驚くほど高い」と、ある新しいスタジオの社長が、ファスト・カンパニー誌に語っている）[38]。だがこの傾向は、エド・キャットムル、アルヴィ・レイ・スミス、ジョン・ラセターをはじめとするピクサーの面々が、二〇年来温めてきた構想の正しさを改めて示す証拠でもあった。かつては夢物語だった3Dコンピュータ・アニメーション映画が、いまや家庭向けエンターテインメント映画の主流を代表するようになっていた（もちろん、伝統的なセル・アニメーションの長編映画が復活を遂げ、コンピュータ・アニメーションと共存する可能性も残ってはいる）。

またコンピュータ・アニメーション映画の増加は、芸術的表現と起業家精神の門戸が開かれつつあることを示していた。デジタル制作での技術進歩が、実写映画制作の扉を大きく押し開いたように、技術進歩はコンピュータ・アニメーションの制作を、年を追うごとにますます身近なものにしていた。

もちろんコンピュータ・アニメーションは、今も才能と一意専心が求められる芸術形態であって、万人に手の届くものではない。だがツールが入手しやすくなったことで、新たな可能性が広がった。草創期のピクサーが、裕福なパトロンたち——アレグザンダー・シュアー、ジョージ・ルーカス、スティーヴ・ジョブズ——を渡り歩かなければならなかったのに対し、二一世紀初めの進取的な芸術家は、それほどの支援を必要としない。アニメーターの使うワークステーションのハードウェアとソフトウェアは、かつては大手スタジオや特殊効果制作会社が一手に握っていたが、今やよい中古車一台分の金額で手に入るようになった。ピクサーがウォルト・ディズニー・カンパニーの至宝として新しい道を歩み始めた時点で、いずれ新手のライバルたちとの衝突を避けて公開日を操作しなくてはならない日が来るのは、十分予想されたことだった。より正確に言えば、今後ピクサーは三〇年前の自分たちにそっくりのライバル、ガレージで夢を追いかける人たちの猛追を受けることになるだろう。

エピローグ

一九九〇年にピクサーからPIC部門を買収した企業は、結局システムを一台も構築することがなかった。PICの性能は、やがて並みのパーソナル・コンピュータの性能にも劣るようになり、現在も稼働しているマシンは、知られている限りでは存在しない。カリフォルニア州マウンテンヴュー市にあるコンピュータ歴史博物館が、PIC-Iをコレクションとして一台所蔵している。

ピクサーはフォトリアリスティック・レンダーマン、その後短くレンダーマンと改称された製品を、今も販売している。この製品がピクサーの収益に占める割合は五％足らずだが、そのわりに大きな影響力を誇っている。ILMやウェタ・デジタルなどの制作会社のデジタル特殊効果は、それ自体がコンピュータ・アニメーションの一形態をなしていて、レンダーマンや少数の競合製品を使ってレンダリングされている。実際、デジタル特殊効果があまりにも一般化したために、一作めの『スター・ウォーズ』で使うコンピュータ制御モデルを制作する目的で設立されたILMが、需要の少なさから物理モデルの制作から完全に撤退したほどだった。ルーカスフィルムは二〇〇六年六月に、モデルを使った効果の制作班を、従業員に売却すると発表した。

ピクサーが二〇〇六年に公開した『カーズ』の評判は、時を経ても高まることはなく、公開数年後にはインターネット掲示板の映画ファンの嘲笑の的になっていた。おもしろみがなく退屈な脚本だと感じた人が多かった――批評家の評と同じだ。それでも最後に笑ったのはウォルト・ディズニー・カンパニーだった。ディズニーの消費者製品部門にとって、『カーズ』には金メッキが施されていたようなものだった。ヴァラエティ誌の推定によれば、『カーズ』製品の売上――リュックサックから弁当箱、パジャマ、ベッドのシーツに至るまで――は、映画公開後二年間で五〇億ドルに上ったという。ロバート・アイガーは二〇〇八年五月に投資アナリストとの会合で、『カーズ』のキャラクター商品事業は『スター・ウォーズ』に次ぐ成功を収めたのではないかと述べている。(1)

ディズニーは、このうちライセンス収入という形でいくらの金額を得たのかを明らかにしていないが、『カーズ』のエンジンを走らせておく意向は隠そうとしなかった。『カーズ』は製作面から言えば続編をつくるべき映画として最もあり得ない候補だったにもかかわらず、『トイ・ストーリー』以降、初めて続編がつくられる映画となった。おまけに『カーズ』はピクサー映画として初めてディズニーランドにアトラクションをもつことになった。「カーズランド」は、アナハイムのディズニーランド・リゾート内にあるディズニー・カリフォルニア・アドベンチャー・パークに二〇一二年にオープン予定である。『レミーのおいしいレストラン』は二〇〇七年六月二九日に公開され、おおむね熱狂的な批評に迎えられた。ウォール・ストリート・ジャーナル紙のジョー・モーゲンスターンは、この映画が「『Mr.インクレディブル』以降の家族向けエンターテインメント映画に見られなかった、すばらしくレベルの高い創造性を維持している」と述べた。(2) ただしアニメーター兼ブロガーのマイケル・スポーンのように、キッチンをネズミが走り回るという構想そのものに嫌悪感を覚え、どれほどアニメーションや脚本がすばらしくても、映画を楽しめなかった少数派もいた。

この秋ピクサーは『無限のかなたへ！』(*To Infinity and Beyond!*)と題した回想録を、卓上用豪華本としてクロニクル・ブックスから出している。文章は社内で執筆され、広報的観点から見た社史を紹介している――当然のことだ。重要な人物や出来事が抹消され、スティーヴ・ジョブズはピクサーを買収したその瞬間から、ピクサーを長編映画の制作会社にする構想をもっていたと書かれている。その一方で、ドリームワークス・アニメーション社長のジェフリー・カッツェンバーグが非難され、彼がディズニーにいた頃に起こった、『トイ・ストーリー』の開発段階でのストーリーをめぐる混乱が、彼一人の責任であるかのように書かれている。ピクサーにアニメーション映画への入場証を与えたのがカッツェンバーグだったことを考えれば、このような扱いはいささか不当だろう。

ピクサーの九作めとなる映画『ウォーリー』で、アンドリュー・スタントンは『ファインディング・ニモ』の海中世界から環境問題に視点を移した。この映画では、地球は廃棄されたゴミに埋もれている。映画のタイトルとなったキャラクターWALL・E（ウォーリー）は、ゴミを処理するためにプログラミングされたロボットの最後の一台だった。この荒廃をもたらした人間たちは地球を離れ、いつか帰れる日が来るのを贅沢な宇宙船で待っていた。

スタントン自身は、『ウォーリー』はメッセージ映画ではないと否定しているが、荒廃した地球や自然回帰による人間救済というテーマにメッセージが潜んでいるのは明らかだ。『ウォーリー』は環境破壊、とくに大量消費の使い捨て社会に警鐘を鳴らした。この映画で究極の悪者とされたのは、スーパーマーケットのウォルマートやサムズ・クラブを思わせる巨大小売チェーン、BNL（バイ・アンド・ラージ）社だった。

ストーリーの初期段階に、スタントンはこの映画をウォーリーがおかしなゼリー状のエイリアンに出会うコメディとして構想していた。ゼリー状のエイリアンの制作は二〇〇五年まで続いた。しかしその後スタントンは方向転換を図り、地球にやって来たイヴというロボットに対するウォーリーの感情を中心に据えてストーリーを書き直した。『ファインディング・ニモ』のドリーと同様、イヴの役割も旧約聖書からヒントを得ている。あるストーリー会議で、イヴにノアの方舟のハトの役割を担わせてはどうかというアイデアが出た。大地に再び動物が住めるようになったことを示す植物を探すために放たれたハトだ。またイヴという名が示すように、彼女は人間を再び地球に迎える手伝いをするウォーリーの女房役を務めている。

ウォーリーは二〇〇八年六月二七日に公開され、『トイ・ストーリー』以降のピクサー映画としてはおそらく最も愛情のこもった評を受けた。批評家は競い合うようにして好意的な批評を寄せた。いくつか例を挙げると、ワシントン・ポスト紙は「構想、実行、メッセージにおいて最高の映画である」と評し、ニューヨーク・ポスト紙は「いつの日か大学の講座がこの映画に捧げられる日が来るだろう」と予言した。ローリング・ストーン誌は「純粋な高揚感で満たされる」映画だと言い、ウォール・ストリート・ジャーナル紙は『ウォーリー』をこの年最高の映画に選出した。

しかし『ウォーリー』は興行成績的にはピクサーの最高作とはほど遠く、『カーズ』とほぼ互角だった。ドリームワークス・アニメーションが同じ年の夏に公開した『カンフー・パンダ』は、世界中でそれよりずっとよい成績を挙げた。『ウォーリー』がこれほど熱狂的な批評を受けながら、大した興行成績を挙げられなかったのは、実に不思議だった。先鋭的な自主制作映画ならまだしも、『ウォーリー』はウォルト・ディズニー・カンパニーの肝いりの映画だった。成績不振の理由は、子どもや家族連れに不評だったことにあるのかもしれない。『カーズ』が最も子ども目線のピクサー映画だというのなら、『ウォーリー』はペースにおいても雰囲気においても最も大人向きの映画といえるかもしれない。『ウォーリー』は優れた映画だったが、世界最大の消費者製品企業ディズニーが、消費者主義を痛烈に批判する映画を公開するのは、どこか違和感があった。実際、ディズニーのマーケティング・パートナーには、ほかでもない会員制スーパーマーケットのサムズ・クラブが名を連ねていた。二八世紀になって地球のゴミ集めをするインテリジェントロボットが、『ウォーリー』のケーキの飾りやライトアップ・スニーカー、音楽に合わせて踊るスピーカー・ロボット「アイダンス・ウォーリー」を見たら、いったいどう思うだろう？*

ある意味でピクサーは『ウォーリー』によって初心に返ったとも言える。この映画には、ジョン・ラセターとエド・キャットムルのコンピュータ・アニメーションに対する初期の見識が刻み込まれているのだから。

『ウォーリー』のオープニングに一九六九年公開のミュージカル映画『ハロー・ドーリー！』の懐かしいメロディーを使う――またこの映画の一場面をロボットの物語の重要な部分にする――というスタントンの選択は、当初不思議がられた。『ハロー・ドーリー！』がこうしてSF映画に使われたのは、スタントンが高校時代ミュージカルの制作に関わっていたことも関係があるかもしれない。しかしこの選択には、『ウォーリー』のほかの多くの部分と同様、別の影響が表れていた。それは、ラセターが初期にピクサーに植えつけた、映画づくりに関する考え方である。

コンピュータ・アニメーションという媒体が生まれてまだ間もない頃、シーグラフで上映された作品は、CGの力を利用して斬新で抽象的なイメージを多用したものが多かった。だがラセターの方針は逆だった。彼は短編映画や『トイ・ストーリー』にデスクランプ、ボール、スノードーム、おもちゃといった、見慣れたものをたくさん登場させた。新しい媒体は身近な世界に根を下ろしていてこそ、観客に受け入れられると、彼は信じていたのだ。

彼がこう考えるようになったのは、兄のジム・ラセターと交わした会話が大きい。高校時代、ジョンよりずっと目立つ存在だったジムは、一九九八年にエイズで亡くなるまで、家具とインテリアのデザイナーとして順調なキャリアを歩んでいた。ジムは「型破りな」布地を使って伝統的なスタイルの洋服をつくるか、伝統的な生地を使って型破りなものを

＊『ウォーリー』によって描き出された見境のない消費者主義と、そのなれの果てのゴミの山の光景は、二〇〇六年のカルトコメディ『26世紀青年』の模倣ではないかと一部のブログで噂された。実際には、『26世紀青年』が公開された時点で、『ウォーリー』のこうした側面はすでに存在していたし、ゴミの塔はデザインが終わっていた。

つくるのがいいんだと言った。「そういうデザインにすれば、共感できるとっかかりができると兄は教えてくれた」とラセターは言う[3]。「でもどっちもやろうとすると、つまりとんでもない布地を使ってとんでもないパターンをつくろうとすると、絶対に受け入れてもらえない」

『ウォーリー』に『ハロー・ドーリー！』のシーンや音楽が使われているおかげで、観客は古くてなじみ深いものに共感し、映画の一風変わった設定やあらすじをすんなり受け入れることができた――『2001年宇宙の旅』で流れたシュトラウスの「美しく青きドナウ」にも、この効果があった。

『ウォーリー』には、新旧のものを組み合わせるというジョン・ラセターの哲学のほか、キャットムルが初期からもっていた「知覚の細部にこだわることが重要だ」という洞察が活かされている。チームはこの考えに立って、ルーカスフィルムではモーション・ブラーの問題に対処し、『モンスターズ・インク』では毛のセルフ・シャドウにこだわり、『Mr.インクレディブル』では「不気味の谷」現象を避けた。このような問題を放置すれば、観客は何かがおかしいことを無意識のうちに感じとってしまう。こうした効果は、観客が意識の端でしか知覚できないものだが、キャットムルは昔から非常なこだわりをもっていた。

彼の洞察は『ウォーリー』にも活かされた。この映画はピクサーの初期の作品に比べてもさらに高いリアリズムを実現しているが、それはラルフ・エグルストンのデザインチームが制作したとてつもなく精緻で薄汚れたセットや街並みのほか、もっと目に見えにくい要因のおかげでもあった。なかでも重要な要因が、実写映画のカメラの効果を再現するピクサーのソフトウェアが増強されたことだ。

『ウォーリー』のテクニカル・ディレクターは、『スター・ウォーズ』第一作や『未知との遭遇』など、古典的なSF映画で使われた一九七〇年代のパナビジョン製レンズをつけたカメラを使ってテストを行ない、観客が実写映画で見慣れている歪みや欠陥を研究した。たとえばレンズフレアやブリージング（レンズの焦点を前後に動かす際に起こる微妙なズレ）、樽型ひずみ（広角ショットで見られる、ほとんど知覚できない歪み）などだ。ソフトウェア・チームは収差のある実写用機器を模倣するためにカメラのコードを書き直した。

また実写映画では、レンズとフィルムの距離が三〇センチかそれ以上離れていることが多い。そのためカメラがパンしたり上下に動いたりすると、見え方が変わる。それまでのピクサー映画では、カメラの動きは変化に乏しく、昔の映画のビデオ版に見られるパンスキャンよりややましという程度だった。この欠点に気づいた観客はほとんどいなかった。だが『ウォーリー』のために開発されたバーチャル・カメラは本物のカメラのような立体的な動きができ、おかげで普通の観客にはほとんど実物と見分けがつかないほどのリアリズムを実現できた。

『トイ・ストーリー』以来ピクサーのストーリー部門長を務め、ピクサーの最初の七作品で声優も務めたジョー・ランフトは、『カーズ』制作中の二〇〇五年八月一六日の午後に亡くなった。乗っていた車がショアライン・ハイウェイの急カーブを曲がりきれず、崖から太平洋に転落した。ランフトはモザイク多文化財団の静養所に向かう途中だった。長年にわたってボランティア相談員として、財団の静養所や夜の会合に足を運び、問題を抱える若者たちに手をさしのべてきた。

「〔静養所の運営は〕ときに難しいことがある。あまりにも多くの人たちが、あまりにも多くの問題を抱えている。とくにスラム街の黒人や、ラテンアメリカ系の若者たちだ」とランフトの仲間の相談員、ルイス・J・ロドリゲスは言う。「ジョーは私たち全員と一緒になって、悩み、苦しんでくれた」

二人の子をもつ四五歳の父親は、つねに寛大で勇気を与えてくれた存在として、ピクサーの同僚たちの記憶に刻まれている。ラセターは彼に『カーズ』を捧げた。

二〇〇七年にフォーブズ誌はスティーヴ・ジョブズを、アップルから授与された株式の評価益に基づき、全米上位五〇〇社のCEO報酬ランキングの第一位に選んだ。(4) ジョブズはウォルト・ディズニー・カンパニーの取締役会にも名を連ねていた。しかし、彼がかつてキャットムルとスミスと出会い、ルーカスフィルムのコンピュータ部門買収について熟考したウッドサイドの旧宅は、彼の所有のもとで朽ち果てていた。

ジョブズは取り壊す気でいたのだが、近隣住民から計画に反対する声が出ると、野ざらしにしたまま放置した。[5] 内装は水浸しで、カビだらけだった。蔓がしっくい塗りの壁をはい上がり、中にまで侵入していた。

この家の隅々にまで刻みつけられていたのは、彼の最も不遇な時代の思い出だった。家を購入した数カ月後に、アップルに解雇されるという屈辱を受け、ここで屈辱をかみしめながら、ピクサーとネクストの赤字出血が続くつらい年月を暮らした。彼がこの家を去ったのは、運命に転機が訪れようとしていたときだった。絶対に手放すべきでない宝を手中にしていることに気づいて、マイクロソフトをピクサーから追い払った時だ。

解体許可を求める訴えが裁判で退けられると、ジョブズは二〇〇六年から二〇〇七年にかけて、最終的にはカリフォルニア最高裁判所まで上告したが、結果は敗訴となった。近隣住民から、家を分解して運び、別の場所に建て直したいという申し出もあったが、ジョブズは断った。何としても家を壊してしまいたかったようだ。

ピクサーを去ったアルヴィ・レイ・スミスは、グラフィックス・ソフトウェア会社アルタミラを創設し、マイクロソフトに売却したが、その後の六年間はマイクロソフトにグラフィックス・フェローとしてとどまった。二〇〇〇年にマイクロソフトのストックオプションで富を手に入れて引退し、現在はシアトルとベインブリッジ島の家を行き来する日々を送っている。二〇〇六年二月には、全米技術アカデミーの会員に選出された。

エド・キャットムルは六〇歳を迎えたとき、一つどころか、二つもの大きな責任を引き受けた。ディズニーとピクサーの合併したアニメーション・スタジオの社長に就任しただけでなく、妻のスーザンとともに男の赤ちゃんを養子に迎え、再び父親になった。

二〇〇八年一二月末に、ジョン・ラセターはニューズウィーク誌の「世界で三五番目に影響力のある人物」に選ばれた（元パトロンのスティーヴ・ジョブズは三四位だった）。ラセターの順位は雑誌ジャーナリズムの気まぐれによるものだったかもしれないが――何しろオプラ・ウィンフリーやローマ法王より順位が上なのだ――彼が選ばれたのは、映画愛好家がピクサーに強い愛着を感じていたためであり、ラセター自身がアニメーション業界でウォルト・ディズニーに次ぐ有名人になったためでもあった。

ラセターは今、カリフォルニア州グレンエレンに構える邸宅の敷地内に、一九〇一年製の蒸気機関車と線路が設置されるのを心待ちにしている。ラセターは昔からディズニーの伝説的アニメーター、オリー・ジョンストンとウォード・キンボールと鉄道模型仲間で、ジョンストンから機関車を、キンボールから七〇年物の車両基地を譲り受けている。彼のこれまでのキャリアが指針となるなら、いつかピクサーは、機関車が人生の教訓を学んでいく様子を描いた作品を発表するはずだ――ラセターがふさわしいストーリーを思いつきさえすれば。ディズニーで指導者の役割を任されてこそいるが、『王様の剣』を観たことをきっかけにその才能で脚光を浴びるようになった少年が、二度とメガホンを取らないとはとても思えない。

訳者あとがき

ピクサー・アニメーション・スタジオは、その華々しい業績とは裏腹に、企業組織としてどのように運営されているかは、意外と知られていない。ピクサーが生き馬の目を抜くハリウッドの映画界で成功を続けられるのは、一体なぜなのだろう。

本書は草創期からのピクサーの足跡をたどった、いわば非公式な社史である。CG研究の第一人者であり、その技術を駆使して長編映画を作るという夢を六〇年代から持ち続けた、社長のエド・キャットムル。控えめだが芯の強いかれが磁石となって個性豊かな人材を引き寄せ、ピクサーの文化を作り上げていく。第一級の科学者だが機を見るに敏、要所要所で適切な舵取りをしてきたアルヴィ・レイ・スミス（ジョブズと決裂、退社後は、ピクサーの公式記録から抹消されてしまう）。ディズニーに解雇されたが、ある意味ではディズニーの伝統の忠実な継承者であるジョン・ラセター。アップルを追われ、一発屋の烙印をぬぐい去るために、意地でもピクサーを失敗させるわけにいかなかったスティーヴ・

ジョブズ。ピクサーに映画制作への道を開くが、後に敵対者となるジェフリー・カッツェンバーグ。それに最高の映画を作るという夢を分かち合い、優秀だからこそ自らに高いハードルを課し、努力せずにはいられない社員たち。こうした色彩に富む役者たちの肉声を交えながら、ピクサーの軌跡が鮮やかに描き出されていく。

ピクサーが創造性を促すために実践している慣行は、本書の随所に読み取れる。信頼関係に基づく仲間文化を醸成すること。才能を希有なものとして尊重し、逸材にできるだけ大きな裁量を与えること。コミュニケーションが活発な風通しの良い環境を作ること、等々。

だがピクサーの成功は、こうした方程式に導かれた予定調和的なものではない。むしろ当初は挫折と試行錯誤の連続だった。主に財政的な理由から、本来の中核能力（CGアニメーションの制作）から外れた、コンピュータのハードウェア企業、ソフトウェア企業という仮面をまとわざるを得なかった時期も長い。そうして技術が夢に追いつくまでの間、世界級のスタッフを苦心して温存しながら、何とか生き延びてきたのだ。本書で一番胸を打たれたのは、時にはパトロンたちの意向や運命に翻弄されながらも、夢と、確かな才能、そして挫折を知るがゆえの妥協のない努力によって、がむしゃらに突き進んでいく一人ひとりの姿だった。ディズニーの失った魂を、新しい媒体の力を借りてよみがえらせたピクサーが、ついにはディズニーによって本体の時価総額の一割を超える金額で買収され、救世主として迎えられるという、一つのクライマックスを迎えたところで本書は終わっている。

アニメーションとはただキャラクターを動かすことではなく、魂を吹き込むこと、そして技術よりも何よりもストーリーが大切だというラセターの哲学を体現した作風、それが「ピクサー・タッチ」(原題)なのだろう。

最後に、この素敵な本を翻訳する機会を与えて下さり、編集作業を通じて大変お世話になった早川書房の小都一郎さんに、この場をお借りして心より感謝申し上げる。

＊＊＊

本書(単行本『メイキング・オブ・ピクサー　創造力をつくった人々』*The Pixar Touch: The Making of a Company*)が刊行されたあとも、ピクサーの快進撃は続いている。『ウォーリー』は批評家の絶賛を浴び、二〇〇八年度アカデミー賞でもピクサー作品として過去最多の六部門でノミネートされ、うち長編アニメーション賞を受賞した。二〇〇九年の『カールじいさんの空飛ぶ家』と二〇一〇年の『トイ・ストーリー3』は世界的大ヒットを記録、ともにアカデミー賞長編アニメーション賞を受賞しただけでなく、実写映画もすべて含めた最優秀作品賞にもノミネートされるという快挙を成し遂げた。

ラセターが再び監督を務めた『カーズ2』は、第一作と同じく他のピクサー作品と比較すれば興行的に成功したとは言い難いが、それでも二〇一一年の全米年間興行収入では第八位にランクインしている。初めて女性を主人公にすえ、中世を舞台にしたことでも話題になった二〇一二年の『メリダとおそろしの森』は、ピクサー作品として七回目のアカデミー賞長編アニメーション賞を受賞。二〇一三年に公開された『モンスターズ・インク』の続編『モンスターズ・ユニバーシティ』は前作の興行収入を凌ぐヒットを記録するなど、ピクサー・ブランドはゆるぎない信頼を確立している。

また、ジョン・ラセターが製作に加わるようになってからのディズニー・アニメーションの輝きには目を見張るものがある。特にラセターが製作総指揮を務めた『アナと雪の女王』は、主題歌の力もあって世界中で大ヒットし、ディズニー作品として初のアカデミー賞長編アニメーション賞を受賞した。日本でも二〇一四年度最高の興行収入を記録、国内歴代興行収入ランキングでも『千と千尋の神隠し』、『タイタニック』に次ぐ第三位という驚異的ヒットとなった。

ピクサー／ディズニーだけでなく、映画界全体に大きな影響力を持つようになったラセターは、二〇〇五年に映画芸術科学アカデミー理事会のメンバーに選出され、二〇一三-二〇一四年には同理事会の副会長を務めている。二〇一四年一一月、ラセターが尊敬してやまない宮崎駿監督がアカデミー賞名誉賞を受賞した際にはプレゼンターとして登壇し、自分が宮崎監督にいかに影響を受けたかを熱っぽく語った。

また、同年一〇月には、製作総指揮を務めたディズニー映画『ベイマックス』が東京国際映画祭のオープニング作品として上映されたのに合わせ来日、「ジョン・ラセターが語るクール・ジャパン」と題した講演も行った。『ベイマックス』は、まちがいなく不朽の名作になるだろう。観客の求めるレベルをはるかに超える作品によって、アニメーション映画を再定義する――初期のｉＰｏｄ、ｉＰｈｏｎｅ、ｉＰａｄに感じたときめきを覚えさせる作品である。

レンダーマンの発明などでアカデミー科学技術賞を四度受けたエド・キャットムルは、二〇〇八年度アカデミー賞で、長年映画技術の発展に貢献した人に贈られる科学技術部門の名誉賞ともいえるゴードン・Ｅ・ソーヤー賞を受賞した。

ピクサー作品としては、ピート・ドクター監督の『インサイド・ヘッド』の公開が全米では二〇一五年六月、日本では七月に控えている。また今後、『ザ・グッド・ダイナソー』や『ファインディング・ニモ』の続編『ファインディング・ドリー』、『トイ・ストーリー4』、『Mr.インクレディブル2』、『カーズ3』の公開も予定されている。

ピクサーのビジネスの土台を築いたスティーヴ・ジョブズは、二〇一一年一〇月五日に亡くなった。その日ピクサーは、「スティーヴはピクサーのＤＮＡの一部となり、永遠にともにある」との追悼メッセージを発表した。

晩年のジョブズは、ピクサーに「すごいものにしろ（make it great）」とだけ言った。それは妥協せず極限まで努力しろという檄であり、お前たちにはその才能があるという全幅の信頼であり、ピクサーには最高のものだけがふさわしいという誇りの言葉だった。ジョブズのDNAは脈々と受け継がれている。

本書は二〇〇九年三月に早川書房から刊行されたが、このたびハヤカワ・ノンフィクション文庫として再刊行されることになった。文庫化にあたっては、全面的に旧訳を見直し、読みやすくしたほか、単行本刊行後の二〇〇九年五月にアメリカで刊行されたペーパーバック版に追記された箇所（「エピローグ」の一部）を含めた。本書のデータは特に注記がない限り、原書刊行時のものである。編集作業でひとかたならぬお力添えを頂いた、早川書房編集部の金田裕美子さんに感謝したい。

二〇一五年一月

［付録1］

ピクサーのアカデミー賞受賞 および ノミネート作品・人物

＊本リストでは、アカデミー賞受賞およびノミネート作品・人物を、受賞年度毎に列挙した。
科学技術賞がピクサーと他社の社員の共同受賞である場合には、他社名は括弧内に記した。

●1986年度
『ルクソー Jr.』
　短編アニメーション賞　ノミネート

●1988年度
『ティン・トイ』
　短編アニメーション賞　受賞

●1991年度
科学技術賞〈科学・工学賞〉
　ランディ・カートライト（ディズニー）、デイヴィッド・B・クーンズ（ディズニー）、レム・デイヴィス（ディズニー）、トーマス・ハーン、ジェームズ・ヒューストン（ディズニー）、マーク・キンボール（ディズニー）、ディラン・W・コーラー（ディズニー）、ピーター・ナイ、マイケル・シャンチス、デイヴィッド・F・ウルフ（ディズニー）、ウォルト・ディズニー・フィーチャー・アニメーション部門
　――長編アニメーション映画の制作システム「CAPS」の設計と開発に対して

●1992年度
科学技術賞〈科学・工学賞〉
　ローレン・カーペンター、ロブ・クック、エド・キャットムル、トム・ポーター、パット・ハンラハン、トニー・アポダカ、ダーウィン・ピーチー
　――映画に使われるイメージを形状や外観の3Dコンピュータ表現の画像から生成するソフトウェア「レンダーマン」の開発に対して

●1994年度

科学技術賞〈科学・工学賞〉

インフォメーション・インターナショナルのゲーリー・デモスとダン・キャメロン、ピクサーのデイヴィッド・ディフランチェスコとゲリー・スタークウェザー、インダストリアル・ライト＆マジックのスコット・スクワイヤーズ

――フィルム・インプット・スキャニングの分野における先駆的研究に対して

●1995年度

『トイ・ストーリー』

オリジナル脚本賞（脚本：ジョス・ウェドン、アンドリュー・スタントン、ジョエル・コーエン、アレック・ソコロー　ストーリー：ジョン・ラセター、ピート・ドクター、アンドリュー・スタントン、ジョー・ランフト）ノミネート

作曲賞〈ミュージカル／コメディ〉（ランディ・ニューマン）ノミネート

歌曲賞（「君はともだち」作詞・作曲：ランディ・ニューマン）ノミネート

特別業績賞

ジョン・ラセター

――初の3D長編コンピュータ・アニメーションを生み出した、ピクサーの『トイ・ストーリー』制作チーム統括の業績に対して

科学技術賞〈科学・工学賞〉

アルヴィ・レイ・スミス、エド・キャットムル、トーマス・ポーター、トム・ダフ

――デジタル・イメージ・コンポジティングにおける先駆的発明に対して

●1996年度

科学技術賞〈科学・工学賞〉

ウィリアム・リーヴズ

――映画のCG視覚効果を生成するためのパーティクル・システムの独創的な構想と開発に対して

科学技術賞〈技術功績賞〉

ブライアン・ネップ（ILM）、クレイグ・ヘイズ（ティペット・スタジオ）、リック・セイヤー、トーマス・ウィリアムス（ILM）

――ダイレクト・インプット・デバイス（別名：ダイナソー・インプット・デバイス）の創出・開発に対して

●1997年度
『ゲーリーじいさんのチェス』
短編アニメーション賞　受賞

科学技術賞〈科学・工学賞〉
イーベン・オスビー、ウィリアム・リーヴズ、サミュエル・J・レフラー、トム・ダフ
――マリオネット3Dコンピュータ・アニメーション・システムの開発に対して
リチャード・シャウプ（ゼロックスPARC）、アルヴィ・レイ・スミス、トーマス・ポーター
――映画制作に用いられるデジタル・ペイント・システムの開発における先駆的研究に対して

●1998年度
『バグズ・ライフ』
作曲賞〈ミュージカル／コメディ〉（ランディ・ニューマン）ノミネート

科学技術賞〈技術功績賞〉
デイヴィッド・ディフランチェスコ、バーラ・S・マニアン（デジタル・オプティックス）、トーマス・L・ノグル
――レーザー・フィルム録画技術の開発における先駆的研究に対して

●1999年度
『トイ・ストーリー2』
歌曲賞（「ホエン・シー・ラブド・ミー」作詞・作曲：ランディ・ニューマン）ノミネート

●2000年度
科学技術賞〈アカデミー功労賞〉
ロブ・クック、ローレン・カーペンター、エド・キャットムル
――ピクサーの「レンダーマン」をはじめ、映画レンダリングの分野における多大な進歩に対して。業界への広範な専門的影響はこれからも映画のCGIの発展を刺激し、貢献し続ける。

●2001年度
『モンスターズ・インク』
歌曲賞（「君がいないと」作詞・作曲：ランディ・ニューマン）受賞
長編アニメーション賞　ノミネート
作曲賞（ランディ・ニューマン）ノミネート

音響編集賞（ゲリー・ライドストロム、マイケル・シルヴァーズ）ノミネート

『フォー・ザ・バーズ』
短編アニメーション賞　受賞

●2002年度
『マイクとサリーの新車でGO！』
短編アニメーション賞　ノミネート

●2003年度
『ファインディング・ニモ』
長編アニメーション賞　受賞
オリジナル脚本賞（脚本：アンドリュー・スタントン、ボブ・ピーターソン、デイヴィッド・レイノルズ　ストーリー：アンドリュー・スタントン）ノミネート
作曲賞（トーマス・ニューマン）ノミネート
音響編集賞（ゲリー・ライドストロム、マイケル・シルヴァーズ）ノミネート

『バウンディン』
短編アニメーション賞　ノミネート

●2004年度
『Mr. インクレディブル』
長編アニメーション賞　受賞
音響編集賞（マイケル・シルヴァーズ、ランディ・トム）受賞
オリジナル脚本賞（ブラッド・バード）ノミネート
音響ミキシング賞（ランディ・トム、ゲリー・A・リッツォ、ドック・ケイン）ノミネート

●2005年度
『ワンマンバンド』
短編アニメーション賞　ノミネート

科学技術賞〈科学・工学賞〉
デイヴィッド・バラフ、マイケル・カース、アンドリュー・ウィトキン
――映画のリアルな衣服をシミュレートするために用いられる物理ベース・レンダリングにお

ける先駆的研究に対して

科学技術賞〈技術功績賞〉

エド・キャットムル

——独創的な構想に対して

トニー・デローズ、ジョス・スタム（エイリアス）

——映画制作におけるモデリング技法としての細分化曲面の科学的および実際的適用に対して

●2006年度

『カーズ』

長編アニメーション賞　ノミネート

歌曲賞（「アワ・タウン」作詞・作曲：ランディ・ニューマン）ノミネート

『リフテッド』

短編アニメーション賞　ノミネート

●2007年度

『レミーのおいしいレストラン』

長編アニメーション賞　受賞

オリジナル脚本賞（脚本：ブラッド・バード　ストーリー：ヤン・ピンカヴァ、ジム・カポビアンコ、ブラッド・バード）ノミネート

作曲賞（マイケル・ジアッキーノ）ノミネート

音響編集賞（ランディ・トム、マイケル・シルヴァーズ）ノミネート

音響ミキシング賞（ランディ・トム、マイケル・セマニック、ドック・ケイン）ノミネート

●2008年度

『ウォーリー』

長編アニメーション賞　受賞

オリジナル脚本賞（脚本：アンドリュー・スタントン、ジム・リアドン　ストーリー：アンドリュー・スタントン、ピート・ドクター）ノミネート

作曲賞（トーマス・ニューマン）ノミネート

歌曲賞（「ダウン・トゥ・アース」作曲：ピーター・ガブリエル、トーマス・ニューマン　作詞：ピーター・ガブリエル）ノミネート

音響編集賞（ベン・バート、マシュー・ウッド）ノミネート

音響ミキシング賞（トム・マイヤーズ、マイケル・セマニック、ベン・バート）ノミ

ネート

『マジシャン・プレスト』
短編アニメーション賞　ノミネート

ゴードン・E・ソーヤー賞
エド・キャットムル
――映画産業のコンピュータ・グラフィックス分野における生涯にわたる技術的貢献と先導に対して

●2009年度
『カールじいさんの空飛ぶ家』
長編アニメーション賞　受賞
作曲賞（マイケル・ジアッキーノ）受賞
最優秀作品賞　ノミネート
オリジナル脚本賞（脚本：ピート・ドクター、ボブ・ピーターソン　ストーリー：トム・マッカーシー、ピート・ドクター、ボブ・ピーターソン）ノミネート
音響編集賞（マイケル・シルヴァーズ、トム・マイヤーズ）ノミネート

科学技術賞〈科学・工学賞〉
ペール・クリステンセン、マイケル・ブネル、クリストフ・ヘリー
――間接照明と環境遮蔽を描くポイントベース・レンダリングの開発に対して

●2010年度
『トイ・ストーリー3』
長編アニメーション賞　受賞
歌曲賞（「僕らはひとつ」作詞・作曲：ランディ・ニューマン）受賞
最優秀作品賞　ノミネート
脚色賞（脚本：マイケル・アーント　ストーリー：ジョン・ラセター、アンドリュー・スタントン、リー・アンクリッチ）ノミネート
音響編集賞（トム・マイヤーズ、マイケル・シルヴァーズ）ノミネート

『デイ&ナイト』
短編アニメーション賞　ノミネート

科学技術賞〈技術功績賞〉

デイヴィッド・M・ロア

──アルフレッド・レンダー・キュー・マネージメント・システムの開発に対して

●2011年度

『月と少年』

短編アニメーション賞　ノミネート

●2012年度

『メリダとおそろしの森』

長編アニメーション賞　受賞

［付録2］

ピクサー映画目録

＊以下のリストは、予告編（ピクサーのオリジナル作品であることが多い）、テレビシリーズ、コマーシャル、インタースティシャル広告、特殊効果作品、メイキング映像を含まない。

●長編映画

『トイ・ストーリー』（1995） 監督：ジョン・ラセター

『バグズ・ライフ』（1998） 監督：ジョン・ラセター 共同監督：アンドリュー・スタントン

『トイ・ストーリー2』（1999） 監督：ジョン・ラセター 共同監督：リー・アンクリッチ、アッシュ・ブレノン

『モンスターズ・インク』（2001） 監督：ピート・ドクター 共同監督：デイヴィッド・シルヴァーマン、リー・アンクリッチ

『ファインディング・ニモ』（2003） 監督：アンドリュー・スタントン 共同監督：リー・アンクリッチ

『Mr. インクレディブル』（2004） 監督：ブラッド・バード

『カーズ』（2006） 監督：ジョン・ラセター 共同監督：ジョー・ランフト

『レミーのおいしいレストラン』（2007） 監督：ブラッド・バード

『ウォーリー』（2008） 監督：アンドリュー・スタントン

『カールじいさんの空飛ぶ家』（2009） 監督：ピート・ドクター 共同監督：ボブ・ピーターソン

『トイ・ストーリー3』（2010） 監督：リー・アンクリッチ

『カーズ2』（2011） 監督：ジョン・ラセター 共同監督：ブラッド・ルイス

『メリダとおそろしの森』（2012） 監督：マーク・アンドリュース ブレンダ・チャップマン 共同監督：スティーヴ・パーセル

『モンスターズ・ユニバーシティ』（2013） 監督：ダン・スキャンロン

『インサイド・ヘッド』（2015）＊公開予定 監督：ピート・ドクター

●短編映画

『アンドレとウォーリー B. の冒険』(1984)
＊ルーカスフィルムのコンピュータ部門として
『ルクソー Jr.』(1986)
『フラッグス・アンド・ウェーブズ』(1986)
『ビーチチェア』(1986)
『レッズ・ドリーム』(1987)
『ティン・トイ』(1988)
『ニック・ナック』(1989)
『ルクソー Jr.「サプライズ」「ライト」「ヘビー」』(1991)
『ゲーリーじいさんのチェス』(1997)
『フォー・ザ・バーズ』(2000)
『マイクとサリーの新車で GO！』(2002)
『素晴らしき珊瑚礁』(2003)
『バウンディン』(2003)
『ジャック・ジャック・アタック！』(2005)
『ワンマンバンド』(2005)
『メーターと恐怖の火の玉』(2006)
『リフテッド』(2006)
『ユア・フレンド・ザ・ラット』(2007)
『マジシャン・プレスト』(2008)
『バーニー』(2008)
『晴れときどきくもり』(2009)
『ダグの特別な一日』(2009)
『ジョージと AJ』(2009)
『デイ＆ナイト』(2010)
『ハワイアン・バケーション』(2011)
『ニセものバズがやって来た』(2011)
『月と少年』(2011)
『レックスはお風呂の王様』(2012)
『モンデューの伝説』(2012)
『ブルー・アンブレラ』(2013)
『LAVA　南の島のラブソング』(2014)

注

＊本書は原則として、著者が2005年から2007年にかけて、ピクサーの歴史に関わった社内の全レベルの人たちを対象に行なったインタビューをもとにしている。

本文のインフレ調整値は、すべてアメリカ労働省労働統計局の消費者物価指数のデータをもとに計算している。都市部消費者物価指数（CPI-U）の系列を使用した。

下記注の中の（I）は「著者によるインタビュー」、（P）は「私信」を表す。

冒頭の引用

1　SIGGRAPH course notes, 1994, reprinted in Lasseter (2001), p.47.

2　George Bernard Shaw, *Man and Superman* (1903), Brentano's ed., 1904, p. 238.

1　アナハイム

1　2006年2月27日に行なわれたベアー・スターンズ年次メディア会議でのロバート・アイガーの発言。

2　Joseph Schumpeter, "The Instability of Capitalism," *The Economic Journal* 38 (Sept. 1928), pp. 379-80.

3　Joseph Schumpeter, *The Theory of Economic Development* (1912; reprint, New Brunswick, N.J.: Transaction, 1982), p.93.

2　ガレージにて

1　Sutherland (1963).

2　ARPAの情報処理技術室（IPTO）は、ユタ大学のコンピュータ・グラフィックス（CG）研究を支援する目的で、1968年から1975年にかけて1000万ドルを提供した。National Research Council (1999), p.228.

3　アルヴィ・レイ・スミス（I）。

4　アラン・ケイ（P）。

5　Masson (1999), p.350.

6　フレッド・パーク（I）; Catmull (1972).

7 フレッド・パーク（I）; Rivlin (1986), p.78; Rubin (2006), p.131.
8 Perry (2001), p.44.
9 Catmull (1974), Picture 22.
10 *Odysseys in Technology* (2005).
11 Masson (1999), p.351.
12 Smith (2001), p.16; Masson (1999), p.406; Demos (2005), p.963.
13 Auzenne (1994), p.80.
14 Rubin (2006), p.105.
15 同上 ; Smith (2001), p.15.
16 Smith (2001), p.15.
17 アルヴィ・レイ・スミス（I）。
18 アルヴィ・レイ・スミス（I）; Smith (2001), pp.10-11.
19 Stewart Brand, "Spacewar: Fanatic Life and Symbolic Death Among the Computer Bums," *Rolling Stone*, Dec. 7, 1972, pp.50-58.
20 Smith (2001), p.11.
21 Smith (2001), pp.8-9; Rivlin (1986), pp.72-75.
22 Smith (2001), pp.11-13.
23 アラン・ケイ（P）。
24 Smith (2001), p.16.
25 同上。
26 同上。
27 アルヴィ・レイ・スミス（I）; ラルフ・グッゲンハイム（I）; Smith (2001), pp.18-19; Blinn (1998), pp.132-34.
28 Thomas B. London and John F. Reiser, *A UNIX Operating System for the DEC VAX-11/780 Computer* (July 7, 1978) (Bell Labs memo).
29 1983年の消費者物価指数（CPI）を100とすると、1978年と2006年のCPIはそれぞれ65.2と201.6になる。
30 アルヴィ・レイ・スミス（I）; Blinn (1998), p.134.
31 *Odysseys in Technology* (2005).
32 アルヴィ・レイ・スミス（I）。
33 同上。
34 Barrier (1999), pp.50, 166-68. アイワークスは1940年にディズニーに恐縮しながら出戻り、さまざまな分野で重要な技術的貢献を行なった。ディズニーの実写映画における特殊効果の業績に対して、1960年と1965年にそれぞ

れアカデミー賞を受賞している。またアルフレッド・ヒッチコックの『鳥』（1963年）での特殊効果に対してもノミネートされている。

35 アルヴィ・レイ・スミス（I）。

36 ラルフ・グッゲンハイム（I）。

37 アルヴィ・レイ・スミス（I）。

38 Rubin (2006), p.139.

3 ルーカスフィルム

1 アルヴィ・レイ・スミス（I）。

2 ローレン・カーペンター（I）; Perry (2001), pp.44-46; Rubin (2006), pp.154, 173-74.

3 Perry (2001), p.46.

4 Auzenne (1994), p.84.

5 Bloomenthal (1998), p.48.

6 Auzenne (1994), p.76.

7 Smith (1982); Bloomenthal (1998), pp.48-49; アルヴィ・レイ・スミス（I）。

8 アルヴィ・レイ・スミス（I）。ジェネシスのシミュレーションにおけるパーティクル・システムの技術的な議論については以下を参照のこと。Reeves (1983), pp.97-103.

9 Masson (1999), p.413.

10 Rivlin (1986), pp.231-32.

11 ローレン・カーペンター（I）。

12 Reeves (1983), pp.99-100.

13 Rubin (2006), p.126.

14 Rivlin (1986), pp.230-32, 239-40; Masson (1999), p.407; Demos (2005), pp.965, 969.

15 アルヴィ・レイ・スミス（I）。

16 Smith (1984), p.2.

17 同上 pp.1-2.

18 Schlender (2006), p.145.

19 アルヴィ・レイ・スミス（I）。

20 Schlender (2006), p.145.

21 Thomas (1958), p.134.

22 Lasseter (2004), p.46.
23 ハリソン・プライス (I)。全裸の抗議者が闖入した委員会の会議で、カルアーツの理事でキャピトル・レコード社長のスタンリー・ゴルティコフが、男をじっと見てこう言った。「何をそんなに自慢することがあるのかね」
24 Burton and Salisbury (2000), p.7. 数多くの報道に反して、ラセターとバートンは同級生ではなかった。
25 Cohen (1995), p.68.
26 ナンシー・ベイマン (P)。
27 Burton and Salisbury (2000), p.8.
28 Josh Getlin, "Fate of Next 'Snow White' Rests in CalArts' Hands," *Los Angeles Times*, Oct.21, 1979, p.V1.
29 同上。
30 Irwin Ross, "Disney Gambles on Tomorrow," *Fortune*, Oct.4, 1982, p.63.
31 『白雪姫』の歴史的意義は、どれほど強調しても強調しすぎることはない。だが一般に信じられている説とは裏腹に、『白雪姫』は世界初の長編アニメーション映画ではなかった。少なくとも二つの作品がかなり以前に制作されている。アルゼンチンで制作されたキリーノ・クリスティアーニの『使徒』(The Apostle)（1917年）と、ドイツで制作されたロッテ・ライニガーの『アクメッド王子の冒険』（1926年）である。
32 トム・ウィルハイト (I)。
33 Sito (1998), p.14.
34 Lasseter (2004), p.46.
35 『トロン』のコンピュータ・イメージをつくったのはトリプルI、MAGI (Mathematics Application Group, Inc.)、ロバート・エイブル＆アソシエイツ、ディジタル・エフェクツだった。
36 2006年2月16日の全米視覚効果協会（VES）の会合におけるジョン・ラセターの発言。
37 トム・ウィルハイト (I)。
38 Burton and Salisbury (2000), p.15; トム・ウィルハイト (I)。
39 Schlender (2006), p.145.
40 アルヴィ・レイ・スミス (I)。
41 Smith (1984); アルヴィ・レイ・スミス (I); 2006年2月16日のVESの会合におけるジョン・ラセターの発言。
42 フリップ・フィリップス (I); アルヴィ・レイ・スミス (I)。

43 Lasseter (1987), pp.38, 40.
44 アルヴィ・レイ・スミス（I）。
45 Thomas (1984), p.20.
46 Thomas (1984), pp.24-25.

4 スティーヴ・ジョブズ

1 Solnit (2003), pp.186-87.
2 Levinthal and Porter (1984).
3 『アンドレとウォリーB.の冒険』は、1984年の会議でのルーカスフィルムの唯一の「顔」だったわけではない。グラフィックス・グループも、例年通り技術論文を発表している。
4 技術的なことを言えば、PICはSIMD（一度の命令で複数データを扱う処理方式）アーキテクチャの初期の例だった。
5 ローレン・カーペンター（I）; アルヴィ・レイ・スミス（I）; Masson (1999), p.300.
6 Jobs (1995), p.18.
7 Linzmayer (1999), p.71.
8 同上 p.72.
9 アラン・ケイ（P）。
10 "The Forbes Four Hundred," *Forbes*, Oct. 27, 1986, p.228.
11 この家に関する詳細の一部は、以下に記載されたマリー・S・ワイナー議員の意見を参考にしている。*Uphold Our Heritage v. Town of Woodside* (Superior Court of California, County of San Mateo No. 444270).
12 ラルフ・グッゲンハイム（I）; フリップ・フィリップス（I）。
13 アルヴィ・レイ・スミス（P）。
14 Stewart (2005), p.57.
15 同上 p.55.
16 同上。
17 同上。
18 アルヴィ・レイ・スミスの覚え書き、1984年11月14日。
19 Stewart (2005), p.85.
20 同上。
21 パトリック・ハンラッティ（I）。パトリック・ハンラッティの下で開発され

たＧＭの先駆的システムは、DAC-1（“Design Augmented by Computer”「コンピュータによって拡張されたデザイン」）と呼ばれた。

22 Rubin (2006), p.405; アルヴィ・レイ・スミス（I）。

23 Doron P. Levin, *Irreconcilable Differences: Ross Perot versus General Motors* (Boston: Little, Brown, 1999), pp.255-61.

24 Rubin (2006), p.414.

25 同上。

26 Hertzfeld (2005), p.29.

27 Smith (2001), p.8.

28 Jobs (1995), p.3.

29 同上 p.4.

30 Moritz (1984), p.40.

31 同上 p.64.

32 ビル・フェルナンデス（P）。

33 Lundell and Haugen (1984); Moritz (1984), pp.70-77; Freiberger and Swaine (1984), pp.207-8.

34 Moritz (1984), p.75.

35 Moritz (1984), pp.86-87.

36 スティーヴ・ジョブズが2005年6月12日にスタンフォード大学の卒業式で行なった記念スピーチより。

37 同上。

38 Moritz (1984), pp.89-93, 95-101.

39 Carl Helmers, “What is BYTE?” *BYTE*, Sept. 1975, p.6.

40 Wozniak (1984), p.74.

41 同上 p.75.

42 Wozniak (1984); Freiberger and Swaine (1984), pp.211-13; Moritz (1984), pp.123-27, 136-45.

43 Moritz (1984), p.278.

44 マイケル・モリッツ（P）。

45 Moritz (1984), pp.276-77; Steve Wozniak, “Letters,” n.d., woz.org/letters/pirates/02.html.

46 ポストスクリプトおよびデスクトップ・パブリッシングの歴史は、以下に詳しい。Pamela Pfiffner, *Inside the Publishing Revolution: The Adobe Story* (Berkeley, Calif.: Peachpit Press, 2003).

47 Robert Levering, Michael Katz, and Milton Moskowitz, *The Computer Entrepreneurs* (New York: New American Library, 1984), p.61.

48 ビル・フェルナンデス（P)。

49 Steve Wozniak, "How We Failed Apple," *Newsweek*, Feb. 19, 1996, p.48.

50 John W. Wilson, "Look What Steve Jobs Found at the Movies," *Business Week*, Feb. 17, 1985, p.37.

51 アルヴィ・レイ・スミス（P)。

5 ピクサー・インク

1 アルヴィ・レイ・スミス（I)。

2 Robertson (1986), p.61.

3 "The Entrepreneur of the Decade," *Inc.*, April 1989, p.114.

4 Katie Hafner, "To Infinity and Beyond," *Upside*, Oct. 1, 1997, p.90.

5 Lasseter (1987), pp.39, 43.

6 『ルクソー Jr.』はアカデミー賞短編アニメーション賞にノミネートされた。この業績は一つにはラセターの才能がもたらしたものでもあり、一つには弓のこ刃のおかげでもあった。賞の審査対象となるには、映画のプリントを12月1日までにロサンゼルスに届ける必要があった。感謝祭の休暇中、町を離れていたラセターは、誰かがちゃんと送ってくれただろうかと不安に思い始めた。案の定プリントは、同じく町を離れていた社員のファイル・キャビネットにしまい込まれていた。ルーカスフィルムに用務員兼警備員として採用され、のちにプログラマーになったクレイグ・グッドが休暇中に出社して、通りの向かい側の金物屋で弓のこ刃を買い求め、ファイル・キャビネットをのこぎりで切り開け、申し込み書類とプリントを無事アカデミーに発送して事なきを得たのだった。

7 Lasseter (1987), pp.42-43.

8 Barrier (1999), p.121.

9 アルヴィ・レイ・スミス（I); ラルフ・グッゲンハイム（I); ナンシー・ベイマン（P); Robertson (1994).

10 Thomas and Johnston (1981), p.317.

11 Robertson (1994), p.60に引用された、当時のディズニー・フィーチャー・アニメーションの社長ピーター・シュナイダーの言葉。

12 アルヴィ・レイ・スミス（P)。

13 パット・ハンラハン（I）; Upstill (1990), pp.xviii-xix; Apodaca and Gritz (2000), pp.507-9.

14 “Pixar Announces New President, Chairman,” *Business Wire*, Dec. 1, 1988.

15 Martin Marshall, “Pixar Ships Developer's Toolkit for DOS and Unix,” *InfoWorld*, Dec. 11, 1989, p.101.

16 Brian Dumaine, “America's Toughest Bosses,” *Fortune*, Oct. 18, 1993, p.39.

17 Lasseter (2004), p.47.

18 Lasseter (1989), p.234.

19 Lasseter (2004), p.48.

20 Lawrence M. Fisher, “Computer Animation Now Coming of Age,” *New York Times*, April 12, 1989, p.D-1.

21 同上。

22 Ellen Wolff, “Lasseter: Kid in Candy Store,” *Daily Variety*, Oct. 30, 1996.

23 Burr Snider, “The Toy Story Story,” *Wired*, Dec. 1995, p.146.

24 Bill Pannifer, “Fine Tooning in 3D,” *Independent*, Dec. 6, 1991, p.15.

25 Bob Swain, “Breathing New Life into Animation,” *Guardian*, Nov. 14, 1991.

26 Mary Huhn, “Batteries and Boxer KO the Competition,” *Adweek*, Nov. 12, 1990.

27 ピクサーは1996年7月8日に、映画と双方向製品を担当する人員を確保するためコマーシャル・グループを閉鎖すると発表した。

28 Lawrence M. Fisher, “Hard Times for Innovator in Graphics,” *New York Times*, April 1991, p.D-5.

6　離陸その1

1 Stewart (2005), p.165.

2 『トイ・ストーリー』制作ノート (*Toy Story* production notes, Oct., 23, 1995, p.23).

3 “The Toy Story: Computer Animators Draw on Technology to Make Their Characters Come Alive,” *Sun-Sentinel*, Nov. 25, 1995, p.1-D.

4 Jim Kozak, “Serenity Now!” *In Focus*, Aug.-Sept. 2005.

5 『トイ・ストーリー』制作ノート (*Toy Story* production notes, Oct., 23, 1995, p.24).

6 同上。

7 『トイ・ストーリー』の制作が中断されていた時に、シカゴを本拠とするビッグ・アイデア・プロダクションズという小企業が、世界初の完全なコンピュータ・アニメーション作品を発売した。この30分間のビデオ作品『こ…こわいとき神様はどこにいるの？』(*Where's God When I'm S-Scared?*) は、喋って歌う野菜のキャラクターが登場する、聖書を題材とした物語をもとにしたもので、当初キリスト教関係の書店を通じて販売された。

8 Lasseter and Daly (1995), p.47.

9 同上。

10 同上 p.48.

11 ローネン・バーゼル (I); Lasseter and Daly (1995), pp.42-43;『トイ・ストーリー』制作ノート(*Toy Story* production notes, Oct., 23, 1995, pp.36-40); Porter and Susman (2000); Pixar Animation Studio prospectus, Nov. 29, 1995, pp.35-36.

12 『トイ・ストーリー』制作ノート(*Toy Story* production notes, Oct., 23, 1995, pp.29-30).

13 Porter and Susman (2000), p.28.

14 Apodaca and Gritz (2000), pp.338, 383-409.

15 Lasseter and Daly (1995), p.72.

7 離陸その2

1 パム・カーウィン (I); アルヴィ・レイ・スミス (I); ネイサン・ミルヴォルド (I)。

2 マイクロソフトにライセンスされた特許は、米国特許第4897806号、5025400号、5239624号、およびこれらの世界各国における特許である。ピクサー——マイクロソフト特許ライセンス契約、1995年6月21日締結（著者保管)。

3 ラルフ・グッゲンハイム (I); パム・カーウィン (I); John Deverell, "To Infinity and Beyond! World Besieging Local Toy Maker," *Toronto Star*, Nov. 23, 1996, p.E1.

4 エドウィン・キャットムル雇用契約 (Edwin Catmull employment agreement, Aug. 1, 1991) (著者保管)。

5 Recapitalization Agreement, Schedule A, April 28, 1995（著者保管); Pixar Animation Studio prospectus, Nov. 29, 1995, p.52.

6 Pixar Cash Profit Sharing Plan, Feb. 22, 1993（著者保管）。

7 ラリー・ソンシーニ（I）; “Larry Sonsini ’66,” *Boalt Hall Transcript*, spring 1995, p.48; Katrina M. Dewey, “King of the Valley,” *San Francisco Daily Journal*, Oct. 11, 1993; William W. Horne, “A Maverick Matures,” *The American Lawyer*, Sept. 1996.

8 同上。

9 パム・カーウィン（I）。

10 “Disney Unwraps Brand-New ‘Toy’; BK, Frito-Lay Join $145M Push,” *Advertising Age*, Nov. 6, 1995, p.1.

11 エル・キャピタン劇場の隣に設置された『トイ・ストーリー』のアトラクションは、「まるごとトイ・ストーリー (Totally Toy Story)」という名で、1995年11月22日から1996年1月1日までオープンしていた。この一部が、ディズニーランドのアトラクションとして1996年に再びお目見えした。

12 Janet Maslin, “There’s a New Toy in the House. Uh-Oh,” *New York Times*, Nov. 22, 1995, p.C-3; Richard Corliss, “They’re Alive!” *Time*, Nov. 27, 1995, p.96; David Ansen, “Disney’s Digital Delight,” *Newsweek*, Nov. 27, 1995, p.89; Owen Gleiberman, “Plastic Fantastic,” *Entertainment Weekly*, Nov. 24, 1995, p.74; Kevin McManus, “ ‘Toy’: Animation Sensation,” *Washington Post*, Nov. 24, 1995, p.N-54; Mark Caro, “A Mesmerizing Trip into Toyland,” *Chicago Tribune*, Nov. 22, 1995, p.1.

13 パム・カーウィン（I）。

14 *Odysseys in Technology* (2005).

15 ラルフ・グッゲンハイム（P）。

8　「まるで全面戦争のようだった」

1 ウォルト・ディズニー・フィーチャー・アニメーションのスティーヴ・ガースよりジフレン・ブリテンハン・ブランカ＆フィッシャー法律事務所のサミュエル・フィッシャーに宛てた手紙、1995年7月7日付（著者保管）。

2 ラルフ・グッゲンハイム（I）; ＢＺ・ペトロフ（I）。

3 ラルフ・グッゲンハイム（P）; ローネン・バーゼル（P）。

4 ＢＺ・ペトロフ（I）。

5 『バグズ・ライフ』制作ノート (*A Bug’s Life* production notes, Oct. 10, 1998, p.14).

6 Co-Production Agreement [between] Walt Disney Pictures and Television and Pixar, Feb. 24, 1997.
7 Linzmayer (1999), pp.230, 237-38; Peter Burrows, “An Insider's Take on Steve Jobs,” *Business Week Online*, Jan. 30, 2006.
8 Joseph E. Maglitta, “My Tough Luck: A Year After Being Fired at Apple, Gil Amelio Talks Candidly,” *Computerworld*, July 27, 1998.
9 マイク・フーヴァー (I); U.S. National Transportation Safety Board Factual Report - Aviation no. SEA94FA096; U.S. National Transportation Safety Board interview with Michael David Hoover, April 3, 1994; Trip Gabriel, “Survivor,” *Outside*, Feb. 1996; letter from Mike Hoover to Bell 206 owners, Sept. 12, 1997.
10 Stewart (2005), pp.139, 158-64.
11 同上 pp.163-64.
12 Kirk Honeycutt, “Hollywood's ‘Dream Team,’ ” *Hollywood Reporter*, Oct. 13, 1994.
13 Sallie Hofmeister, “Hollywood Falls Hard for Animation,” *New York Times*, Oct. 17, 1995, p.D-1.
14 Peter Burrows, “Antz vs. Bugs,” *Business Week Online*, Nov. 23, 1998.
15 パム・カーウィン (I)。
16 DeRose, Kass, and Truong (1998); Apodaca and Gritz (2000), pp.109-11.
17 Amy Wallace, “Ouch! That Stings!” *Los Angeles Times*, Sept. 21, 1998, p.F-1.
18 Lawrence French, “An Interview with John Lasseter,”
19 ラルフ・グッゲンハイム (I); フロイド・ノーマン (I)。
20 Jeffrey Daniels, “Theme Parks Put Disney in Third-Quarter Coinland,” *Hollywood Reporter*, July 27, 1995.
21 カレン・ジャクソン (I)。
22 カレン・ジャクソン (I)。
23 スティーヴ・ジョブズより株主への手紙、1998年6月付。
24 ラルフ・グッゲンハイム (I)。
25 厳密に言えば、『トイ・ストーリー2』には4人めの共同監督コリン・ブレイディがいた。彼は『トイ・ストーリー』のアニメーターで、ビデオ用作品の共同監督として一時期ブラノンを手伝っていた。
26 “Collaborative Storytelling Panel,” Screenwriting Expo, Oct. 21, 2006.
27 マーク・オフテダル (I)。

28 フロイド・ノーマン（I）。
29 ラルフ・グッゲンハイム（I）；カレン・ジャクソン（I）；フロイド・ノーマン（I）。
30 『トイ・ストーリー2』制作ノート（*Toy Story 2* production notes, Oct. 29, 1999, p.24).
31 同上。
32 "Collaborative Storytelling Panel," Screenwriting Expo, Oct. 21, 2006.
33 Angela M. Lemire, "Creative Force: CalArts Gets 'Toy' Preview," *Daily News of Los Angeles*, Nov. 20, 1999.
34 Kirk Honeycutt, "Toy Story 2," *Hollywood Reporter*, Nov. 18. 1999, p.2.

9 モンスター・シティの危機

1 ロリ・マドリッド訴訟に関する議論については、以下に含まれる法廷書類を参考にした。*Madrid v. Chronicle Books, et al.*, U.S. District Court for the District of Wyoming, case no. 01-cv-185, filed Oct. 24, 2001. ブリマー判事の略式判決に対する決定は、以下で公表されている。*West's Federal Supplement* at 209 F. Supp. 2d 1227 (D. Wyo. 2002).
2 209 F. Supp. 2d at 1243.
3 『モンスターズ・インク』の進化に関する議論は、以下に含まれる法廷書類を参考にした。*Madrid v. Chronicle Books* op. cit., and *Miller v. Pixar Animation Studios, et al.*, U.S. District Court for the Northern District of California, case no. 02-04748, filed Oct. 1, 2002.
4 『モンスターズ・インク』制作ノート（*Monsters, Inc.* production notes, Oct. 16, 2001, p.31).
5 Lasseter (2004), p.48.
6 同上 p.20.
7 Lokovic and Veach (2000); Robertson (2001), pp.24, 26.
8 トム・ロコヴィッチ（P）。
9 Baraff et al. (2003); Robertson (2001), pp.24-25.
10 Robertson (2001), p.22; Porter and Susman (2000), p.26.
11 Jeffrey Cohen, "On One Eyed Monsters," Feb. 1, 2006, jjcohen.blogspot.com/2006/02/on-one-eyed-monsters.html.

10 エメリーヴィル

1 『ファインディング・ニモ』制作ノート(*Finding Nemo* production notes, April 29, 2003, p.14).

2 Andrew Stanton, "Understanding Story," Screenwriting Expo, Oct. 21, 2006.

3 匿名ソースとのインタビュー。

4 Peter N. Chumo II, "Finding Nemo," *Creative Screenwriting*, Jan.-Feb. 2004, p. 58.

5 このインタビューは2004年4月にクリスチャン映画およびテレビ委員会の委員によって、2005年刊行の書籍 *So You Want to Be in Pictures?*（映画に出たいんだって？）のために行なわれた。紙面の都合上書籍からは割愛されたが、インターネット上に掲載された。テッド・ベアー（P)。

6 Desowitz (2003); Cohen (2003).

7 アダム・サマーズ（I)。

8 Cohen (2003), p.60.

9 アダム・サマーズ（I)。

10 『ファインディング・ニモ』の興行収入がアメリカ国内で3億3970万ドル、全世界で8億6690万ドルだったのに対し、『ライオン・キング』は国内3億1280万ドル、世界全体で7億6800万ドルだった。だがアメリカの消費者物価指数データによると、1994年から2003年までのインフレ係数は1.23である。したがって調整後の『ライオン・キング』の興行収入は、国内3億8470万ドル、世界全体で9億4460万ドルになり、当時までのあらゆるアニメーション映画を凌駕している。

11 Kenneth Turan, "Hook, Line, and Sinker," *Los Angeles Times*, Calendar, May 30, 2003, p.1.

12 Chris Suellentrop, "The Geniuses Behind Finding Nemo Are the Next Disney. Uh Oh," *Slate*, June 5, 2003.

13 鈴木敏夫。ドキュメンタリー『ラセターさん、ありがとう』(2003)。

14 Dave Gardetta, "Mr. Indelible," *Los Angeles*, Feb. 2005, p.82.

15 "The Incredibles," Comic-Con 2004, July 23, 2004 (panel).

16 Letter from Brad Bird, *Time*, July 12, 1993, p.5.

17 Bird (1998), p.21.

18 Marc Graser, "Pixar Plucks Bird, Roth," *Daily Variety*, May 5, 2000, p.1.

19 Sam Chen, "Brad Bird's Super-Insights on *The Incredibles*,"

www.animationtrip.com/item.php?id=257.

20 『Mr. インクレディブル』制作ノート (*The Incredibles* production notes, 2004, pp.16-17.)

21 Vaz (2004), p.125.

22 Desowitz (2004), p.31.

23 『Mr. インクレディブル』制作ノート (*The Incredibles* production notes, 2004, p.13.)

24 Dave Gardetta, "Mr. Indelible," *Los Angeles*, Feb. 2005, p.80.

11 帰郷

1 フロイド・ノーマン (I)。

2 ラルフ・グッゲンハイム (I)。

3 Brooks Boliek, "Eisner: Piracy 'Killer App' for Computer Profiteers," *Hollywood Reporter*, March 1, 2002; Stewart (2005), pp.382-84.

4 Stewart (2005), p.383.

5 同上 p.2.

6 同上 p.395.

7 Richard Verrier and Claudia Eller, "A Clash of CEO Egos Gets Blame in Disney-Pixar Split," *Los Angeles Times*, Feb. 2, 2004, p.A-1; Stewart (2005), p.408.

8 Laura Holson, "Pixar to Find Its Own Way as Disney Partnership Ends," *New York Times*, Jan. 31, 2004, p.C-1; transcript of Pixar Animation Studios 2003 Q4 earnings conference call, Feb. 4, 2004.

9 Laura Holson, "Pixar Executives Not Quite Ready to Forsake Others for Disney Alone," *New York Times*, May 12, 2003, p.C-1.

10 Schlender (2006), p.140.

11 Claudia Eller and Richard Verrier, "Gore Had Cameo in Disney, Pixar Rift," *Los Angeles Times*, Oct. 10, 2003, p.C-1.

12 Stewart (2005), pp.2-3. 465.

13 Bruce Orwall, "Can Disney Still Rule Animation After Pixar?," *Wall Street Journal*, Feb. 2, 2004, p.B-1.

14 Stewart (2005), p.480.

15 Pixar Animation Studios 2003 Q4 earnings conference call, Feb. 4, 2004.

16 Dominic Jones, "Web-Based Campaigns a Wake-Up Call for Corporations," *IR Web Report*, March 12, 2004.

17 Stewart (2005), p.513.
18 Sanford C. Bernstein & Co. Strategic Decisions Conference, June 2, 2004 (写真著者保管)。
19 Claudia Eller, "Disney Closes Unit Devoted to Pixar Sequels," *Los Angeles Times*, March 21, 2006, p.C-2; Claudia Eller and Richard Verrier, "Disney Plans Life After Pixar with Sequel Unit," *Los Angeles Times*, March 16, 2005, p. C-1.
20 Erik Sherman, "Inside the Apple Design Triumph," *Electronics Design Chain*, summer 2002, p.12. 2005年9月24日までの事業年度について、アップルが証券取引委員会に提出した年次報告書（10-K）によれば、アップルは同年度にiPodの機器を約45億ドル、iPod音楽アクセサリーをさらに8億9900万ドル売り上げた。これはアップル全体の売上139億ドルの、39%にあたる。
21 John Markoff and Laura Holson, "With New iPod, Apple Aims to Be a Video Star," *New York Times*, Oct. 13, 2005, p.C-2.
22 Kim Christensen and Terril Yue Jones, "Launch of Video iPod Shines Light on Jobs, Disney Drama," *Los Angeles Times*, Oct. 13, 2005, p.C-1.
23 『カーズ』制作ノート (*Cars* production notes, May 15, 2006, p.31).
24 同上 p.32.
25 Ann Job, "Lights, Camera, Vroom!" *Detroit News*, April 17, 2006, p.1-A; "Porsche Goes Hollywood in New Disney-Pixar Movie *Cars*," *Business Wire*, June 5, 2006.
26 Robertson (2006), pp.11-12.
27 Christensen et al. (2006). ベル研究所のターナー・ウィッテッドが、1980年に発表した論文で、初めてレイトレーシングを説明した。Turner Whitted, "An Improved Illumination Model for Shaded Display," *Communications of the ACM* 23, no. 6 (June 1980), pp.343-49.
28 "SIGGRAPH Bowl," *ACM SIGGRAPH Panel Proceedings* (Aug. 1990), p.5-2.
29 ヤン・ピンカヴァ（P)。
30 Anne Thompson, "Losing Nemo," *New York Magazine*, Sept. 15, 2003, p.24.
31 Andrew Bary, "Coy Story," *Barron's*, Oct. 13, 2003, p.21.
32 2006年2月27日のベア・スターンズ年次メディア会議でのロバート・アイガーの発言（写しを著者保管)。
33 同上。
34 Walt Disney Co. form S-4. Feb. 17, 2006.

35 Dave Pruiksma, "A Happy Ending Seems Eminent!" Feb. 2006.
36 Bob Iger interview, "Conversations with Michel Eisner," CNBC, May 25, 2006.
37 Steven Rea, "Pixar's 'Cars' Is No Animated Hot Rod," *Philadelphia Inquirer*, June 9, 2006, p.W-3; Bruce Newman, "Vroom! Pixar's 'Cars' Takes the Back Road, But Be Sure to Slow Down and Enjoy the Ride," *San Jose Mercury News*, June 7, 2006.
38 Alan Deutschman, "Attack of the Baby Pixars," *Fast Company*, Dec. 2005, p. 61.

エピローグ

1 2008年5月28日のサンフォード・C・バーンスタイン戦略決定会議でのロバート・アイガーの発言。
2 Joe Morgenstern, "Pixar Cooks with Joy, Inventiveness in 'Ratatouille,'" *Wall Street Journal*, June 29, 2007, p.W1.
3 Schlender (2006), p.146
4 "Big Paychecks," *Forbes*, May 21, 2007, p.112.
5 *Uphold our Heritage v. Town of Woodside* (Superior Court of California, County of San Mateo no. 444270, Jan. 27, 2006); *Uphold our Heritage v. Town of Woodside*, 147 Cal. App. 4th 587, 54 Cal. Rptr. 3d 366 (Court of Appeal of California, First Appellate District, No. A113376, Jan. 10, 2007), petition for review denied, 2007 Cal.LEXIS 4228 (California Supreme Court, No. S150778, April 25, 2007); Andrea Gemmet, "Steve Jobs Wins Fight to Tear Down Woodside House," *Almanac*, Dec. 22, 2004.

本書は、二〇〇九年三月に早川書房より刊行された『メイキング・オブ・ピクサー　創造力をつくった人々』を改題・文庫化したものです。

訳者略歴　翻訳家。京都大学経済学部卒。オックスフォード大学院で経営学修士号を取得。訳書にフリードマン『100年予測』，アリエリー『ずる』，マグレッタ『マイケル・ポーターの競争戦略』（以上早川書房刊），レヴィット他『0ベース思考』，アイエンガー『選択の科学』など多数。

HM=Hayakawa Mystery
SF=Science Fiction
JA=Japanese Author
NV=Novel
NF=Nonfiction
FT=Fantasy

ピクサー
早《はや》すぎた天才《てんさい》たちの大逆転劇《だいぎゃくてんげき》

〈NF424〉

二〇一五年二月二十日　印刷
二〇一五年二月二十五日　発行
（定価はカバーに表示してあります）

著者　デイヴィッド・A・プライス
訳者　櫻《さくら》井《い》祐《ゆう》子《こ》
発行者　早川浩
発行所　株式会社　早川書房
郵便番号　一〇一 - 〇〇四六
東京都千代田区神田多町二ノ二
電話　〇三 - 三二五二 - 三一一一（大代表）
振替　〇〇一六〇 - 三 - 四七七九九
http://www.hayakawa-online.co.jp

乱丁・落丁本は小社制作部宛お送り下さい。
送料小社負担にてお取りかえいたします。

印刷・株式会社精興社　製本・株式会社フォーネット社
Printed and bound in Japan
ISBN978-4-15-050424-3 C0134

本書は活字が大きく読みやすい〈トールサイズ〉です。